George R. Bach
Ronald M. Deutsch

Halt!
Mach mich nicht verrückt

Verdeckte Konflikte offen lösen

Eugen Diederichs Verlag

Titel der Originalausgabe *Stop! You're Driving Me Crazy*
Aus dem Amerikanischen übersetzt von Angelika Hildebrandt-Essig

CIP-Kurztitelaufnahme der Deutschen Bibliothek
Bach, George R.:
Halt! Mach mich nicht verrückt:
Verdeckte Konflikte offen lösen
George R. Bach; Ronald M. Deutsch.
[Aus d. Amerikan. übers. von Angelika Hildebrandt-Essig]. –
1. Aufl., [1.–6. Tsd.]. – Düsseldorf, Köln: Diederichs, 1980. –
(Psychologie aktuell)
Einheitssacht.: Stop! You're driving me crazy <dt.>
ISBN 3-424-00669-6
NE: Deutsch, Ronald M.:

Erste Auflage 1980

Umschlaggestaltung: Tilmann Michalski
Satz: Lichtsatz H. Fanslau, Düsseldorf
Druck und Bindung: Wagner, Nördlingen
ISBN 3-424-00669-6

Für Gregory Bateson, dessen Arbeit im Bereich der pathogenen Kommunikation bahnbrechend war, und der uns dazu ermutigt hat, sie im Kontext des Alltagslebens zu untersuchen

Vorwort

„Wenn das so weiter geht, werde ich noch verrückt. Der bringt mich noch zur Raserei." Solche oder ähnliche Redensarten gehören zu unserem Alltag. Wenn man versucht herauszufinden, woran das liegt, merkt man bald, daß diese Verrücktmacherei im Alltag sich nicht so leicht festmachen läßt. Sie ist einem unangenehm, geht einem auf die Nerven, man möchte Schluß damit machen, denn man spürt, irgendetwas stimmt nicht. Was ist dieses „Irgendetwas"?

Bisher war es nur wenigen Spezialisten vorbehalten, die geheime Sprache des Verrücktmachens zu entziffern. Die Lektüre dieses Buches wird Sie befähigen, zu durchschauen, wie Ihnen Verrücktmacherei widerfährt, und wie Sie selbst – unbewußt und ungewollt – andere verrückt machen. Sie werden eine bessere Kontrolle über destruktive Kommunikationsmuster gewinnen und erfahren, wie Sie sich gegen versteckte Aggressionen wehren können. Sie erhalten Anstöße, wie Sie mit Menschen, mit denen Sie eine unverkrampft herzliche Beziehung gestalten möchten, in eine konstruktive Auseinandersetzung treten können.

Wie schon in den drei vorangehenden Büchern von George Bach: *Streiten verbindet, Pairing* und *Keine Angst vor Aggression,* woran dieses Buch anknüpft, halten die Autoren sich nicht mit langatmigen oder spitzfindigen, sog. wissenschaftlichen Fachsimpeleien auf. Durch sorgfältige Beobachtung und anschauliche Beschreibung ist ihnen eine verständliche, fesselnde und oft humorvolle Umwandlung des schwierigen Gegenstandes – Verrücktmachen im Alltag – ohne verkürzende Vereinfachung gelungen. In einem ausführlichen Anhang stellt George Bach seinen theoretischen Standort vor. Alle, die an einer wissenschaftlichen Durchdringung dieser Materie interessiert sind, kommen hier auf ihre Kosten.

In dem vorliegenden Buch geht George Bach über sein System der konstruktiven Aggression hinaus. Wie Gregory Bateson, dem er das Buch gewidmet hat, wirbt er für Toleranz und Verständnis für das Paradoxe im Leben. Paradoxien lassen sich nicht

in dialektischer oder logischer Verstandesakrobatik lösen. Sie verlaufen eigen- und widersinnig. Sie gehören notwendig zum Leben.
Nach einem Wort von Aleister Crowley hat es keinen Sinn, Leute zu belehren, die wirklich Belehrung brauchen. Dieses Buch belehrt nicht, sondern bietet eine Chance, sich auf sich selbst und andere einzulassen. Wer „verrückt“ genug ist, wird auch seinen Spaß dabei haben.

Köln, im Oktober 1979 Haja Molter

Teil I
Erfahrungen, die uns verrücktmachen

Erfahrungen, die uns verrücktmachen

»Mein Mann macht mich verrückt!«
»Mein Job macht mich verrückt!«
»Die Kinder machen mich verrückt!«
Wenn wir sagen, jemand oder etwas mache uns verrückt, dann ist darin mehr Wahres enthalten, als wir denken.

Denn anders, als wir vielleicht annehmen, übertreiben wir gar nicht. Wir sagen genau das, was wir meinen. In einem solchen Augenblick fühlen wir in uns eines der dringlichsten und bedeutsamsten Warnzeichen der ganzen Spannbreite menschlicher Emotionen. Und für einen kurzen Augenblick – oder für die ganze Dauer einer Beziehung – ist tatsächlich unsere geistige Gesundheit in Gefahr. Wie ernsthaft diese Gefahr ist, hängt vor allem davon ab, wie wichtig der Verrücktmacher für uns ist. Ein Münztelefon, in das wir unser Geld werfen, und das dann nicht funktioniert, oder ein Unbekannter, der sich am Bankschalter unbekümmert vor uns drängt, machen uns vielleicht ein bißchen verrückt. Doch solche Fälle sind eigentlich nicht weiter schlimm – es sei denn, wir machen mit dem Telefon oder mit dem sich vordrängenden Unbekannten das, was wir einen kurzen Augenblick lang gern tun möchten.

Wenn wir dagegen das Gefühl haben, ein für uns wichtiger Mensch mache uns verrückt, dann stehen die emotionalen Zeichen auf Sturm.

Nur wenige von uns bemerken die Anzeichen der Gefahr, aber noch wenigere erkennen ihre Bedeutung.

Die Folgen eines solchen mißglückten Verstehens können tragisch sein. Denn wenn ein uns Nahestehender uns verrücktmacht, dann handelt es sich in der Regel gar nicht um das, was es scheinbar ist – nämlich um eine uns zum Wahnsinn treibende, aus Nachlässigkeit oder Vergeßlichkeit oder durch Zufall entstandene Belästigung.

Vielmehr haben wir es mit einer dringlichen Botschaft über ein verdecktes, für die Beziehung außerordentlich wichtiges Problem zu tun. Nur ist diese Botschaft in einem Kode verschlüsselt.

Wenn wir diesen Kode nicht entziffern können, gelingt es uns auch nicht, das Problem zu erkennen oder damit umzugehen. Folglich wird sich das Verhalten wiederholen, das uns verrücktmacht. Und wenn es wieder eintritt, wird es die Beziehung weiter aushöhlen. Schließlich kann es das Vertrauen und den guten Willen zerstören, den wir im Umgang mit den von uns geliebten Menschen, mit unseren Arbeitskollegen, mit Eltern und Kindern brauchen.

Das zentrale Anliegen dieses Buches ist es, aufzuzeigen, wie wir den Kode des Verhaltens, das uns verrücktmacht, erkennen und entziffern können. Es will zeigen, wie wir solche verschlüsselten Probleme übermittelnden Botschaften verstehen und mit ihnen umgehen können. Denn nur, wenn wir die versteckten Ängste und Konflikte aufdecken, die dem uns verrücktmachenden Verhalten zugrunde liegen, können wir der Zerstörung ein Ende setzen und uns entwickeln.

Bevor wir das verrücktmachende Verhalten als psychologischen Schlüssel einsetzen können – der uns die Tür zu einem der verwirrendsten und beunruhigendsten Aspekte unserer intimen persönlichen Beziehungen öffnet – müssen wir etwas darüber wissen, mit welchen Erscheinungsformen wir es zu tun haben können. Dabei hilft es uns weiter, wenn wir zunächst einmal einige recht triviale Vorfälle dieser Art, wie z. B. die im folgenden beschriebenen, betrachten:

Nachdem Sie dreißig Minuten auf Ihr Essen gewartet haben, wird die Bedienung schließlich auf Sie aufmerksam und sagt: »Ach, ich dachte, ich hätte Ihre Bestellung schon ausgeführt.«

In einer regnerischen Nacht ist Ihnen das Benzin ausgegangen; sie gehen einen Kilometer zu Fuß zu einer Tankstelle, und der Tankwart sagt zu Ihnen: »Tut mir leid, aber wir haben keinen

Benzinkanister. Ich schließe ohnehin gleich in fünf Minuten.«
Nach einer atemlosen Hetzjagd durch den dichten Verkehr sind Sie am Flughafen angekommen. Der Flughafenangestellte drückt den Knopf »Reservierungen«, nickt, als auf dem Bildschirm die Information erscheint und sagt: »Ich fürchte, wir haben keinen Platz für Sie reserviert, und der Flug ist ausgebucht.«
Gewöhnlich reagieren Sie auf solche Vorfälle unverhältnismäßig heftig und irritiert. Die Wirklichkeit ist sicherlich ärgerlich, aber meistens eben doch keine Katastrophe. Sie müssen noch ein bißchen weitergehen, um Benzin zu bekommen, ein bißchen länger auf Ihr Essen warten oder eine andere Flugverbindung ausfindig machen.
Es kann allerdings leicht passieren, daß Sie das *Gefühl* haben, etwas Schreckliches und Entsetzliches sei geschehen. Sie gehen in die Luft oder brechen in Tränen aus, je nachdem, wie die Dinge liegen und wie es Ihrer Art entspricht. Oder aber Entsetzen und Verblüffung lähmen Sie eine Weile; Sie suchen nach Worten, zittern vielleicht sogar vor Wut oder Frustration und sind nicht mehr in der Lage zu überlegen, was Sie jetzt unternehmen könnten.
In diesem Augenblick sind Sie buchstäblich um einen Teil Ihres Verstandes gebracht, unter dem man die Einheit von Denken, Fühlen und Urteilen versteht, und deshalb sagen wir auch, solche Erfahrungen ließen uns »die Wände hochgehen«, »ausflippen«, »die Besinnung verlieren«, sie trieben uns »auf die Palme«, ließen uns »aus der Haut fahren«, machten uns *verrückt.*
Wenn wir darüber nachdenken, mag uns unser Verhalten in solchen Situationen ein wenig beschämen. Wir haben vielleicht den Tankwart angeschrieen, hocherhobenen Hauptes das Restaurant verlassen oder sinnlose Drohungen oder Forderungen geäußert. Solange wir nicht verstehen, was mit uns geschehen ist, mögen wir uns damit entschuldigen, daß wir übermüdet, gestreßt, gereizt oder unachtsam waren. Wir sagen, »Ich weiß nicht, was in mich gefahren ist.«
Irgend etwas hat uns zutiefst getroffen. Aber was war das?
Die Antwort auf diese Frage ist sehr wichtig. Es geht nicht so sehr darum, daß wir diese in einer komplexen Gesellschaft alltäg-

lichen Begebenheiten verstehen, sondern darum, daß die Wirkung sehr nachhaltig sein kann, wenn wir in ähnlicher Weise von Menschen aus der Fassung gebracht werden, die uns mehr bedeuten. Psychotherapeuten lernen oft Fälle kennen, in denen eine offenkundige Lappalie – z. B. ein verlorener Schlüssel, eine vergessene Besorgung, eine nicht bezahlte Rechnung, ein ungesagtes Wort – einen Ausbruch provoziert, als hätte man seinen Arbeitsplatz verloren, als sei ein Kind weggelaufen oder die Ehe zerbrochen.

Wenn Sie also von den in ihrem Leben wichtigen Menschen verrückt gemacht werden – und wir werden sehen, daß dies unweigerlich geschieht – dann müssen wir ein paar Dinge über das Verrücktmachen wissen. Zunächst hilft es uns weiter, wenn wir wissen, warum wir uns so verrücktmachen lassen, warum wir uns so elend fühlen, und wenn wir einige Vorfälle dieser Art analysiert haben, werden wir einen Schlüssel zur Erklärung dieses verrücktmachenden Verhaltens finden.

Immer wieder werden zunächst falsche Erwartungen geweckt. Dann – Peng! – werden sie zerstört.

Wir gewinnen den Eindruck, wir könnten uns darauf verlassen, daß ein Mensch sich in einer bestimmten Weise verhält oder eine Sache in einer bestimmten Weise funktioniert – und dann erweist sich diese Überzeugung plötzlich als falsch.

In diesem Sinn können uns auch Dinge wahrhaft verrücktmachen. Es kann z. B. passieren, daß Sie am Tag des Europapokal-Endspiels auf dem Bildschirm Ihres neuen, großformatigen Fernsehapparats nur noch grüne Wellenlinien erkennen können; oder Ihr teures Juwel deutscher Präzisionsarbeit im Autobau gibt auf der Überholspur der Autobahn seinen Geist auf. Auch in solchen Situationen sollte man daran denken, daß die Produkte der Technik niemals selbst solche falschen Erwartungen wecken. Sie werden – von den Menschen – in sie gesetzt.

Unsere Erwartungen an Unbekannte entstehen häufig daraus, daß wir sie wie Dinge betrachten. Wir erwarten, daß ein Busfahrer Bus fährt, daß wir von dem Mann oder der Frau an der Auskunft Informationen erhalten usw. Und es macht uns schon ein wenig verrückt, wenn sie nicht die Rollen spielen, die sie eigentlich spielen sollen. Unsere Erwartungen richten sich eher an die Rolle als an den Menschen, den wir vielleicht nicht einmal sehen. Aus diesem Grund erwarten wir, daß wir bei der Bedienung nur unsere Bestellung aufzugeben brauchen, damit wir unser Essen bekommen. In unserem Beispiel hat die Bedienung die Erwartungshaltung mit ihrer üblichen Begrüßungsformel auch noch verstärkt; sie sagte: »Ich heiße Miriam und kümmere mich heute abend um Sie. Sie brauchen es mir nur zu sagen, wenn Sie etwas brauchen.«

So ist es natürlich doppelt ärgerlich, wenn sie Sie offensichtlich vergessen hat. Denn Sie stellen nicht nur bestimmte Erwartungen an eine Bedienung, sondern Sie haben sich auch auf ein Versprechen verlassen. Die Bedienung hat Ihnen das Gefühl gegeben, sie kümmere sich um Sie persönlich und es liege ihr etwas daran, es Ihnen behaglich zu machen.

Dann enttäuscht sie nicht nur in ihrer Rolle als Bedienung. Mit ihrer Äußerung, sie dachte, sie habe Sie schon bedient, zeigt sie Ihnen auch noch, daß sie gar nicht besonders auf Sie geachtet oder sich gar nicht besonders um Sie gekümmert hat.

Um jedoch eine Ahnung davon zu bekommen, wie sehr sich solche Erfahrungen verändern, wenn wir sie verstehen, wollen wir unserer Geschichte nur ein einziges weiteres Element hinzufügen. Alles spielt sich gleich ab wie vorher, nur äußert die Bedienung zunächst ihren verrücktmachenden Satz, schüttelt dann traurig den Kopf und fügt hinzu:

»Es tut mir schrecklich leid. Solche fürchterlichen Dinge sind mir jetzt schon den ganzen Tag passiert – seitdem ich heute morgen erfahren habe, daß mein Vater gestorben ist.«

Und schon verringert sich die verrücktmachende Wirkung. Sie verfügen über eine klare Information, die sie aufbricht. Einerseits sind Ihre Erwartungen weitaus geringer: Sie erwarten von niemand, der einen Schock erlitten hat, daß er zuverlässig handelt. Andererseits können Sie erkennen, wie die Bedienung durch das Bewußtsein ihrer eigenen Bedürfnisse von den *Ihren* abgelenkt worden ist.

Die notwendigen Voraussetzungen dafür, daß jemand den anderen verrückt macht, sind nicht mehr gegeben. Die Reaktion der

Bedienung überrascht Sie nicht mehr. Und an die Stelle Ihres Ärgers und Ihrer Verstimmung tritt Mitgefühl mit ihrem tiefen Schmerz.
Das Verstehen und der Umgang mit uns verrücktmachenden Erfahrungen kann in der Interaktion mit den uns nahestehenden Menschen weitaus komplizierter und vielschichtiger sein. Im Grunde gelten jedoch dieselben Regeln.
Der kleine Vorfall, den wir beschrieben haben, kann uns auch darauf hinweisen, wie eine solche Verstimmung zum Positiven gewendet werden kann. Sobald Sie die Bedienung verstehen, sehen Sie sie z. B. als einen Menschen und nicht mehr als ein Ding, das das Essen bringt. Jetzt sehen Sie auch, daß ihre Augen rot und verquollen sind und daß sie traurig aussieht.
Vielleicht ändern Sie auch Ihr Verhalten. Sie bedanken sich jedes Mal, wenn sie einen neuen Gang aufträgt. Und wenn sie sich dann noch einmal entschuldigt, Ihnen die Rechnung bringt und sagt, daß sie nur noch daran denke, wie sie wohl das Geld für die Heimfahrt zur Beerdigung auftreiben könnte, dann fragen Sie vielleicht sogar Ihren Freund: »Findest du es sehr komisch, wenn ich bei einer Rechnung über zehn Dollar zwanzig Dollar Trinkgeld gebe?«
Wenn wir die Erlebnisse, die uns verrücktmachen, verstehen, dann sind wir nicht nur aus einer unangenehmen Situation befreit, sondern auch die Beziehung zum anderen verbessert sich konstruktiv, und beide Partner gewinnen dabei.
Allerdings reicht die Enttäuschung unserer Erwartungen nicht aus, um uns verrücktmachende Erfahrungen zu erklären. Stellen Sie sich einmal vor: Sie haben ein Picknick geplant, nach dem Wetterbericht soll es stellenweise bewölkt sein; doch zu Ihrem Entsetzen fängt es an zu regnen.
Sie sind enttäuscht – aber diese Erfahrung macht Sie nicht verrückt.
Warum nicht? Weil Ihre Erwartungen nicht auf der Ebene eines festen Glaubens angesiedelt waren. Sie hatten nicht auf die Erfüllung Ihrer Erwartungen vertraut. Unsere Erfahrung lehrt uns, uns nicht auf das Wetter oder den Wetterbericht zu verlassen. Sie sind auch nicht besonders verärgert, wenn Sie die Nummer

für ein Ferngespräch wählen und dann nicht durchkommen; denn Sie haben auch gelernt, daß man sich auf das Telefon nicht unbedingt verlassen kann.
Andererseits hängen Sie aber vom Fernsprechamt auch ab. Sie bekommen jeden Monat eine Rechnung, und wenn Sie sie bezahlen, funktioniert Ihr Telefon weiter.
Aber stellen Sie sich vor, Sie bezahlen Ihre monatliche Abrechnung mit einem Scheck, und zehn Tage später ist Ihr Telefon abgestellt. Sie erhalten eine knappe Benachrichtigung, in der steht, Ihr Telefon sei abgestellt worden, weil Sie nicht bezahlt hätten. So etwas kann uns zum Wahnsinn treiben. Wütend wenden Sie sich an den zuständigen Angestellten vom Fernsprechamt, oder aber sie schreiben sogar Ihrem Abgeordneten einen Beschwerdebrief.
Eine einfache Regel heißt, je mehr wir jemand vertrauen, desto mehr lassen wir uns verrücktmachen, wenn unser Vertrauen enttäuscht wird; denn das Vertrauen ist eine unserer frühesten emotionalen Reaktionen. Es ist eine der Grundlagen unseres emotionalen Lebens. Nach der allgemein anerkannten Lehre beginnt die Liebe eines Kindes mit dem Vertrauen. Daher ist die Wirkung natürlich viel größer, wenn uns nahestehende Menschen die Handelnden unserer alltäglichen Beispiele des Verrücktmachens sind. Martha z. B. fragt ihren Mann beim Frühstück:
»Wann kommst du heute abend, Liebling?«
»Wir haben heute unsere monatliche Verkaufsbesprechung«, antwortet Dick. »Wahrscheinlich werde ich erst ziemlich spät kommen – vielleicht gegen neun.«
»Möchtest du etwas Bestimmtes zu essen?«
»Nichts Besonderes. Du weißt ja, wie empfindlich mein Magen reagiert, wenn ich abgespannt und hungrig bin.«
Als Dick an diesem Abend zur Tür hereinkommt, hat Martha schon den Mantel angezogen und will gerade gehen. »Ich bin um elf wieder zurück, Liebling«, sagt sie gutgelaunt. »Ich gehe zu Alice rüber, wir wollen im Fernsehen die Sendung über Frauen in der Medizin sehen. Du sieht ja ganz schön müde aus! Du hast doch gegessen, oder nicht?«
Es fällt nicht schwer zu erkennen, warum Dick über diese Be-

grüßung verärgert ist. Wie immer in Situationen, die einen verrücktmachen, ist er zunächst ein wenig verblüfft und kann nicht begreifen, warum seine sichere Erwartung enttäuscht wird, bei seiner Heimkehr ein sättigendes Abendessen vorzufinden.
Einen Augenblick lang stockt er. Dann wird er ärgerlich. Doch sein Ärger wird abgeblockt.
»Ich weiß ganz genau«, sagt Martha, »daß du gesagt hast, du würdest in der Stadt essen gehen. Erinnere dich doch – du hast gesagt, du wolltest nichts Besonderes, und du hast gesagt, du wolltest nicht zu lange mit dem Essen warten, weil das deinem Magen nicht gut tue.«
»So etwas habe ich schon gesagt«, antwortet Dick. »Aber ich habe ganz sicher gesagt, ich würde zum Essen nach Hause kommen.« Er schmollt und ist verletzt.
»Liebling«, fragt Martha geduldig, »bist du sicher, daß du es mit so vielen Worten gesagt hast?«
Dick versucht zu überlegen. Er weiß es nicht mehr, und das ärgert ihn noch mehr. »Verdammt«, sagt er, »ich weiß, daß ich es zu dir gesagt habe. Was soll ich denn noch machen, soll ich es dir aufschreiben?«
»Nein, nur weißt du ja, daß man sich auch undeutlich ausdrükken kann und daß man den anderen mißverstehen kann.« Sie sieht verletzt aus.
»Verdammt nochmal, ich erinnere mich genau, daß du mich gefragt hast, was ich zum Abendessen wolle!«
»Das war, bevor du gesagt hast, du würdest spät nach Hause kommen«, antwortet seine Frau. Ihre Augen werden feucht. Sie sieht zur Seite. Dann zieht sie wortlos ihren Mantel aus und hängt ihn schweigend in den Schrank.
Dick sieht ihr zu. »Na gut«, sagt er und fühlt sich ein bißchen schlecht. »Habe ich dich also angebrüllt. Der Tag war lang, und dann kommt auch noch so etwas. Da hat man am Ende einfach das Gefühl, daß sich keiner auch nur im geringsten um einen kümmert.«
Aufgebracht dreht Martha sich um. »Wie kannst du nur so etwas sagen?« fragt sie mit Tränen in den Augen. »Wie kannst du so etwas überhaupt denken? Acht Jahre lang habe ich mich bemüht,

dir eine gute Frau zu sein. Ich habe versucht, für dich zu sorgen. Ich habe mich angestrengt, etwas Gutes zu kochen, und du meinst, ich kümmere mich nicht um dich! Du glaubst, ich würde dich mit leerem Magen sitzenlassen.«

»Hör doch, das habe ich nicht gesagt, ich sagte ...«

Martha läßt die Schultern sinken. »Wahrscheinlich ist alles meine Schuld. Aber es war keine Absicht. Kann man denn nicht in acht Jahren einmal einen Fehler machen?«

Bald fühlt Dick sich schuldig und besänftigt Martha, und Martha pochiert Eier und macht ein paar Toasts, um ihn zu besänftigen. Sie bringt ihm Kakao und Kuchen ins Bett, und schließlich schlafen sie miteinander, zwar nicht besonders gut, aber besser als gewöhnlich.

Beachten Sie, daß der verrücktmachende Vorfall selbst eigentlich die ganze Zeit nicht geklärt wurde. Über diesen Vorfall wurde nicht gesprochen. Beachten Sie auch, daß auch Martha eine Erfahrung gemacht hat, die sie verrücktmacht, nämlich Dicks Äußerung, er habe das Gefühl, niemand gebe auch nur einen Heller um sein Wohlbefinden, und das, obwohl Martha sich jahrelang um ihn gekümmert hat.

Das Wichtigste dabei ist, daß die beiden keine Möglichkeit hatten, mit ihrem Schock und ihren verletzten Gefühlen fertigzuwerden. Als sie merkten, daß sie auf einen Streit zusteuerten, steckten sie beide zurück. Der Vorfall schien beiden zu belanglos, als daß sie einen Streit riskiert hätten. Deshalb schluckten sie ihre Gefühle einfach hinunter und glätteten die Wogen.

Am anderen Morgen scheint der unangenehme Vorfall vergessen zu sein. Als Martha die Mülleimer hinaustragen will, hält Dick sie an. Sie sind zu schwer für sie. Das sei seine Aufgabe, sagt er. Als Dick das Haus verläßt, küssen sie sich liebevoll. Und erst, nachdem die Müllabfuhr schon vorbeigefahren ist, bemerkt Martha, daß Dick vergessen hat, den Müll hinauszutragen. »Ganz ehrlich, Mutter«, sagt Martha später am Telefon, »ich weiß, daß Dick es gut meint, aber manchmal macht er mich verrückt.«

Tatsächlich war Dick nicht in der Lage, den Kummer vom Vorabend zu begraben, der ihn verrücktmacht. Er hat es versucht,

aber sein Groll ist wieder aufgebrochen. Ohne sich dessen bewußt zu sein, hat er mit Martha gleichgezogen.
Dick und Martha sind schon lange in dieses Sich-Verrücktmachen verstrickt, und die ständigen Enttäuschungen haben angefangen ihre Ehe zu untergraben; denn sie haben ihr Vertrauen ineinander geschwächt.
Wenn das gegenseitige Vertrauen immer wieder in kleinen Dingen enttäuscht wird, dann werden wir einfach ein wenig gereizt und mißtrauisch. Wir nehmen eine Abwehrhaltung ein, die sich auf vielerlei Weise äußert. Die Betroffenen kommunizieren nicht mehr sehr offen miteinander, sondern in einer ziemlich formalen Weise, deren Zweck es ist, alte Wunden nicht wieder aufzureißen und sogar, dem anderen nur das zu sagen, was er hören will. Dadurch, daß Martha und Dick einander ihre Gefühle nicht mehr offen mitteilen, besteht auch keine wirkliche Vertrautheit mehr zwischen ihnen. Ihre sexuelle Beziehung z. B., die früher einmal recht frei und offen war, hat sich verschlechtert. Häufig scheint irgend etwas dazwischenzukommen, wenn sie miteinander schlafen wollen. Ärgerliche Kleinigkeiten, die sie früher nicht bemerkt hätten, fallen ihnen jetzt auf.
Als sie wieder einmal zu Bett gehen, fängt Dick an, Marthas Rücken sanft zu streicheln.
MARTHA: Ah, das fühlt sich gut an.
DICK: (dessen Erwartungen geweckt werden): Ja? Ich mache das gern.
MARTHA: Mmmm, das gefällt mir.
DICK (erwartungsvoll): Mir gefällt es, dir den Rücken zu streicheln.
MARTHA: So zärtlich. So sanft.
DICK: Ich habe heute abend ein sehr zärtliches Gefühl.
MARTHA: Das erinnert mich daran, wie zärtlich du immer warst.
DICK (Seine Stimmung ist ihm plötzlich verdorben. Immer warst? Er hört auf, Martha zu streicheln, kann aber nicht so recht etwas sagen).
MARTHA: Hör nicht auf.
DICK: Was willst du damit sagen ... Wie zärtlich ich immer war?

MARTHA (Jetzt ist ihr die Laune verdorben): Ich wollte gar nichts damit sagen. Ich habe es nur so dahingesagt, das ist alles. Aber es gab auch schon einmal eine Zeit, in der du nicht jedes Wort auf die Goldwaage gelegt hast ...
DICK (versucht, die Situation zu retten): Vergiß es. Ich will dir nur gefallen, das ist alles.
MARTHA: Okay, laß uns nicht streiten. Mach einfach weiter.
DICK (fühlt sich frustriert und ein wenig aufgebracht): Verdammt Martha, ich liebe dich genauso wie früher. (Er faßt heftig nach ihr und dreht sie zu sich um). Ich will dich.
MARTHA (erregt durch seine ungewöhnliche Leidenschaft): Ich will dich auch.
DICK (Seine Erwartungen steigen steil an, er zieht sie an sich): Martha!
MARTHA: Au! Na, mach dir nichts draus.
DICK (dessen Hoffnungen zerstört sind): Was ist denn?
MARTHA: Na ja, früher hast du auch schon mal weniger gewogen. Du hast meinen Arm eingeklemmt.
DICK (fühlt sich durch die Äußerung über sein Gewicht zurückgestoßen): Sieh mal, es ist eben über mich gekommen. Tut mir leid. Wir Dicke sind nun mal unbeholfen.
MARTHA: Das habe ich nicht so gemeint.
DICK: Hast du deshalb kürzlich abends vergessen, mir mein Essen zu kochen? Ein Wink mit dem Zaunpfahl?
MARTHA: Ach, hör auf, Dick. Ich sagte, ich habe es nicht so gemeint.
DICK: Es tut mir leid. Ich möchte wirklich gern mit dir schlafen.
MARHTA: Dann tu es doch einfach. Ich will auch nicht, daß du mir auf diese Weise sagt, daß ich mich nicht um dich kümmere.
DICK: Was?
Diesmal schlafen Dick und Martha nicht miteinander. Am nächsten Morgen beschwichtigen sie einander. Und dann vergißt Martha nach acht Jahren Ehe und ohne ersichtlichen Grund, Dicks Eier zu kochen.
Wenn Erfahrungen, die verrücktmachen, immer wieder auftauchen, dann entstehen Spannungen in der Beziehung. Das ist

dann, als erwarte man ständig den nächsten Schlag. Dicks zunehmend größere innere Anspannung hat sogar dazu geführt, daß er vorzeitige Samenergüsse hat. Dadurch erhöhen sich Marthas Spannungen im sexuellen Bereich, und sie erwartet eher, enttäuscht oder verletzt zu werden.

Diese Spannungen hängen zum Teil von der ganz besonderen Weise ab, in der das Verrücktmachen Erwartungen enttäuscht; denn hier ist ein einfacher psychologischer Mechanismus im Spiel, der allerdings verheerende Folgen haben kann. Diesen Mechanismus nennen wir die *doppelte Botschaft*. Die emotionale Stärke des Verrücktmachens beruht zu einem großen Teil auf diesem Mechanismus.

Die Wirkung der doppelten Botschaft können wir an verschiedenen Punkten der Geschichte von Martha und Dick feststellen. Beim ersten Vorfall, als Martha Dicks Abendessen vorzubereiten vergaß, sendete sie ihm gleichzeitig die beiden folgenden Botschaften:

Botschaft Eins: Sag mir, wann du nach Hause kommst und was du essen willst, und ich werde es für dich zubereiten. Ich werde mich um dich kümmern.

Botschaft Zwei: Ich weiß, daß du dir wegen deines Magens Sorgen machst, aber das ist mir egal. Ich tue, was mich interessiert.

Eine solche widersprüchliche doppelte Botschaft treibt uns zum Wahnsinn. Die gleichen Elemente finden wir, als Dick vergißt, den Mülleimer zu leeren. Er sendet die folgenden Botschaften:

Botschaft Eins: Ich will dich beschützen, indem ich dir die schwere Arbeit abnehme. Ich kümmere mich also um die Abfalleimer.

Botschaft Zwei: Wenn du den Abfall draußen haben willst, dann bring ihn raus. Du kümmerst dich nicht um mich, also kümmere ich mich auch nicht um dich.

Die Wirkung von solchen doppelten Botschaften wurde in einigen frühen Tierversuchen deutlich. Den Tieren wurde beigebracht, daß sie an ihr Futter gelangten, wenn sie auf ein Klingelzeichen hin eine Schranke wegdrückten. Anschließend lernten sie, daß sie einen leichten Stromstoß erhielten, wenn sie auf einen Summton hin auf die Schranke drückten.

Eines Tages lösten die Versuchsleiter das Klingelzeichen und den Summton gleichzeitig aus. Die Tiere erhielten die Botschaft, daß sie zugleich belohnt und bestraft würden, wenn sie die Schranke wegdrückten.
Das Ergebnis war erschütternd. Die Tiere wußten nicht, was sie jetzt tun sollten. Sie waren verwirrt. Sie wurden zu hilflosen und zitternden Wesen, die gelähmt waren von den widersprüchlichen Impulsen einer experimentell ausgelösten Neurose.
Es ist erstaunlich aber wahr, daß die meisten von uns dieses Experiment mit den Menschen nachvollziehen, die uns am nächsten stehen, und zwar, ohne sich dessen bewußt zu sein.
Dazu müssen wir den anderen gar nicht wirklich verletzen wollen. Dick und Martha lieben einander. Aber sie sind in der Falle des Verrücktmachens gefangen.
Martha z. B. meint tatsächlich, Dick komme nicht zum Abendessen nach Hause. Ihr Unbewußtes verleitet sie zu einem richtigen Mißverständnis. Und Dick hat tatsächlich vor, den Abfall hinauszutragen und vergißt es dann. Als er sich beim Mittagessen daran erinnert, ärgert er sich darüber. Er ruft Martha an und entschuldigt sich wortreich, aber wahrscheinlich wird er es vergessen und sich nächste Woche wieder genauso verhalten.
Gleichgültig, ob Dick und Martha einander verletzen wollen oder nicht, sie tun es jedenfalls. Was versuchen sie einander mitzuteilen, wenn sie sich eine Botschaft senden? Ihre Botschaften sind offenkundig weder unmißverständlich gesendet, noch werden sie klar empfangen.
Vor allem fragen wir uns, warum sie ihre Botschaften nicht offen senden und statt dessen die umständliche und verletzende Sprache des Verrücktmacher-Kodes wählen.
Hier sind wir vielleicht beim zentralen Punkt dieses Buches angelangt; denn am Institut für Gruppenpsychotherapie wurde im Verlauf der jahrzehntelangen Beschäftigung mit menschlichen Beziehungen aller Art festgestellt, daß die wichtigste Voraussetzung für eine gesunde und entwicklungsfähige Beziehung darin besteht, daß die Betroffenen klare Informationen über einander haben.
Wenn Informationen in einer unklaren, verschleierten Form

ausgetauscht werden, entstehen in jeder Beziehung bald Schwierigkeiten. Das Verrücktmachen ist ein Warnsignal dafür. Denn wie wir sehen werden, bietet das Verrücktmachen letztlich fast universale Möglichkeiten, indirekt zu kommunizieren. Durch seinen Kode kann die wirkliche Bedeutung seiner Botschaft verdeckt werden.
Wenn wir dagegen den Kode erst einmal geknackt haben, verfügen wir über ein Werkzeug, mit dem wir eine direkte Art der Kommunikation ermöglichen können. Dann können wir frei werden, andere um das zu bitten, was wir von ihnen wollen, dann können wir frei werden, zu sehen und zu hören, was sie von uns wollen. Dann können wir die Bedürfnisse des anderen befriedigen und werden selbst befriedigt. Dann können wir und unsere Beziehungen zu anderen wachsen.
Deshalb wollen wir uns mit dem Verrücktmachen genauer befassen, damit wir erkennen, wozu es dient und was seine verschlüsselten Botschaften wirklich bedeuten sollen; denn erst dann können wir die grundlosen Ängste verstehen, aus denen heraus ein solcher Kode notwendig erscheint, und erst dann können wir sehen, wie diese Ängste abgebaut werden können.

Der Wahnsinn hat Methode

Charlotte ist erst seit wenigen Tagen bei ihrer Mutter zu Besuch, und schon fangen sie wieder an, sich ein wenig verrücktzumachen – ganz wie früher, als Charlotte noch zu Hause wohnte. Bevor Charlotte die lange Reise nach Hause unternommen hatte, um ihrer Mutter ihr Baby zu zeigen, hatte sie ihr in ihren Briefen stolz davon berichtet, daß sie eine Diät mache und gut damit zurechtkomme. Nach der Geburt des Babys hatte Charlotte fünfzehn Pfund Übergewicht gehabt. Sie war eine attraktive Frau. Ihr Aussehen war ihr sehr wichtig, und deshalb störte es sie ziemlich, daß sie ein wenig dick geworden war. Jetzt, nach Monaten der Selbstverleugnung, hat sie dreizehn der unerwünschten Pfunde abgenommen. Tatsächlich sieht sie für alle, außer für

ihre eigenen kritischen Augen, so schlank aus wie früher. Trotzdem ißt sie gewissenhaft weiter Diät.
Beim Frühstück jedoch hatte die Mutter auf den Teller mit Charlottes gekochtem Ei und dem trockenen Toast nur eben ein paar Würstchen gelegt. »Ich weiß, Liebes«, sagte sie auf Charlottes fragenden Blick hin, »nur ein Willkommensgruß. Das sind die Hausmacherwürste von Klipstein, die du immer so gern gegessen hast.«
Beim Mittagessen respektiert Charlottes Mutter deren Wunsch nach gebackenem Fisch. Nur schwimmt er in einer Sahnesoße mit Kräutern. Und es gibt Nachtisch – Charlottes altes Lieblingsgericht, Schokoladencreme. »Weißt du noch, Liebes, wie du immer den Topf ausgeleckt hast?«
Charlotte weiß, daß ihre Mutter alle diese Köstlichkeiten geplant und gekocht hat, um ihr eine Freude zu bereiten, und sie will die Gefühle ihrer Mutter nicht verletzen. Aber nach vier Tagen dieser liebevollen Aufmerksamkeiten, als ihre Mutter sagt: »Nicht doch, ein bißchen von meinem Nußkuchen hat noch nie jemand geschadet«, sieht Charlotte sie plötzlich unverwandt an, sieht sie an, ohne ein Wort zu sagen. Dann bricht sie in Tränen aus, wirft ihre Gabel hin und rennt aus dem Haus, um erst nach frühestens einer Stunde wiederzukommen.
Haben wir es hier nur mit einem Beispiel verkannter Liebe und guten Willens zu tun? Wohl nicht; denn es läuft nach einigen der grundlegendsten Regeln des Verrücktmachens ab.
Zunächst einmal werden Erwartungen zerstört, die auf der Ebene des Vertrauens angesiedelt sind, und dann wird die vertrauensvolle Erwartung durch eine klassische verrücktmachende doppelte Botschaft gestört.
Charlotte empfängt diese widersprüchlichen Botschaften von ihrer Mutter:
Botschaft Eins: Ich bin bereit, mir viel Mühe zu machen, um dir zu geben, was du willst.
Botschaft Zwei: Ich weiß, daß du unbedingt abnehmen willst. Aber ich will für dich kochen, Ich will tun, was ich will, egal wie du dich dabei fühlst.
Hier spielt noch ein weiteres Prinzip des Verrücktmachens von

Vertrauten mit hinein. Der Vorfall betrifft beide. Am Ende fühlen sich sowohl Charlotte als auch ihre Mutter als Opfer. Jede meint, die andere habe ihre hohen Erwartungen enttäuscht. Charlottes Mutter empfängt noch zwei weitere widersprüchliche Botschaften:

Botschaft Eins: Ich verstehe, daß du mir durch deine Fürsorge zeigst, wie sehr du mich liebst. Ich freue mich darüber, daß du für mich kochst, weil ich mich über deine Liebe freue.

Botschaft Zwei: Ich weiß, daß dich meine Diät daran hindert, mir deine Liebe auf diese Weise zu zeigen. Aber das ist mir gleichgültig. Meine Figur ist mir wichtiger als du.

Hier können wir noch ein weiteres Prinzip des Verrücktmachens erkennen. Der Auslöser des Vorfalls ist scheinbar banal, nur ein Stück Nußkuchen, zu unbedeutend, um die starken Gefühle zu erklären. So wird es später leicht sein, so zu tun, als sei die Erfahrung gar nicht wirklich gewesen. Es scheint vernünftiger, den Ärger einfach zu schlucken. Denn wie kann man sich nur wegen einer solchen Kleinigkeit dermaßen aufregen?

Im Vergleich zur Bedeutung der Beziehung erscheint der erlebte Ärger wirklich geringfügig. Und in der Regel beschließt das Opfer, es lohne sich nicht, wegen eines so unbedeutenden Konflikts die Beziehung aufs Spiel zu setzen. Wir werden jedoch sehen, daß diese scheinbar vom gesunden Menschenverstand geleitete Entscheidung in Wirklichkeit die gefährlichste Selbsttäuschung in Situationen ist, die uns verrücktmachen.

An diesem Abend z. B. führt Charlotte ein Ferngespräch mit ihrem Mann. Sie fühlt sich schlecht und muß mit jemand sprechen, der sie versteht.

EHEMANN: Du, was ist denn los?

CHARLOTTE: Ich ... (sie fängt an zu weinen), ich ... ich glaube, ich ...

EHEMANN: Was ist los? Ist etwas mit Klein-Bobby?

CHARLOTTE: Bobby geht es gut. Es ist Mutter. Sie ... sie macht mich verrückt.

EHEMANN: Was hat sie denn getan?

CHARLOTTE: Sie ... (sie putzt sich die Nase), sie ... hat mir ein Stück Nußkuchen gegeben.

Und Charlottes Mutter ist versucht, zu ihrer Freundin nebenan zu gehen und sich von ihr trösten zu lassen. Als sie jedoch noch einmal überlegt, was sie ihr erzählen will, schüttelt sie den Kopf. Wie klingt denn das? »Meine Tochter macht mich verrückt. Sie will meine Liebe nicht mehr. Wie soll ich das wissen? Sie wollte ihren Nachtisch nicht essen!«

Wenn das oberflächliche Problem, wie in diesem Fall der Nußkuchen, die emotionale Stärke des Verrücktmachens nicht erklären kann, wie kann sie dann erklärt werden? Warum senden sich Menschen, die einander mögen, die verrücktmachende doppelte Botschaft? Wie können wir verstehen, was eine solche Botschaft bedeutet?

Die Antwort ist eigentlich ganz einfach. Erstens sind sie sich der Tatsache nicht wirklich bewußt, daß sie zwei einander widersprechende Botschaften senden, und zweitens sind beide Seiten der doppelten Botschaft wirklich. Wenn wir das Verrücktmachen verstehen wollen, müssen wir beide Seiten als grundsätzlich wahr begreifen.

Wir wollen einmal sehen, wie das funktioniert. Ihr neuer Chef erzählt Ihnen seine Lieblingsidee, mit deren Hilfe er das Geschäft ausweiten will. Sie finden seinen Vorschlag schrecklich, aber Sie trauen sich nicht, es ihm zu sagen. Dann sagt er zu Ihnen, er brauche Ihre Hilfe. Er bittet Sie, eine Liste derjenigen Ihrer Kunden zusammenzustellen, die an seinem Vorschlag interessiert sein könnten; und Sie haben das Gefühl, Sie sollten einwilligen.

Sie sind also innerlich gespalten. Sie finden Ihren Chef sympathisch. Auch er kann Sie gut leiden. Ihre Beziehung zueinander sieht so aus, als sei sie die Grundlage Ihres beruflichen Fortkommens und eines freundschaftlichen Verhältnisses; deshalb wollen Sie keine Schwierigkeiten heraufbeschwören.

Andererseits sind Sie ziemlich sicher, daß sein Vorhaben zum Scheitern verurteilt ist. Und dann wollen Sie nicht, daß Ihre Kunden und Ihre höheren Vorgesetzten meinen, Sie hätten dieses Vorhaben unterstützt.

Was tun? Da die größte Gefahr, die Ihnen im Augenblick droht, ein Konflikt mit Ihrem Chef wäre, beißen Sie die Zähne zusam-

men und sind damit einverstanden, die Liste zu erstellen, um die er Sie gebeten hat.
Sie unterdrücken Ihre Vorbehalte. Sie haben wirklich vor zu tun, um was er Sie gebeten hat. Doch Ihre Vorbehalte werden wieder nach oben drängen. Ihre Abneigung ist begraben, aber sie ist immer noch da. Nach außen hin senden Sie die *willkommene* Botschaft, die Botschaft, die Ihr Chef hören will. Jedes Mal, wenn er Sie an die Liste erinnert, sagen Sie ihm, sie fänden sein Vorhaben gut und Sie würden ihn dabei unterstützen. Innerlich jedoch schieben Sie das Ganze hinaus. Sie vergessen den Auftrag immer wieder, oder Sie haben scheinbar zu viele andere Dinge zu erledigen, um die Liste zusammenstellen zu können, oder Sie fangen die Liste an und verlegen sie dann.
Ihre mangelnde Umsetzung in die Praxis wird also zur zweiten Hälfte Ihrer doppelten Botschaft. Diese Hälfte ist die *unwillkommene* Hälfte. Sie sagen »nein« während Sie »ja« sagen. Sie schaffen eine falsche Erwartung und zerstören sie dann. Damit machen Sie den anderen verrückt.
Die unwillkommene Hälfte einer doppelten Botschaft wird oft durch »Fehler« und »Vergeßlichkeit« oder durch eine Art »Gedankenlosigkeit« oder »Unaufmerksamkeit« ausgedrückt. In gewisser Weise sieht Ihr Bewußtsein weg – solange Sie es schaffen, auf eine indirekte Weise das zu sagen, was sie eigentlich sagen möchten.
Genau so »denkt« Charlottes Mutter »nicht daran«, wenn sie ihr kalorienreiche Mahlzeiten zubereitet, und ganz ähnlich »kommt« Charlotte »nicht darauf«, daß ihre Mutter ihre Liebe am besten dadurch ausdrücken kann, daß sie gut und reichhaltig kocht. Das gleiche gilt für Dick und Martha. Martha »vergißt«, daß Dick spät zum Abendessen nach Hause kommt, und Dick will den Mülleimer leeren und »vergißt« es.
Durch solche bequemen und in guter Absicht unterlaufenen Irrtümer wird es möglich, daß wir die uns nahestehenden Menschen verrückt machen und daß uns – als dem Verrücktmacher – keine Schuld und keine Absicht zugeschrieben wird. Auf diese Weise werden auch alte Wunden immer wieder neu aufgerissen; denn solange das unwillkommene Gefühl fortbesteht – und es

bleibt lange vorhanden, wenn es nicht offen ausgedrückt wird – werden wir es vage und indirekt zum Ausdruck bringen, indem wir den anderen verrücktmachen.

Charlotte und ihre Mutter z. B. haben am späten Abend nach dem Erlebnis, das sie beide verrückt gemacht hat, das Gefühl, sie hätten sich töricht verhalten, und beide fühlen sich schuldig. Sie versichern einander, daß sie sich nichts Böses antun wollten. (»Ich hab's nicht so gemeint« und »Ich habe es gar nicht gemerkt« sind häufige Anzeichen für ein verrücktmachendes Verhalten).

Weinend umarmen sie sich. Sie beschließen, den Vorfall zu vergessen und werfen sich selbst vor, überempfindlich zu reagieren – Charlottes Mutter, weil es heute so heiß ist, Charlotte selbst wegen ihrer Menstruation, und beide, weil Bobby sich wundgelegen hat.

Sie beschließen, ganz wie früher einen Abend im vertrauten Gespräch miteinander zu verbringen. Charlotte geht nach oben, um ein paar Fotos von ihrem neuen Haus zu holen, die sie ihrer Mutter zeigen will. Und während ihre Mutter auf sie wartet, beschließt sie, es ein wenig gemütlich zu machen. Sie geht in die Küche – um Kaffee aufzubrühen und den Nußkuchen aufzuwärmen.

So muß das Verrücktmachen unweigerlich weitergehen.

Gleichgültig, in welcher Gruppe man eine Diskussion über das Verrücktmachen beginnt, wird man feststellen, daß die Berichte darüber einem auffallend ähnlichen Muster folgen:

»Henry vergißt meinen Geburtstag immer und plant genau für diesen Tag eine Geschäftsreise.«

»Meine Sekretärin ist die allerbeste – außer in einem Punkt. Ausgerechnet, wenn ich freitagnachmittags versuche, früher das Büro zu verlassen, bringt sie mir garantiert einen Stapel Unterlagen zur Unterschrift.«

»Meinen Sie nicht auch, daß Mary nach dem einen Jahr, in dem wir jetzt zusammenleben, daran denken könnte, daß es mich ärgert, wenn sie den Wagenschlüssel nicht an den Haken an der Tür hängt?«

»Kinder sind so vergeßlich. Deshalb machen sie einen so verrückt. Mein Joey ist wirklich ein so rücksichtsvoller Junge. Aber gleichgültig, wie oft ich es zu ihm sage, er scheint sich nie daran erinnern zu können, daß er seine schmutzigen Schuhe auf der Matte abtreten soll, bevor er in die Küche kommt.«

»Ich kann einfach nicht herausfinden, warum Jean immer wieder jeden Aschenbecher in den Schrank stellt, warum sie auch nicht einen im Wohnzimmer stehen lassen kann.«

Jeder dieser Vorwürfe entsteht aus der versteckten Hälfte einer doppelten Botschaft.

Die offene Hälfte der Botschaft ist immer klar und verständlich. Sie ist immer etwas, das der Empfänger hören will. Sie ist immer eine Botschaft des Wohlwollens, der Anerkennung, der Zustimmung, der Liebe, des Interesses, der Loyalität.

Die zweite Hälfte der doppelten Botschaft dagegen ist immer verschleiert. Und wir können sie deshalb besonders schwer hören und verstehen, weil wir sie nicht hören wollen. In vielen Fällen weist sie auf einen Konflikt in einer Beziehung hin. Sie wirft einen störenden Schatten des Zweifels nicht nur auf das Wohlwollen, das in der offenen Botschaft ausgedrückt wird, sondern oft auch auf die Beziehung selbst.

Was uns so verrücktmacht, ist der in der Botschaft enthaltene Widerspruch. Doch wenn wir das Verrücktmachen verstehen wollen, müssen wir bereit sein zu erkennen, daß der Widerspruch und der darunter verborgene Konflikt tatsächlich existiert. Wir müssen der Wirklichkeit ins Auge sehen.

Warum erschwert es die Sekretärin ihrem Chef, am Freitag den frühen Zug zu erreichen? Sie findet ihn sympathisch, und ihre Arbeit gefällt ihr. Sie ist loyal und fleißig. Aber sie ist auch verstimmt, weil er häufig die viele Arbeit am Wochenende auf ihren Schreibtisch wirft und verschwindet – während sie bis um sieben im Büro bleiben und alles erledigen muß. Sie hat das Gefühl, daß er ungerechtfertigt seine Macht ausnützt.

Doch sie fürchtet sich davor, es ihm offen zu sagen, deshalb äußert sie es, indem sie ihn verrücktmacht.

Warum unternimmt Henry am Geburtstag seiner Frau – und an seinem eigenen – eine Geschäftsreise? Er liebt sie, und er bringt seine Geburtstagswünsche durch teure Geschenke zum Aus-

druck. Aber er will nicht dabei sein, wenn sie die Geschenke auspackt.
Denn mit den Jahren haben sie einen verrücktmachenden Schlagabtausch entwickelt. Es fing damit an, daß Henry viel älter ist als seine Frau. Er fürchtet, sie zu verlieren und versucht deshalb, sie von sich abhängig zu machen. Ohne sich dessen bewußt zu sein, trifft er deshalb alle Entscheidungen aufgrund seines Alters und seiner Erfahrung.
Sie ärgert sich darüber, aber sie fürchtet sich davor, es offen zu sagen. Deshalb macht sie Henrys Alter auf indirekte Weise dafür verantwortlich – indem sie ihn »ganz harmlos« wegen seiner ansatzweisen Glatze, seiner Brille, seinem Bauch »neckt«. Geburtstage sind Tage, an denen dieses Verrücktmachen auf beiden Seiten verstärkt auftritt. Henry versucht, diese Situation zu umgehen.
Warum kann sich Joey nicht daran erinnern, daß er seine Schuhe abputzen soll? Weil seine Mutter noch drei jüngere Kinder hat, und weil sie sich sehr davor fürchtet, jemand könnte meinen, sie schaffe es nicht, für Haushalt und Kinder zu sorgen und gleichzeitig die vielen außerhäuslichen Tätigkeiten wahrzunehmen, für die sie eigentlich gar keine Zeit hat. Der immer glänzende Fußboden in der Küche ist ein Symbol dafür, daß sie doch mit allen diesen Aufgaben fertig wird. Aber um das zu erreichen, muß alles Hand in Hand gehen. Die Kinder dürfen sich nicht im Haus austoben. Und Joey muß gelegentlich auch auf seine kleineren Geschwister aufpassen, solange seine Mutter putzt und bohnert. Joey fühlt sich ungerecht behandelt. Aber als er versucht hat, das zu sagen, warf ihm seine Mutter vor, er sei selbstsüchtig und nicht bereit, ihr zu helfen. Es wird ihm vermittelt, daß er seine Mutter wohl nicht lieb habe, wenn er ihr nicht helfen wolle. Wie kann er also protestieren? Durch seine schmutzigen Schuhe.
Warum vergißt Mary, die Autoschlüssel an den Haken zu hängen? Weil ihr Partner, mit dem sie zusammenlebt, sie dazu überredet hat, ihr Auto zu verkaufen und seinen Wagen mitzubenutzen, um auf diese Weise Geld zu sparen, und jetzt tut er so, als gehöre ihm sein Auto immer noch allein.
Er vermittelt ihr das Gefühl, sie müsse ihn um seine Erlaubnis

bitten, bevor sie den Wagen benutzt, und er zögere, ihn ihr zu geben. Deshalb fühlt sie sich getäuscht. Nun hofft sie aber, daß sie einmal heiraten werden, und sie will ihm zeigen, wie schön es wäre, verheiratet zu sein. Deshalb beißt sie sich lieber auf die Zunge. Aber ihr Groll ist immer noch vorhanden. Und irgendwie kann sie sich nie daran erinnern, wo sie die Wagenschlüssel hingelegt hat. So muß ihr Partner zu ihr kommen, bevor er den Wagen benutzen kann, und die Machtverhältnisse werden auf indirekte Weise ausgeglichen.

Warum räumt Jean die Aschenbecher weg, so daß ihr Mann immer wieder mit einem langen Aschenrest an der Zigarette dasteht und nicht weiß, wohin damit? Sie hat ihn gebeten, mit dem Rauchen aufzuhören. Sie ist davon überzeugt, daß er sonst kürzer lebt. Er stimmt ihr zu, unternimmt aber keinerlei Anstrengung in dieser Richtung. (Beachten Sie, daß das Verrücktmachen mit dieser doppelten Botschaft beginnt).

Wenn Jean ihn an sein Versprechen erinnert, sagt er, sie solle nicht an ihm herumnörgeln. Schon ein paarmal ist er verärgert aus dem Haus gegangen. Deshalb erinnert sie ihn – allerdings indirekt – daran, indem sie die Aschenbecher wegräumt. Natürlich versucht auch er, Konflikte zu vermeiden. Er fürchtet sich davor, ihr direkt zu sagen, daß er das Rauchen nicht aufgeben wird. Wir können beobachten, daß er nicht nach einem Aschenbecher sucht, *bevor* er sich eine Zigarette anzündet, und wir stellen fest, daß seine Asche schon recht lang ist, bevor er bemerkt, daß kein Aschenbecher da ist. Irgendwie fällt dann die Asche immer wieder auf einen sauberen Tisch oder den sauberen Fußboden.

In allen diesen doppelten Botschaften ist die negative und verdeckte Hälfte von einer realen Bedeutung für den Sender. Sie ist stark. Sie kann unterdrückt werden, aber sie kommt wieder hoch. Sie bleibt vorhanden und schwelt weiter. Sie kommt heraus und wird auch ausgedrückt – nur eben in der seltsam verschlüsselten Form des Kodes, den wir den *Verrücktmacher-Kode* nennen.

Häufig wird die offene Botschaft besonders betont und damit die versteckte Botschaft noch mehr verschleiert. Dadurch verstärkt sich die Wirkung der verrücktmachenden Erfahrung.

Als Joey z. B. den Schmutz auf dem Küchenfußboden verteilt, tut er das mit seinem strahlendsten und gewinnendsten Lächeln, er streckt seine Arme nach seiner Mutter aus und sagt anerkennend: »Junge, hier drin riecht es aber gut!«
Die beiden Botschaften werden zur gleichen Zeit gesendet – und stoßen aufeinander wie zwei Skooter auf dem Jahrmarkt. Auf welche Botschaft soll man nun nach dem Zusammenprall reagieren?
Es ist wichtig zu sehen, daß Joey sich nicht absichtlich so verhält und daß er auch nicht bösartig so handelt. Nur weiß er ganz tief drin, daß seine schmutzigen Schuhe seinen Protest zum Ausdruck bringen. Gleichzeitig fürchtet er sich davor, diesen Protest zu äußern – sonst würde er es ja offen tun – und ist bemüht, seiner Mutter zu zeigen, daß er sie liebt und daß er es ihr eigentlich recht machen will. Der Zuckerguß der offenen Botschaft wird zu einer wichtigen Sicherheitsvorkehrung.
Dennoch widersprechen sich die beiden Botschaften nicht nur nach wie vor, sie dementieren einander auch. Daher wird es fast unmöglich, eindeutig auf eine von ihnen zu reagieren.
Erinnern wir uns noch einmal an die Versuchstiere. Die Klingel signalisiert Futter. Doch wenn der Summer (der Strafe signalisiert) gleichzeitig ertönt, kann nicht darauf vertraut werden, daß die Klingel Belohnung verspricht, und gleichzeitig leugnet der Klingelton die Strafe, die der Summton ankündigt.
Daher kommt es teilweise, daß uns das Verrücktmachen von uns nahestehenden Menschen so sehr aus dem Gleis wirft. Es versieht unsere Liebe, unsere Freundschaft und unsere Zuverlässigkeit mit einem angedeuteten Fragezeichen.
Zudem macht es uns der verschlüsselte Teil der Botschaft schwerer zu reagieren. Haben wir überhaupt eine Botschaft erhalten? Oder bilden wir uns das nur ein? War sie Absicht oder Zufall? Da wir nicht an eine unwillkommene Botschaft glauben wollen, sind wir nur allzu gern bereit, sie auf einen unglücklichen Zufall oder einen schlecht gewählten Zeitpunkt zurückzuführen oder sie einfach als eine Gedankenlosigkeit abzutun.
Tatsächlich würde ein unverblümtes »Warum hast du das getan?« nur ein »Wer, ich?« zur Antwort haben. Auf eine solche

Frage hin wird der andere wahrscheinlich prompt jede böse Absicht abstreiten. Und wenn er sich ganz eindeutig verletzend verhalten hat, dann wird er wortreich sein Bedauern und seine Entschuldigungen zum Ausdruck bringen.

So neigen also beide Seiten dazu, die verrücktmachende Erfahrung abzustreiten, sie zu leugnen und ihre Wirkung herunterzuspielen. Dies ist eine der Ursachen dafür, daß sie sich unablässig wiederholen kann.

Wie kann man etwas beenden, das nie passiert oder das nur zufällig geschieht? Wie sehr wir dazu neigen, das Verrücktmachen abzuleugnen, und wohin das führt, sehen wir daran, wie oft man jemand über seine Kinder oder seine Partner sagen hört »Ich habe es ihm schon hundertmal gesagt ...«

Denn wahrscheinlich stimmt das auch. Und dennoch wird sich der ärgerliche Vorfall wiederholen.

Genau wie die wahren Gefühle des Verrücktmachers heraussprudeln, ohne daß er oder sie sich dessen voll bewußt ist, genau so reagiert auch das Opfer. Es streitet ab, daß es verletzt wurde, oder mindestens, daß dem eine Bedeutung zuzumessen ist. Doch die Wunde schwärt weiter.

Wieder einmal kann die Antwortbotschaft nicht direkt gesendet werden, weil der Antwortende das Gefühl hat, sie sei nicht willkommen. Wahrscheinlich würde sie einen Konflikt hervorrufen, der nicht erwünscht ist.

Als deshalb Joey seine Arme nach seiner Mutter ausstreckt, während er gleichzeitig die Schmutzspuren auf ihrem Fußboden hinterläßt, beißt sie sich auf die Zunge. Was ist das für eine Mutter, die nur um der Disziplin willen die liebevolle Geste ihres Kindes übersieht? Innerlich weiß sie jedoch, daß sie verletzt ist, gleichgültig, wie sehr sie die Bedeutung ihrer Verstimmung herunterspielt. Innerlich gibt es ihr einen Stich, daß ihre Interessen so wenig beachtet werden.

Deshalb »vergißt« auch sie etwas. Das tut sie nicht absichtlich. Aber als das Telefon klingelt und sie für Sonntag zum Essen eingeladen wird, sagt sie zu, ohne zu zögern. »Wenn ich keinen Babysitter bekommen kann«, sagt sie zu ihrer Freundin, »kann Joey auf die Kleinen aufpassen. Das macht ihm nichts aus.«

Nur hat Joeys Mutter »vergessen«, auf den Kalender zu sehen. Dort steht nämlich, daß am Sonntag das Entscheidungsspiel von Joeys Baseball-Jugendmannschaft stattfindet.
Liegt einer solchen Reaktion eine boshafte Kleinlichkeit zugrunde oder das Bedürfnis, sich zu rächen? Keineswegs. Daß die verschiedenen Methoden des Verrücktmachens grausam sind, heißt nicht, daß die Menschen, die sie einsetzen, grausam sind. Sie sind nur menschlich. Die Ironie liegt darin, daß sie ihre direkten Reaktionen aus Freundlichkeit zurückhalten, aus dem wirklich vorhandenen und verständlichen Wunsch heraus, Frieden und Freundschaft zu bewahren.
Doch gerade dieses Bemühen, sich freundlich und ruhig zu verhalten, gerade diese Furcht, diejenigen Menschen, die uns etwas bedeuten, zu verletzen und ihnen zu mißfallen, führt schließlich dazu, daß wir ihnen wehtun und sie verwirren. Und es ist traurig, wenn nicht sogar tragisch, daß das indirekte Verhaltensmuster, sobald es einmal angewandt wurde, auch meistens weiter gebraucht wird.
Das Verrücktmachen wird zu einem bitteren Kelch, den – immer wieder abwechselnd – der eine dem anderen reicht. Es wird zu einer der wichtigsten Grundlagen für den *Stil* einer Beziehung. Je beherrschender dieser Stil wird, desto schlechter wird die Beziehung; denn der Schmerz der verrücktmachenden Erfahrungen ist nur schwer auszuhalten. Je häufiger wir verrücktgemacht werden, desto stärker bemühen wir uns, solche Erfahrungen zu vermeiden.
Im Verlauf dieser Entwicklung bemühen wir uns, unsere Kommunikation in sichere Bereiche abzudrängen. Wir bemühen uns immer mehr, jedem Konflikt, jeder Meinungsverschiedenheit aus dem Weg zu gehen. Und so äußern wir unsere wirklichen Gefühle und das, was wir sagen wollen, immer häufiger auf eine indirekte und verletzende Weise.
Schließlich fühlen wir uns in einer solchen Beziehung unterdrückt und eingeschränkt. Im Institut für Gruppenpsychotherapie sind viele Gruppen für Klienten reserviert, die erst vor kurzer Zeit geschieden wurden. In diesen Gruppen wird viel über den Schmerz, die Angst, das Gefühl des Verlustes gesprochen;

zugleich hört man jedoch häufig eine positive Äußerung. »Irgendwie«, heißt es da, »fühle ich mich jetzt so *frei*. Ich kann ich selbst sein. Ich kann ich sein.«

Wer das sagt, bringt zum Ausdruck, daß er sich von den erstikkenden Auswirkungen der indirekten Kommunikationsweise befreit fühlt – daß er dem Verrücktmachen entkommen ist.

Die Auflösung einer Beziehung ist nicht die einzige Möglichkeit, um der Falle des Verrücktmachens zu entgehen. Es gibt viel weniger einschneidende und doch wirkungsvollere Möglichkeiten. Denn wenn wir einmal in der falschen Hoffnung, auf diese Weise eine uns wichtige Beziehung aufrechterhalten zu können, den verrücktmachenden Kommunikationsstil übernommen haben, hat es wenig Sinn, die Beziehung zu opfern, weil wir dann dazu neigen, jede neue Beziehung auf die gleiche Weise zu beschützen.

Wenn wir uns realistisch mit dem Verrücktmachen auseinandersetzen wollen, müssen wir seine Grundvoraussetzung kennen. Wir müssen uns mit der fast universalen Angst befassen, aus der es entsteht.

Die Angst, aus der heraus wir uns verrücktmachen

In Wirklichkeit wollen nur wenige Menschen andere verrücktmachen. Nur ein Perverser versucht tatsächlich, die in seinem Leben wichtigen Bezugspersonen zum Wahnsinn zu treiben und sie zu verunsichern, und zum Glück gibt es nur wenige so perverse Menschen.

Nun aber werden wir alle gelegentlich zu Verrücktmachern – nicht, weil wir uns dafür entscheiden, sondern scheinbar aus purer Notwendigkeit. Denn unter bestimmten Umständen scheint das Verrücktmachen häufig die einzige Möglichkeit zu sein, um mit einer grundlegenden menschlichen Angst fertigzuwerden – und mit einer schmerzlichen Zwangslage, zu der sie führt.

Um diese Angst und die Zwangslage verstehen zu können, hilft

es uns weiter, wenn wir uns an unsere Kindheit erinnern; denn die Angst, die das Verrücktmachen auslöst, taucht zum ersten Mal in der Kindheit auf. Schon kleine Kinder – das werden ihre Eltern bestätigen – sind Meister darin, einen verrücktzumachen.
Marian ist eine alleinstehende Mutter. Sie hat Paul zum Essen eingeladen und hofft, daß die Atmosphäre ruhig und vertraut sein wird. Ihren Sohn Tommy, der noch nicht ganz vier Jahre alt ist, hat sie darauf vorbereitet, daß er früh zu Bett gehen muß, daß er keine Umstände machen und im Bett bleiben soll.
Sie hat ihm Süßigkeiten versprochen, wenn er sich anständig verhält, und ihm gleichzeitig eine strenge Strafe angedroht, wenn er das nicht tut.
»Hast du Mami lieb?« fragt sie Tommy noch einmal, kurz bevor Paul kommen soll.
Tommy nickt heftig. Dann versucht er, sie in die Arme zu nehmen, um sein Nicken zu bekräftigen.
»Gut«, sagt Marian und hält ihn von sich weg, um sicherzugehen, daß er gut aufpaßt. »Mami hat dich auch lieb. Sie muß morgen nicht arbeiten. Wenn du ein lieber Junge bist, gehen wir in den Zoo und essen Popcorn und sehen die Tiere an.
Aber wenn du ein böser Junge bist, weiß Mami, daß du sie nicht richtig liebhast, und das macht sie traurig – dann ist sie sehr böse auf dich. Und es gibt keinen Zoo. Und kein Popcorn.«
Marian hat den Abend sehr sorgfältig vorbereitet, vom gedämpften Licht im Eßzimmer bis zu den frischen Leintüchern im Bett. Paul ist ein ganz besonderer Besuch, und heute hat sie zum ersten Mal Gelegenheit, ihm ihre häuslichen Talente zu zeigen.
Sie weiß auch, daß sie ein Handikap hat. Sie möchte gern wieder heiraten, und die Aussicht, mit dem Kind eines anderen Mannes zusammenzuleben, ist für die meisten Junggesellen nicht besonders verlockend.
Inzwischen sitzt Paul am Tisch, und Marian hat gerade die Soße über den frischen grünen Salat gegossen, als Tommy in seinem Zimmer zum ersten Mal nach ihr ruft. Besorgt darüber, daß dies das erste Anzeichen für Komplikationen sein könnte, beeilt sich Marian, ihn zum Schweigen zu bringen und geht wütend in sein Zimmer. »Tommy«, fängt sie an, »der Abend heute ist sehr

wichtig für mich. Du mußt jetzt still sein. Ich habe dir gesagt, was passiert, wenn ...«

»Ich habe Durst, Mami«, sagt Tommy ganz lieb. »Ich möchte etwas zu trinken.«

Marian ist ungehalten. Sie traut ihm nicht, aber sie kann ja nicht gut einem durstigen Kind ein Glas Wasser vorenthalten. Sie denkt daran, daß jetzt der Salat zusammenfällt, holt das Wasser und sieht mißtrauisch zu, als Tommy es nimmt. Er schluckt gierig, wie um ihr zu zeigen, daß er wirklich ein Bedürfnis danach hat, dann kuschelt er sich mit einem höflichen »Danke, Mami« wieder unter die Decke.

Paul hat Marian gerade ein Glas Wein eingeschenkt und ihr einen anerkennenden Kuß für die gute Wahl des Weines gegeben, als Tommy von neuem nach ihr ruft. »Ich habe dir doch gesagt ...« flüstert sie mit zusammengebissenen Zähnen, als sie in sein Zimmer tritt.

»Ich friere, Mami«, sagt Tommy mitleiderregend. »Ich brauche noch eine Decke.«

Marian faßt seinen Arm an, um zu sehen, wie warm er ist und stellt fest, daß er kalt ist. »Was ist bloß los mit dir?« fragt sie sich schuldbewußt, als sie noch eine Decke holt. »Schließlich ist er noch ein kleines Kind.« Sie deckt ihn liebevoll zu. Dann jedoch erinnert sie sich wieder an die in der Pfanne brutzelnden Steaks, gibt Tommy einen flüchtigen Kuß und wendet sich ab, um in die Küche zu eilen.

»Mami«, ruft Tommy, als sie die Tür schließen will.

Sie stößt die Tür noch einmal auf und sagt leise, aber ärgerlich: »Verdammt, Tommy, schlaf jetzt!«

»Mami ...« sagt er zögernd.

»Na gut, sag schnell, was du willst.«

»Ich hab dich lieb, Mami.«

Wieder keimen Schuldgefühle in ihr auf und mischen sich unter die Vorstellung von den verbrennenden Steaks. »Ich habe dich auch lieb«, seufzt sie, hin- und hergerissen zwischen Liebe und frustriertem Ärger. »Aber Mami muß jetzt gehen. Sie *muß*. Bitte sei ein lieber Junge und schlaf jetzt. Bitte. Ich hab dich lieb.« Sie schließt wieder die Tür hinter sich.

»Mami!«
»Herrgott nochmal!« bricht es aus ihr heraus. Sie muß darum kämpfen, ihre Ungeduld im Zaum zu halten und nur heiser zu flüstern:
»Tommy, wenn du jetzt nicht gleich ...«
»Ich will dich in den Arm nehmen, Mami«, sagt die kleine, schläfrige Stimme.
Und so geht es weiter. Als Marian in der Küche versucht, das Fleisch zu retten, ist sie so außer sich, daß sie weinen könnte und denkt bei sich selbst: »Das Kind macht mich verrückt!«
Und das tut Tommy tatsächlich. Er hat gekonnt einen Gefühlskonflikt heraufbeschworen, der fast nicht auszuhalten ist: Auf der einen Seite ist die Liebe seiner Mutter, gemischt mit Schuldgefühlen, auf der anderen Seite ihre wütende Frustration. Marian ist wirklich hin- und hergerissen zwischen mütterlicher Selbstlosigkeit und dem ebenso starken und verständlichen Bedürfnis, ein eigenständiger Mensch zu sein. Zudem hat Tommy noch nicht einmal die von ihr gesetzten Grenzen überschritten, als er systematisch ihre Stimmung und ihr Abendessen sabotierte.
Er hat nicht geweint. Er ist nicht aus seinem Bett gestiegen. Er wollte keine Geschichten erzählt haben. Er war nur durstig und fror und wollte lieb zu ihr sein.
Marian ärgert sich. Aber sie kann ihren Ärger nicht akzeptieren, geschweige denn ihn ausdrücken, und zwar nicht nur, weil Tommy ihre Regeln eingehalten hat, sondern auch, weil sie dicht unter der Oberfläche das Gefühl hat, daß sie an der Scheidung schuld ist und daß sie Tommy damit geschadet hat. Sie fühlt das jeden Tag ganz deutlich, wenn sie Tommy in den Kindergarten bringt und zur Arbeit geht. Sie hat das Gefühl, sie nehme Tommy etwas weg, wenn sie ihre eigenen Wünsche verwirklicht. Und der heutige Abend ist ein Spiegelbild dieses grundlegenden Konflikts.
Natürlich hat Tommy von all dem keine Ahnung. Er hat nur auf seine eigenen, einfachen Gefühle reagiert. Aber auch die widersprechen einander – und lösen das Verrücktmachen aus.
Tommy fühlt sich zurückgestoßen und allein. Von seinem Bett aus kann er einen Lichtschein sehen. Er riecht, daß es etwas Gu-

tes zu essen gibt. Ein Hauch von Marians Parfum hält sich immer noch auf seiner Wange und trägt zu seinem Gefühl der Einsamkeit bei. Er hört Musik und Worte und Lachen. Und er will auch zu dieser gemütlicheren Welt gehören.

Doch das kann er nicht sagen. Es ist ihm auf das Strengste untersagt worden. Er weiß, daß seine Mutter auch zu einer Strafe greifen würde. Und, mehr noch, sein Verhalten ist zum Gradmesser seiner Liebe gemacht worden. Wenn er sagt, was er empfindet und was er will, darf er nicht in den Zoo gehen und bekommt kein Popcorn – er setzt die Liebe seiner Mutter aufs Spiel und riskiert Kummer und Schmerz.

Doch Tommys Gefühle sind stark, zu stark, um begraben werden zu können, auch wenn seine Angst ihn davon abhält, sie offen zum Ausdruck zu bringen. Sie drängen immer noch nach außen, allerdings auf einem sicheren Weg. Deshalb reagiert er empfindlich auf alle körperlichen Unpäßlichkeiten (weil Erwachsene sie immer akzeptieren und ihnen abhelfen), und deshalb konzentriert er sich auf seine liebevollen Gefühle (weil Erwachsene sie nie zurückweisen). Diese Botschaften sendet er zur gleichen Zeit und so lieb, wie seine Mutter es gern hat.

So ist Tommy also im Alter von vier Jahren schon zu einem meisterhaften Verrücktmacher geworden.

In diese Rolle ist er von seiner Angst gedrängt worden, von der Angst, die die Wurzel des Verrücktmachens bei einander nahestehenden Menschen ist – von der *Angst vor offener Aggression.*

Die meisten Menschen reagieren allein schon auf das Wort *Aggression* ablehnend; denn es handelt sich hier wohl um das am häufigsten mißverstandene Wort unserer Sprache.

Die Erwähnung des Wortes genügt meist schon, um Vorstellungen von Wut, Gewalt, Übergriffen und Überfällen auszulösen.

Die meisten Menschen haben das Gefühl, daß ihre eigenen Aggressionen mit Abneigung, Ablehnung, Isolation und sogar mit Verletzungen vergolten werden könnten.

Für die Psychologen jedoch ist die Aggression nur eine Grundform des menschlichen Verhaltens. Aggression muß nicht darauf abzielen, dem anderen zu schaden. Sie kann auch einfach der notwendigen Selbstbehauptung dienen, d. h. der notwendige Ausdruck dessen sein, was man empfindet oder will.*

Für den Psychologen ist der Satz »Bitte reiche mir das Salz« eine aggressive Äußerung. Das gleiche gilt für Sätze wie »Ich bin müde« oder »Ich bin ein freundlicher Mensch« oder sogar »Ich liebe dich«. Und auch der Satz »Entschuldigen Sie, aber Sie stehen auf meinem Fuß!« gehört dazu.

Der Begriff Aggression beschreibt nur, wie wir das, was wir brauchen oder wollen – im emotionalen, materiellen oder geistigen Sinn – von der Welt und den Menschen in dieser Welt bekommen. Die Aggression braucht auch der Sanfteste unter uns, um überleben zu können. Sie ist notwendig und so natürlich wie der Drang des Kindes hin zur Mutterbrust.

Und dennoch lernen wir alle bis zu einem gewissen Maß und auf eine bestimmte Weise, uns vor der Aggression zu fürchten. Denn wir lernen schon früh, daß wir uns einer Gefahr aussetzen, wenn wir unsere Wünsche und Gefühle direkt und offen äußern. Es kann uns passieren, daß wir abgelehnt werden. Unsere Wünsche und Gefühle könnten im Widerspruch zu denen der anderen stehen. Wir könnten verletzt werden. Wir könnten andere abstoßen.

Deshalb entdecken wir bald, wie wir die auftauchende Gefahr einer Aggression kanalisieren können. Wir können unsere aggressiven Antriebe nicht einfach verschwinden lassen, selbst wenn es uns gelingt – weil wir sie fürchten – sie aus unserem Bewußtsein zu verdrängen. Statt dessen suchen wir nach einem sicheren Weg, einem indirekten Weg, auf dem wir sie nach außen dringen lassen können.

Wir lernen, unsere Aggressionen zu verschleiern, sie in einen Kode und in Symbole zu übertragen, sie auf viele verschiedene Arten und durch verschiedene Grade der Verschleierung auszudrücken. Ein Beispiel für einen einfachen Grad sind Fred und Elaine, die ihr erstes gemeinsames Wochenende in den Bergen

* Es bestehen widersprüchliche Ansichten darüber, ob die persönliche Selbstbehauptung semantisch noch im Begriff der Aggression enthalten ist. Die moderne Psychologie neigt jedoch dazu, sie einzuschließen.

verbringen. Elaine ist ein sportliches und robustes Mädchen, Fred hat sein Leben lang in der Stadt gewohnt.
Sie wandern im Schnee nach oben, und Fred zieht es nicht nur, sondern er friert auch. Elaine steigt glücklich den Pfad hinauf, und Fred sieht, daß er bald nicht mehr richtig mithalten kann. Er will in ihren Augen nicht als schwach oder unmännlich erscheinen, und er will auch nicht die gute Stimmung verderben. Aber er hat das Gefühl, daß all das passieren könnte, wenn er jetzt sagt. »Ich friere«. Statt dessen zittert er also vor Kälte. Er fröstelt tatsächlich, aber er übertreibt auch ein bißchen.
Jetzt kann er Elaines Reaktion beobachten. Lacht sie ihn aus und sagt »Du frierst doch nicht etwa«, dann kann er lächelnd die Zähne zusammenbeißen, es abstreiten und weitergehen. Aber wenn sie sich nur um ihn sorgt, ihn mitfühlend umarmt und sagt »Ein bißchen kalt, Schätzchen?«, dann kann er sich offen äußern.
Er zittert weiter. »Du frierst doch nicht, oder?« fragt Elaine mit einem leicht ärgerlichen Unterton.
»Nein, nein«, antwortet Fred. »Höchstens ein kleines bißchen. Aber ein bißchen gute frische Luft hat noch nie jemand geschadet. Wahrscheinlich ist mir ein wenig kalt, weil mein Unterzeug auch aus Polyester ist, reine Baumwolle ist einfach viel besser.«
Fred und Elaine werden noch Monate später zusammensein, aber sie werden nicht mehr in den Bergen wandern. Nicht daß Fred sich jemals beklagen würde. Er wird mit Elaine in romantischen Erinnerungen schwelgen, wenn sie von den Spaziergängen im Schnee spricht, und er wird sagen, es sei schön gewesen. Weil er nicht wagt, »nein« zu sagen, wird er sogar einwilligen, noch weitere Winterwochenenden auf dem Land zu verbringen. Nur wird er nicht gehen. Wenn nötig, wird noch in der allerletzten Minute etwas Wichtiges in seinem Büro dazwischenkommen – einmal sogar, als Elaine sich gerade eine ganz neue Wanderausrüstung gekauft hat. »Freds Job«, wird sie sich bei einer Freundin beklagen, »macht mich noch verrückt!«
Die »Schwierigkeiten im Büro« sind natürlich ein indirekter Ausdruck von Aggressionen. Auf diese Weise weigert sich Fred, ohne daß er die Verantwortung dafür zu übernehmen braucht.

Allerdings würden diese kodierten Botschaften allein noch niemand verrückt machen. Das tun sie nur, weil sie gleichzeitig mit der widersprechenden offenen Botschaft gesendet werden: »Ich will wirklich gehen, und ich habe auch vor zu gehen.«

Der Zuckerguß der offenen Botschaft gehört unabdingbar zum Verrücktmachen dazu. Wie er entsteht, ist ebenso leicht verständlich; denn wenn wir eine unangenehme Reaktion auf eine unwillkommene Botschaft befürchten, ist es ganz natürlich, gleichzeitig zu versichern, daß wir nichts Böses wollen und daß wir guten Willens sind, weil wir damit verhindern wollen, daß der andere ärgerlich wird oder uns ablehnt.

Ein solches Vorgehen kann an einem einfachen Beispiel am besten erkannt werden. Marys Chef sagt: »Sie wissen, Mary, wie sehr wir Sie mögen und wie wertvoll Ihre Arbeit für uns ist, aber letzte Woche sind zwei Rechnungen verlorengegangen, und Sie wissen ja, wie angespannt die Lage ist ...«

Wenn wir uns also vor Aggressionen fürchten, sei es vor unseren eigenen oder vor denen der anderen, dann neigen wir dazu, unsere Äußerungen zunächst zu kodieren und indirekt zum Ausdruck zu bringen. Gleichzeitig senden wir offene Botschaften des Wohlwollens, weil wir hoffen, auf diese Weise jede unangenehme Reaktion abwenden zu können.

Es gibt eine Reihe von Faktoren, die verstärkt zu dieser Furcht beitragen. Sie wird stärker, je enger eine Beziehung wird, je mächtiger der andere wird und je größer die Abhängigkeit von der Beziehung wird. Je bedeutender diese Faktoren sind, desto stärker wird die Angst vor der offenen Selbstbehauptung – und damit die Neigung, sich lieber in der Form des Verrücktmachens zu äußern.

Dies ist eine der Ursachen dafür, daß Menschen, die über Macht verfügen, berühmte Persönlichkeiten, wohlhabende Menschen, Persönlichkeiten des öffentlichen Lebens, usw. eher zum Ziel des Verrücktmachens werden. Und es ist auch eine der Ursachen dafür, daß sie leicht anderen gegenüber zynisch werden.

Unausgewogene Machtverhältnisse lehren uns das Verrücktmachen wohl am besten; denn es erscheint uns gefährlich, offen und selbstsicher vor jemand aufzutreten, der alle Trümpfe in der

Hand hat. Warum sollten solche Menschen bereit sein, das zu tun, was wir wollen, vor allem wenn unsere Wünsche in irgendeiner Weise den ihren zuwiderlaufen.

Nirgends tritt dieser Unterschied so deutlich zutage wie in der Eltern-Kind-Beziehung. Für das Kind sieht es wohl so aus, daß die Eltern über eine überwältigende Entscheidungsmacht verfügen, daß sie alles tun können, was sie nur wollen, und daß es vollkommen von ihrem Wohlwollen und ihrer Nachsicht abhängig ist. Die Eltern erscheinen ihm extrem mächtig. Ein direkter Konflikt scheint für das Kind in einer Niederlage enden zu müssen. Deshalb greift es auf das Verrücktmachen und seine verwirrenden doppelten Botschaften zurück. Dieses Vorgehen scheint kurzfristig gesehen am erfolgreichsten zu sein, und das Kind kann nicht erkennen, welcher Preis langfristig gesehen dafür zu bezahlen ist.

In Tommys Fall z. B. erreicht der kleine Junge, der den romantischen Abend sabotiert, das von ihm erwünschte unmittelbare Ergebnis. Er bringt seine Mutter dazu, immer wieder zu ihm zu kommen. In gewisser Weise konkurriert er erfolgreich mit ihrem Geliebten, und es gelingt ihm dabei, ihren Ärger im Zaum zu halten.

Tommy gewinnt die Aufmerksamkeit seiner Mutter. Er darf am anderen Tag auch in den Zoo gehen. Er bekommt nicht nur eine, sondern sogar zwei Tüten Popcorn und dazu noch eine ausgestopfte Giraffe.

Allerdings kann Tommy nicht das ganze Ergebnis seines Verhaltens verstehen. Zunächst ist Marian den ganzen Tag nervös und gereizt und verursacht, daß Tommy sich unbehaglich und unwohl fühlt, und irgendwie tauchen immer wieder Situationen auf, in denen Tommy etwas falsch macht. Er bekommt das Schokoladeneis, das er möchte und darf damit in der Sonne spazierengehen, nur schimpft Marian streng mit ihm wegen der unvermeidlichen braunen Flecken auf seinem Hemd und seiner Hose. Sie vergißt, ihm ein Taschentuch einzustecken und herrscht ihn an, als er sich mit seinem Ärmel die Nase abwischt. Sie verspricht ihm eine Fahrt mit dem Karussel und entscheidet dann, es fahre zu schnell für ihn. Sie hat Kopfschmerzen und setzt sich öfter auf eine Bank, während Tommy ungeduldig von einem Bein auf das andere tritt, weil er die Löwen sehen will. Marian ist gereizt, seitdem der zum Nachtisch vorgesehene Pudding überkochte, während sie nach Tommys unauffindbarem Teddybären suchte. Besonders gereizt ist sie seit siebzehn Minuten nach Mitternacht. Zu diesem Zeitpunkt hatten nämlich Paul und sie selbst ihre romantische Stimmung wiedergefunden und waren gerade dabei, im Schlafzimmer schwer atmend einen harmonischen Rhythmus zu finden, als beide von einem fürchterlichen, aus dem Eßzimmer kommenden Schmerzensschrei erschreckt in die Höhe fuhren. Tommy hatte im Dunkeln ins Badezimmer gehen wollen und seine Zehe angeschlagen.

Was erklärt Marians Verhalten? Die simple Wahrheit, daß das Verrücktmachen neues Verrücktmachen hervorbringt. Marian wurde daran gehindert. ihren Ärger über Tommy zum Ausdruck zu bringen. Während sie jedoch meint, sie habe ihn vergessen, bohrt er immer noch in ihr. Er will heraus. Er will ausgedrückt sein. Und da er nicht direkt geäußert werden darf, muß er indirekt geäußert werden – unter dem Deckmantel eines grundsätzlichen Wohlwollens – und als Ergebnis von »unglücklichen Zufällen«.

Tommys verrücktmachendes Verhalten hat auch noch ein zweites Ergebnis gezeitigt, das ebenfalls charakteristisch ist. Es entsteht dadurch, daß wir möglichst versuchen zu vermeiden, daß sich ein verrücktmachendes Erlebnis wiederholt.

In der vorausgegangenen Nacht hat Paul großzügig vorgeschlagen, Tommy am Wochenende zum Zelten mitzunehmen. »Es wäre gut für ihn«, sagte Paul. »Kinder werden in den Bergen so müde, daß sie schlafen wie die Murmeltiere.« Er lachte verschmitzt. »Ich könnte ihm zeigen, wie man angelt. Es wäre ganz lustig, ihm solche Dinge beizubringen.«

Aber als Marian jetzt im Zoo spazierengeht, überlegt sie sich, wie sie ihre Mutter darum bitten könnte, Tommy eine Woche lang zu sich zu nehmen.

So endet das Verrücktmachen also häufig genau mit dem Ergebnis, das der Verrücktmacher vermeiden wollte, nämlich mit seiner Ablehnung. Und wenn das Verrücktmachen einmal zur Gewohnheit geworden ist, wenn es in den Lebensstil eines Menschen integriert wird, dann kann eine allmähliche, destruktive Zuspitzung des Problems einsetzen.

Das Verrücktmachen, das doch den Konflikt und die Konfrontation verhindern sollte, das einen Ausweg aus der Notwendigkeit darstellen sollte, einen wichtigen anderen Menschen zu enttäuschen oder abzulehnen, ist die Ursache dafür, daß der Verrücktmacher abgelehnt wird. Dadurch werden seine Befürchtungen bestätigt. Er wird davon überzeugt, daß er recht hatte, daß jeder Konflikt gefährlich ist. Deshalb verstärkt sich seine Angst, und er wird immer mehr versuchen, Aggressionen aller Art aus dem Weg zu gehen.

Schließlich wird der gesamte Kommunikationsstil des einzelnen oder der Beziehung indirekt. Das kann so weit gehen, daß es völlig unmöglich wird, mit dem Verrücktmacher zusammenzuleben oder zusammenzuarbeiten. Wenn eine Beziehung diesen Stil übernimmt, kann es leicht geschehen, daß sie nicht mehr aufrechterhalten werden kann.

Die so entstandene Isolation – zwischen zwei Menschen oder zwischen einem Menschen und seiner Umwelt – ist letztlich der Preis des Verrücktmachens. Es lohnt sich, sie genauer zu untersuchen; denn sie ist die einzige wirkliche Alternative zur direkten Äußerung seiner selbst.

Der Preis des Verrücktmachens

Eine der vielen Widersprüchlichkeiten des Verrücktmachens beruht darauf, daß der chronische Verrücktmacher zunächst oft einer der liebenswertesten Menschen zu sein scheint.

Dafür gibt es einen einfachen Grund. Er hat den Teufelskreis des Verrücktmachens schon mehrmals durchlaufen. Seine Angst vor Aggressionen hat ihn dazu gebracht, sich indirekt auszudrükken. Das wiederum hat dazu geführt, daß er abgelehnt wurde und daß sich seine Angst verstärkte usw.

Als Endergebnis zeigt sich, daß er davon abhängig ist, daß seine Äußerungen den anderen willkommen sind. Der Preis jedoch, den er und die anderen dafür bezahlen müssen, ist hoch.

Jim Harvey ist der ewig nette Junge, einer, der mit allen zurechtkommt. Er scheint eine natürliche Begabung für die Öffentlichkeitsarbeit zu haben, da er kaum einmal »nein« sagt. Er lächelt viel und gibt den anderen die Antworten, die sie erhoffen. Schwierig ist nur, daß er sein Wort nicht immer in die Tat umsetzen kann.

Diese verrücktmachende Eigenschaft hat ihn eine Stelle nach der anderen gekostet. Seit kurzem verdient er weit weniger als früher. Und bevor er in einem riesigen Nahrungsmittelkonzern eine im Verhältnis zu seiner Berufserfahrung recht unbedeutende Stelle gefunden hat, war er drei Monate lang arbeitslos.

Jim ist für die Auslagen zuständig und vertritt Sweet Screws, »die Getreideflocken mit dem Pfefferminzgeschmack“, auf den Messen.

»Hoffentlich haben Sie für das Jahrestreffen der amerikanischen Zuckergußhersteller etwas Besonderes geplant«, sagt sein Chef.

»Natürlich«, antwortet Jim lächelnd, »wir stellen unsere Pläne nur noch fertig, bevor wir sie Ihnen vorlegen. Ich bin sicher, sie gefallen Ihnen.«

Eigentlich hat er gar nichts Besonderes vor. Anschließend trifft er Julie, eine begabte junge Designerin mit neuen Ideen. »Aber Sie sehen ja, billig wird es nicht«, warnt sie ihn.

»Das ist kein Problem«, antwortet Jim lächelnd und vergißt dabei, daß die Ausgaben für die Dekoration dieses Jahr schon ihre oberste Grenze erreicht haben.

»Mein Zeitplan«, sagt Julie, »er sieht gewaltig aus, aber Sie werden sehen, wieviel im einzelnen getan werden muß.«

»Das macht nichts«, antwortet Jim freundlich. »Wir sind ja ein großer Konzern. Wir wollen gute Arbeit und bezahlen auch dafür. Machen Sie mir einfach einen ungefähren Plan, die Einzelheiten können wir dann später besprechen.«

Jims Chef gefallen die Vorschläge. »Das Ganze sieht aber teuer aus.« Er ist besorgt. »Im Augenblick ist die Lage etwas angespannt.«

Jim lächelt: »Machen Sie sich darüber keine Gedanken. Ich kenne Julie.« Er zwinkert mit den Augen. »Sie wird uns einen guten Preis machen.«
Als die Zeit für das Vorhaben drängt, lädt Jim Julie zu einem Essen auf Spesen ein und spricht viel über zukünftige Pläne. »Sie könnten eigentlich regelmäßig für uns arbeiten«, sagt er zu Julie. Und Julie schreibt ihre anderen Kunden schon ab.
Als Julie die Rechnung ausstellen will, entwirft Jim noch einmal die rosige Zukunft, die ihr durch eine weitere Mitarbeit bevorsteht, und Julie setzt ihre Rechnung ein bißchen niedriger an. Aber sie ist immer noch höher, als Jim gehofft hatte.
Drei Monate später versucht Julie immer noch herauszufinden, warum nur ein Teil ihrer Rechnung bezahlt worden ist. Jim bearbeitet ihre Rechnungen »nach den üblichen Geschäftsbedingungen«. Er teilt ihr mit, er habe die Zahlung angeordnet, im Computer müsse etwas fehlgelaufen sein. Schließlich muß Julie der Tatsache ins Auge sehen, daß Jim ihr gegenüber nicht ehrlich ist, daß er nur Anweisung gegeben hat, einen Teil der Rechnung zu bezahlen. Sie ruft seinen Chef an.
Julie hat diese Erfahrung verrücktgemacht. Doch sobald sie ihre falschen Hoffnungen Jim gegenüber aufgibt, sobald sie ihre falschen Hoffnungen auf zukünftige große Aufträge aufgibt, hört das Verrücktmachen auf. Sie fordert ihr Geld an und wird bezahlt.
Auch für Jims Chef, der schon verschiedentlich Schwierigkeiten dadurch hatte, daß Jim immer zu wenig veranschlagte und zuviel ausgab, und der schon eine ganze Reihe von Jims überzogenen Versprechungen hatte erklären müssen, hört das Verrücktmachen bald auf. Er veranlaßt, daß Jim in die Filiale nach Cincinnati versetzt wird.
Vor seinem Umzug versichert Jim allen seinen Kollegen, daß er die Verbindung mit ihnen aufrechterhalten wird. Besonders eindringlich versichert er es im Großraumbüro dem Mädchen, mit dem er geschlafen hat. Er verspricht ihr, daß er versuchen wird, ihre Versetzung nach Cincinnati in die Wege zu leiten. Er wolle das noch erledigen, bevor er den Umzug seiner Familie vorbereite.

Da die meisten seiner Kollegen Jims Art kennen, nehmen sie seine Versprechungen nicht ernst. Doch das Mädchen aus dem Sekretariat, das viele Pickelnarben hat, und mit dem sich nur selten jemand verabredet, muß ihm glauben.

Gewohnheitsmäßige Verrücktmacher wie Jim können anderen viel Kummer zufügen. Die meisten jedoch ertragen ein solches Verhalten nicht lange, weil sie keinen Grund dafür haben, es sich gefallen zu lassen.

Vergessen Sie nicht, daß eine starke Abhängigkeit von einer Beziehung nicht nur die Angst hervorruft, die zum Verrücktmachen führt, sondern auch die Angst, die jemand dazu bewegt, diese Abhängigkeit hinzunehmen.

Immer wenn in einer Beziehung das Verrücktmachen zu einer chronischen Verhaltensweise geworden ist, können Sie sicher sein, daß nicht nur der Verrücktmacher, sondern auch sein Opfer sich vor offenen Aggressionen fürchtet.

Denn zwischen dem Verrücktmacher und dem Menschen, der ständig das Ziel seines Verhaltens ist, besteht eine Art stillschweigende Übereinkunft. Er oder sie schließt alles außer der zuckersüßen, willkommenen Hälfte der Botschaft aus. Ein solches Opfer leugnet einfach den verschlüsselten, negativen Aspekt der doppelten Botschaft und überredet sich selbst dazu, daß es sich dabei um einen Zufall oder einen Irrtum handeln müsse.

Dieses Leugnen aller Aspekte, die die mit Zuckerguß verkleidete Botschaft in Frage stellen könnten, wirkt doppelt zerstörerisch. Es erzeugt in wirklichkeitsfremder Weise vertrauensvolle Erwartungen. Wenn dann die widersprüchlichen Botschaften allmählich durchdringen, haben sie eine niederschmetternde Schock-Wirkung.

So kann eine dauerhafte enge Beziehung zu einem gewohnheitsmäßigen Verrücktmacher in der Tat sehr viel Kummer verursachen. Lily, das Mädchen aus dem Großraumbüro, hat das in ihrer Verbindung mit Jim lernen müssen.

Lily hat kein hübsches Gesicht. Und da sie bei ihren Großeltern aufgewachsen ist, die sehr zurückgezogen lebten und sehr schweigsam waren, wirkt sie etwas farblos.

Allerdings hat sie eine üppige und gutgewachsene Figur. Sie ist nachgiebig und ergeben, d. h. sie besitzt Eigenschaften, die zum Ausdruck bringen, daß sie einsam ist und gern attraktiv sein möchte – und daß sie auf Jim gern anziehend wirken möchte. Jims sexuelles Zusammensein mit seiner Frau ist wegen seines chronischen Verrücktmachens schon lange für beide unbefriedigend geworden. Deshalb hat er sich anderweitig umgesehen. Was er gesucht hat, war vor allem die Illusion einer durch den körperlichen Kontakt entstehenden Nähe ohne den Anspruch einer wirklichen Nähe, bei der es erforderlich wäre, seine wirklichen Gefühle direkt zum Ausdruck zu bringen.

Das Ganze begann eines Abends, als Lily noch bis spät mit ihm gearbeitet hatte. Er hatte aus einem chinesischen Restaurant etwas zu essen bringen lassen, und sein sympathisches Äußeres und seine lächelnde Zustimmung, die sein Verständnis zum Ausdruck zu bringen schienen, hatten Lily zum Sprechen gebracht. Bald nachdem sie diese Botschaft aus ihrem Angebeteten herausgelesen hatte (»Jemand versteht mich«), weinte sie leise in seinen Armen. Und er half ihr, ihren Reißverschluß zu öffnen. Natürlich äußerte Jim seine wahren Wünsche an die Beziehung nicht offen. Vor allem sagte er Lily nicht, daß er unbeschwerten Sex und möglichst wenig darüber hinaus haben wollte. Er berichtigte also nie Lilys romantische Vorstellungen. Sie glaubte, sie hätten ein heimliches Liebesverhältnis, und nur seine Frau und seine Kinder verhinderten, daß sie einen großen Teil ihrer Zeit zusammen verbrachten.

Lilys einzige offene Bitte, die sie sehnsüchtig und zögernd äußerte, war der Wunsch, häufiger mit ihm zusammenzusein. Jim besuchte sie nur samstags kurz in ihrer Wohnung. Sie sprach davon, wie schön es wäre, wenn sie zusammen essen oder tanzen oder ins Kino gehen könnten.

Jim antwortete, er wolle es versuchen. Jedes Mal, wenn sie ins Bett schlüpften, erzählte er ihr von einem Fleckchen Erde außerhalb der Stadt, von kleinen Hotels und gemütlichen Restaurants auf dem Land. Aber nichts davon traf ein. Jim tauchte weiterhin nur am Samstagnachmittag nach seinem Golfspiel auf. »Ich muß eine Runde spielen, damit der Schein gewahrt ist«, erklärte er

dann immer. »Ich kann nicht ohne Karte und ohne ein paar Grashalme an meinen Hosen nach Hause kommen.«
Doch allmählich grollte ihm Lily. Jim kam am Samstag zu jeder beliebigen Zeit und erwartete, daß sie da war. »Verstehst du«, sagte er, »manchmal ist die Spielbahn voll, und ich muß warten. Manchmal treffe ich Geschäftspartner und muß ein Glas mit ihnen trinken.«
Als er eines Samstags schließlich ziemlich spät zu Lily kam, hatte sie eine festgewordene weiße Maske auf ihrem Gesicht. »Ich dachte nicht, daß du kommen würdest«, sagt sie. Am darauffolgenden Samstag hatte sie ihre Lockenwickler eingedreht. »Ich dachte nicht, daß du jetzt schon kommen würdest.« Beide Male mußte Jim eine halbe Stunde waren, bis Lily für ihn bereit war. Am nächsten Samstag kam er wieder später, und als er die Tür öffnete, saßen Lily und das Mädchen von nebenan zusammen und spielten Karten. Jim wurde blaß, aber Lily stellte ihn als ihren Vetter vor. Die Zeit verging, und Jim schaute immer wieder auf seine Uhr. Lily schien keinerlei Anstrengungen zu unternehmen, um ihre Nachbarin loszuwerden. Sie sagte: »Ich wollte sie nicht mißtrauisch machen.«
Es handelt sich hier nicht um wirklich bewußt unternommene Bemühungen von Lily, sondern um indirekte Aggressionen, um verrücktmachende Reaktionen. Auf diese Weise äußerte sie ihre begrabenen Gefühle – die sie unterdrückt hatte, weil sie sich davor fürchtete, Jim mit ihren Aggressionen zu vertreiben – und die dennoch verschlüsselt zum Ausdruck kamen.
Seit kurzem »entschlüpfte« Lily auch gelegentlich ein falsches Wort. Zweimal hatte sie ihm im Büro schon geantwortet »Ja, Liebling«. Dann hatte sie ihm eine Geburtstagskarte nach Hause geschickt. »Ich dachte nicht, daß jemand die Briefe öffnet, die an dich gerichtet sind.« Und seit neuestem unterliefen ihr ärgerliche Tippfehler.
Natürlich hatten diese Versehen immer eine Hülle aus Zuckerguß und verhinderten damit, daß Jim offen verärgert war. »Wenn ich so nah bei dir arbeite, dann habe ich einfach manchmal das Bedürfnis, dich zu berühren«, sagte sie dann etwa. Oder: »Ich dachte daran, daß du Geburtstag hast und daß keiner bei dir

ist, der dich liebt, und ich wollte, daß etwas von mir bei dir ist.«
»Aber die Karte«, protestierte Jim milde. »Auf der Karte stand: Ich will dir ein kleines Etwas zum Geburtstag schenken – MICH.«
»Aber ich dachte, das wolltest du gerade«, antwortete Lily sanft. Und Jim, der nett sein wollte, sagte nichts mehr. Langsam jedoch fühlte er sich unbehaglich.
»Eigentlich wäre alles ideal«, erzählte Jim vertraulich seinem Nachbarn im Flugzeug. »Sie sagt niemals ›nein‹, bei nichts.« Er zwinkert. »Aber dauernd diese kleinen Dinge, die mich so nervös machen. Letztes Wochenende zum Beispiel. Wir waren im Bett und alles lief bestens, ich meine bis kurz davor, und plötzlich fragt sie mich, ob man die Pille ein paar Tage absetzen könne, ohne daß etwas dabei passiert. Ich bin fast wahnsinnig geworden. Dann sagte sie, sie habe sie nicht abgesetzt, sie wolle es nur wissen, weil wir nur einmal in der Woche zusammen schlafen. Mann, danach war ich eine halbe Stunde lang zu nichts mehr zu gebrauchen. Was ich damit sagen will, wie kann ein so ideales Mädchen einen so verrücktmachen?«
Warum werden verrücktmachende Beziehungen immer bedrükkender? Warum trennen sie die Partner immer mehr?
Eine grundlegende Ursache dafür nennt die psychologische Grundregel, nach der Frustration zu Feindseligkeit führt, zu wütenden und gewalttätigen Aggressionen.
Wenn die Angst vor der Aggression jemand dazu zwingt, daß er oder sie seine oder ihre wahren Gefühle unterdrückt, so daß sie nicht direkt zum Ausdruck kommen können, dann wächst das Gefühl der Frustration. Mehr noch, wenn eine wichtige Botschaft verschlüsselt gesendet wird, dann ist es schwierig, sie deutlich zu lesen. Deshalb ist es auch schwierig, angemessen zu reagieren.
In engen persönlichen Beziehungen wird das Hin und Her der indirekten (mit einer Versicherung des Wohlwollens zugedeckten) Botschaften zunehmend frustrierender. Und Ärger und Groll sammeln sich unter einer oft ruhigen und sanften Oberfläche.
Denn die indirekten Botschaften sind häufig zu unklar für Sie, als

daß Sie wüßten, wie Sie, selbst wenn Sie wollten, mit ihnen umgehen könnten. Und Ihr Partner weiß nicht, wie er mit seinen Botschaften auf Ihre kodierte Kommunikationsweise reagieren könnte. So kann keiner von Ihnen den anderen befriedigen oder selbst befriedigt werden.

Wenn Sie also nicht wissen, was von Ihnen verlangt wird und sie die Beziehung bewahren wollen, neigen Sie dazu, nach zwei verschiedenen Grundmustern zu reagieren. Sie überzeugen sich selbst davon, daß die indirekte Botschaft keinesfalls absichtlich gesendet worden ist, und Sie geben *irgend etwas,* weil sie hoffen, den anderen damit zufriedenzustellen.

Was Jim angeht, hat Lilys zunehmend häufigeres Verrücktmachen ihre Beziehung so weit untergraben, daß sie schließlich allzu unangenehm geworden ist. Nach seinem Umzug ruft sie dreimal bei ihm an. Weil er ein netter Mensch ist, entschuldigt er sich jedes Mal wortreich damit, daß er nicht unbefangen sprechen könne. Doch er ruft nie zurück.

Jedenfalls nicht vor einem bestimmten Tag sechs Wochen später, dem Tag, an dem seine Frau, die ihren Umzug nach Cincinnati ein dutzendmal unter verschiedenen Vorwänden hinausgeschoben hat – die Schulprobleme der Kinder, die Schwierigkeit, allein zu packen, die Entscheidung, welche Möbel mitgenommen werden sollen – schließlich eingesteht, daß sie überhaupt nicht zu ihm ziehen wird.

An diesem Abend ruft Jim bei Lily an. Er muß wissen, daß er jemand hat. Er sagt ihr, wie sehr er sie vermißt habe, wieviel er zu tun hatte. Er bittet sie, das Wochenende bei ihm zu verbringen. Als die nicht darauf reagiert, sagt er ihr sogar, daß er und seine Frau sich trennen.

Lily hört wie gewöhnlich zu und sagt überhaupt nichts. Schließlich, als er ihr sagt, welches Flugzeug sie nehmen solle, bricht es fast flüsternd aus ihr heraus: »Ich will dich nie mehr sehen. Du machst mich verrückt!« Und sie legt auf.

Jims verrücktmachendes Verhalten und die Tatsache, daß sowohl Lily als auch seine Frau sich damit abfinden, geben uns ein extremes Beispiel für ernsthafte emotionale Probleme, die den Handlungsspielraum der Beteiligten einschränken. Die Geschichte dieser drei Personen wird hier erzählt, weil an diesen extremen Fällen das grundlegende Schema deutlicher zutage tritt. Aber auch weniger extreme Fälle des Verrücktmachens können diesem Schema in einer subtileren Weise folgen. Und wenn dieses Verhalten fortdauert, wenn es zu einem integrierten Bestandteil der Beziehung zwischen zwei psychisch gesünderen Menschen wird, kann es trotzdem ebenso zerstörerisch wirken. Denn durch die wiederholte Verletzung durch das chronische Verrücktmachen entsteht eine Art Sensibilisierung dafür. Die Abwehrhaltung dagegen wird stärker. Und mit dieser von der Vorsicht geleiteten Bemühung, den durch das Verrücktmachen ausgelösten Schmerz zu vermeiden, zeigt sich auch eine emotional beeinträchtigende Nachwirkung.

Adam und Norma z. B. sind beide etwa seit einem Jahr geschieden, als sie sich kennenlernen. In ihren beiden Ehen war das Verrücktmachen chronisch geworden. Beide sind gutmütige Menschen, die davon träumen, eine Liebe ohne Konflikte zu erleben. Deshalb freuen sie sich zunächst darüber, wie konfliktlos sie ihre Zeit miteinander verbringen, wie gut sie darin zusammenpassen, daß sie beide Konfrontationen und Auseinandersetzungen vermeiden.

Drei Wochen lang treffen sie sich ständig. Jeder von ihnen hat noch an der Bürde der indirekten Aggressionen zu tragen und rechnet ständig mit neuen Anzeichen dafür. Aber keiner von beiden entdeckt irgendwelche Anzeichen dieser Art. Sie freuen sich darüber und sind dankbar, warten aber skeptisch darauf, daß sie sich doch zeigen.

Sie gehen miteinander spazieren, ins Kino, zum Essen und Tanzen. Es gibt keinen Zank und keine erschreckende doppelte Botschaft. Nur schlafen sie nicht miteinander. Im Bett haben beide die schlimmsten Wunden erlitten, das schlimmste Gefühl dafür, daß sie unfähig seien, den anderen zu befriedigen und selbst befriedigt zu werden.

Nach einem weiteren Abend, den sie glücklich miteinander verbracht haben, sind Adam und Norma in Normas Wohnung. Norma ist in die Küche gegangen, um Kaffee zu kochen, und Adam ist ihr nachgegangen. Plötzlich stehen sie eng beieinander,

haben die Arme umeinander geschlungen, und ihre Körper bewegen sich sehnsüchtig aufeinander zu. Ganz plötzlich scheinen beide gelockert zu sein und zögernd scheint einer dem anderen vertrauen zu können.
Adam zieht Norma auf die Couch im Wohnzimmer, und dann sind beide voller Hingabe, fühlen sich beide befreit. Sie halten sich eng umschlungen, ihre Kleidung gerät in Unordnung, sie verlangen nacheinander.
Sie versinken in einer erregenden und freien Gelöstheit. Sie fühlen sich befreit, ohne Fesseln, einer vom anderen akzeptiert, und ihr Verlangen nach der Nähe des anderen strömt aus ihnen heraus.
»Adam!«
»Norma!«
»Oh Gott, bist du ein wunderbarer Mann!«
»Was für eine schöne Frau!«
»Oh, Adam!« Sie zieht seinen Kopf an ihre Brust.
»Oh, Norma!« Er vergräbt sein Gesicht.
»Au!«
»Norma! Norma, was ist?«
Es ist, als habe plötzlich ein eisiger Wind geweht.
»Nichts, Liebling. Nichts. Nur dein Bart. Hör nicht auf ...« Sie fühlt, daß er sich zurückzieht. »Nicht!«
»Ich wollte dir nicht wehtun«, sagt er und lehnt sich zurück.
»Du hast mir nicht weh getan. Ich meine, nicht richtig. Wirklich, es ist alles in Ordnung.«
»Ich habe mich wohl gehenlassen«, sagt er und setzt sich auf.
»Ich muß die Kontrolle über mich verloren haben.« Er langt nach einer Zigarette und zündet sie an.
Sie faßt mit einer Hand nach ihm, berührt fast seinen Rücken, aber doch nicht ganz. Dann zieht sie sie wieder zurück.
»Ich sollte vielleicht den Kaffee holen.«
»Ja ... ja, ich würde gern eine Tasse Kaffee trinken.«
Beide bewegen sich sehr langsam, schwerfällig, deprimiert.
»Weißt du«, sagt Adam, »ich wußte gar nicht, wie spät es schon ist. Ich ... ich habe morgen ziemlich früh ein paar Verabredungen.«

»Mußt du denn gehen?« fragte Norma. »Ich meine, der Kaffee ist schon fertig.« Sie zieht ihre Kleidung zurecht.
»Na ja, ich habe einfach nicht gemerkt, wie spät es schon ist.«
»Ich verstehe schon.«
Adam steht auf. »Ich rufe dich an.« Er lächelt ein wenig. »Ich gehe jetzt wohl besser.«
Sowohl Adam als auch Norma sind inzwischen sensibilisiert für das Verrücktmachen. Beide haben es in einem Bereich erfahren, in dem damit am häufigsten dem anderen geschadet wird, nämlich im sexuellen Bereich.
Normas früherer Ehemann hatte den Sex dazu benutzt, seine Aggressionen indirekt zu äußern, indem er sie davon überzeugte, daß sie nicht in der Lage sei, normal zu reagieren. Er schlief grob und teilnahmslos mit ihr und beklagte sich dann, daß sie in den zwei Minuten, die das Ganze dauerte, nicht reagierte.
Adams frühere Frau hatte sich genau umgekehrt verhalten. Sie reagierte sexuell nicht auf ihn und gab ihm die Schuld dafür. Irgendwie schien er immer etwas falsch zu machen. Er hätte sie langsamer verführen sollen, weil eine Frau länger braucht, um zum Höhepunkt zu kommen. Er hätte daran denken sollen, das Fenster zu schließen, weil er hätte wissen müssen, daß sie der Luftzug ablenken würde. Er hätte nicht gerade eine Salatsoße mit Knoblauch essen müssen, wenn er mit ihr schlafen wollte.
Doch die Forderungen dieser beiden verrücktmachenden Ex-Partner waren nicht ihre wirklichen Forderungen gewesen. Sowohl Adam als auch Norma mußten versagen, so sehr sie sich auch bemühten. Normas sexualles Verlangen hätte niemals so groß sein können, daß ihr Partner befriedigt gewesen wäre, und Adam hätte niemals so zartfühlend sein können, daß seine ehemalige Frau befriedigt gewesen wäre.
Allerdings hatte keiner von beiden dieses sexuelle Verrücktmachen durchschaut. Keiner von beiden erkannte es als das, was es war – ein Kunstgriff, der beide mit dem Gefühl zurückließ, sie seien unfähig und schuldig.
Der Schmerz, den sie durch dieses sexuelle Verrücktmachen erlitten hatten, hatte sowohl Adam als auch Norma für das geringste Anzeichen davon sensibilisiert. In ihren früheren Ehen hatten

beide versucht, so wenig wie möglich mit ihrem Partner sexuell zu verkehren, weil sie sich nacher immer unwohl fühlten.
Dies war einer der Gründe, warum sie erst so spät miteinander schlafen wollten. Aber als es erst einmal begonnen hatte, war es anders als früher. Es war unglaublich viel besser. Denn genau so, wie sie einander auch in anderen Bereichen vermittelt hatten, daß der eine den anderen akzeptierte und verstand, genau so war es auch im Bett.
So kam es, daß das Kratzen von Adams Bartstoppeln zu einem Alarmsignal wurde. Es erinnerte Norma daran, wie grob und kurz angebunden ihr Ex-Ehemann gewesen war. Und ihre beunruhigte Reaktion erinnerte Adam an die wiederholten Zurückweisungen durch seine Frau.
Wenn sich zwei Menschen so sehr lieben, werden sie normalerweise einen so geringfügigen irritierenden Vorfall gar nicht bemerken. Doch für zwei Menschen, die so lange das Opfer eines Verrücktmachers gewesen waren, reichte er aus, um die Stimmung des Augenblicks zu zerstören, um alle alten Ängste wieder an die Oberfläche zu holen.
Wenn also jemand lange Zeit dem Verrücktmachen ausgesetzt ist, dann kann dadurch eine ihn behindernde Abwehrhaltung aufgebaut werden, ein trauriger und sensibler Pessimismus. Und diese Abwehrhaltung kann zu einem gewaltigen Hindernis werden, das neuen Beziehungen aller Art im Wege steht.
Denn wie z. B. in dem Fall von Norma und Adam kann man durch das Verrücktmachen dazu gebracht werden, den Mißerfolg schon von vornherein zu erwarten, und so erfüllt er sich dann von selbst. Nach einer Reihe von verrücktmachenden Erfahrungen können wir davon überzeugt sein, daß Geliebte einander ausnützen, daß Kinder einen nur dazu bringen, zu tun, was sie wollen, daß wir selbst unfähig sind.
Diese Überzeugungen, die aus der Angst vor einem möglichen Schmerz und einem möglichen Mißerfolg entstehen, sind die Erzfeinde der geistigen Gesundheit. Auf diese Weise erreicht das Verrücktmachen das Ergebnis, von dem es seinen Namen hat. Es nimmt uns den Verstand. Es täuscht unser Vertrauen auf unsere Gedanken und Gefühle und Einschätzungen der Wirklichkeit.

Es betrügt uns um unser Recht auf unseren Verstand.
Denn von allen Menschenrechten wird wahrscheinlich keines so häufig erwähnt wie das Recht auf unsere eigene Vernunft, auf unsere eigene Auffassung von der Welt und von den Menschen in ihr.
Auf den ersten Blick mag das Recht des Menschen auf seine eigene Einsicht so selbstverständlich erscheinen, daß es gar nicht diskutiert zu werden braucht. Aber fragen Sie einmal jeden beliebigen Psychotherapeuten. Eine seiner schwierigsten Aufgaben besteht darin, seinem Klienten klarzumachen, daß er ein solches Recht besitzt, ihm zu zeigen, daß es verletzt wird und wie man es schützen könnte.
Das Verrücktmachen ist der am häufigsten vorkommende Übergriff auf dieses Recht.
Warum lassen wir einen solchen Übergriff zu? Einerseits, weil wir uns unseres Rechts auf unsere eigene Vernunft nicht ganz klar bewußt sind, andererseits, weil wir nicht genau erkennen, wann wir dieses Recht abtreten – oder wann es uns geraubt wird.
Deshalb müssen wir zuerst erkennen, daß wir ein Recht auf unseren Verstand besitzen, wann dieses Recht beschränkt wird und wie das geschieht.
Das soll im folgenden beschrieben werden.

Teil II
Die Sabotage des Verstandes

Das Recht auf Wissen

In einer Übung wurden einige Studenten vor kurzem aufgefordert, ein paar von den psychologischen Rechten zu nennen, die das umfassende Recht auf geistige Gesundheit ausmachen. Innerhalb weniger Minuten fanden sie mehr als sechzig einzelne Rechte. Die meisten von ihnen hielten das *Recht auf Wissen oder das Recht auf klare Informationen* für das wichtigste.
In gewisser Weise deckt dieses Recht das Verrücktmachen vollständig ab; denn wie wir gesehen haben, ist es gerade die unklare Information, die wir bei einer verrücktmachenden Erfahrung erhalten, die uns so wahnsinnig macht. Die beiden Botschaften widersprechen einander, und eine von ihnen ist durch einen Kode verschlüsselt. Häufig, besonders, wenn uns ein uns nahestehender Mensch verrücktmacht, möchten wir am liebsten entschlossen fragen »Was willst du mir eigentlich *sagen*?«
Wir werden sehen, daß alle Taktiken des Verrückmachens teilweise darauf abzielen, Informationen zu verschleiern. Und wir werden sehen, daß sie uns auch davon abhalten sollen, eine Klärung zu verlangen oder zu erhalten.
Wenn wir also verrückt gemacht werden, dann wird unser Recht auf klare Informationen immer in gewisser Weise beschränkt. Besonders beim Verrücktmachen unter Vertrauten werden wir meist dazu aufgefordert, uns für ein bestimmtes Verhalten einem Menschen gegenüber zu entscheiden, der sehr wichtig für uns ist – ohne daß wir wirklich verstehen würden, was der andere denkt oder fühlt, was er oder sie braucht oder will, was von uns erwartet wird, und welche Auswirkungen unser Handeln auf ihn oder sie haben wird.
Das ist dann, als müßten wir mit verbundenen Augen eine

Schnellstraße überqueren oder zumindest, als trügen wir eine Brille mit verschmutzten und verzerrenden Gläsern. Niemand hat ein Recht darauf, das von uns zu verlangen. Doch genau das tut der Verrücktmacher.

Einer der Ansprüche, der am häufigsten von Verrücktmachern an uns herangetragen wird, heißt, wir sollten seine Gedanken lesen. Ein Beispiel dafür: Der Programm-Ausschuß der Vereinigung weiblicher Wähler trifft sich für die letzten Vorbereitungen für einen Vortrag. Er hat einen anerkannten Wirtschaftswissenschaftler eingeladen.

»Alles, was wir jetzt noch brauchen«, sagt Barbara, die Vorsitzende, »ist jemand, der ihn am Flugplatz abholt, ihn zu seinem Hotel bringt und mit ihm essen geht. Ist jemand freiwillig dazu bereit?«

In Barbaras Augen ist diese Aufgabe besonders reizvoll. Aber niemand meldet sich. Sechs Augenpaare vermeiden es, einander zu begegnen und richten sich auf die Notizblöcke. Barbara fragt sich »Sind sie bereit dazu, und es will nur keine von ihnen sagen, daß sie die Aufgabe übernehmen möchte? Oder sagen sie nichts, weil keine von ihnen die vierzig Meilen zum Flughafen fahren will?«

Sie versucht, die Lage zu sondieren. Allerdings fragt sie nicht direkt. Es könnte taktlos sein. »Die Vereinigung kommt für die Auslagen auf«, versucht sie es.

Es antwortet immer noch niemand. »Ist jemand unter Ihnen, die es *nicht machen* möchte? Wären Sie alle dazu bereit?«

Ein leichtes Kopfnicken von allen. Marian sagt fast hörbar »ja«. Barbara hält dieses Zeichen für Zustimmung und fragt: »Macht es Ihnen nichts aus, Marian?«

Und Marian antwortet: »Nein, es macht mir nichts aus.«

Später fährt Barbara mit Cora, einem anderen Mitglied des Ausschusses nach Hause. »Gibt es einen Grund dafür«, fragt Cora sie, »daß du die Aufgabe nicht mir übertragen hast?«

»Welche Aufgabe?« fragt Barbara zurück.

»Ihn am Flugplatz abzuholen«.

»Ja, warum hast du denn nicht gesagt, daß du es machen willst?«

»Ich konnte doch nichts sagen. Ich wußte, daß jede von uns es gern gemacht hätte. Und du giltst als meine beste Freundin. Es wäre nicht fair gewesen. Ich wollte dich nicht in Verlegenheit bringen. Aber du hättest wissen müssen, daß ich gern gehen wollte. Ich lese jedes Buch von ihm, sobald es herauskommt. Das weißt du. Du hättest wissen müssen, was es für mich bedeutet hätte, ein paar Stunden mit ihm zusammensein zu können. Wer in diesem Ausschuß hat denn außer mir seinen Abschluß in Wirtschaftswissenschaften?«

Barbara ärgert sich, sagt aber schließlich nur ein paarmal: »Ich hasse solche Vorstandsposten. Sie machen mich verrückt.«

Am Morgen, an dem der Vortrag gehalten werden soll, ruft Barbara Marian an, um sicherzugehen, daß der Wissenschaftler angekommen ist. »Wie war es?« fragt sie Marian.

»Es war okay.«

Barbara hat das Gefühl, daß irgend etwas nicht stimmt und fragt: »War es wirklich okay?«

»Na ja, ehrlich gesagt, ich weiß nicht, warum Sie mich für diese Aufgabe ausgesucht haben. Sie wissen genau, wie schwierig es abends um die Essenszeit für mich ist, mit all den Kindern. Und Sie wissen, was Dick davon hält, die Kinder zu füttern und sie zu Bett zu bringen. Sie hätten wissen müssen, daß Dick in die Luft gehen würde ...«

»Aber ... Sie sagten doch, es gehe in Ordnung«, protestiert Barbara.

»Was hätte ich denn sonst sagen können, nachdem Sie mich so vor allen anderen fragen? Ich verstehe überhaupt nichts von Geldangelegenheiten, und ich interessiere mich für nichts weniger als für diese Dinge. Drei Stunden lang habe ich nichts von dem verstanden, was er zu mir sagte. Wirklich, Barb, wie *konnten* Sie nur?«

Bei vielen Menschen verstärkt sich die Angst vor Aggressionen, wenn sie sich in einer Gruppe befinden. Sie werden dann besonders vorsichtig.

Sie müssen daran denken, daß jemand, der es nicht wagt, selbstsicher aufzutreten, nur willkommene Botschaften senden will. Das ist schon bei nur einem Empfänger schwierig und verlangt ein hohes Maß an Kodifizierung und indirekter Aggression.

In einer Gruppe jedoch hat ein solcher Mensch das Gefühl, seine oder ihre Botschaften müßten so geartet sein, daß sie einer ganzen Reihe von anderen Menschen willkommen sind. Da kann es nicht mehr verwundern, daß so viele Veranstaltungen zu frustrierenden Übungen im Verrücktmachen werden; denn die offenen Botschaften erschöpfen sich dann im Kopfnicken, im Lächeln und in freundlichen Banalitäten.

Gleichzeitig können die indirekten Botschaften so verschleiert werden, daß es nicht mehr möglich ist, sie zu lesen. Häufig ist das Ergebnis dann ein(e) Ausschußvorsitzende(r), die oder der einen verwirrten, aber streng unter Kontrolle gehaltenen Gesichtsausdruck zeigt; denn er oder sie muß aus all den kodierten Botschaften einen Sinn und eine Entscheidung herauslesen. Es überrascht nicht, daß so viele Ausschüsse nur Wischiwaschi-Standpunkte einnehmen und ihre Tätigkeit bis zur Bedeutungslosigkeit gemäßigt ist.

Die gesteigerte Furcht vor Aggressionen in der Gruppe und das dadurch ausgelöste Verrücktmachen tragen dazu bei, eine Reihe von wohlbekannten Phänomenen des Gruppenverhaltens zu erklären. Wir können z. B. leicht erkennen, wie ein oder zwei selbstsicher auftretende Personen den Verlauf und den Inhalt einer Versammlung bestimmen können. Ebenso leicht erkennen wir, wie jemand, der in einer solchen Situation seine oder ihre Interessen und Vorstellungen offen und selbstsicher äußert, mit dem Etikett »selbstsüchtig« oder »tonangebend« charakterisiert wird.

Ein weiteres ähnlich gelagertes Phänomen ist die seltsam beherrschende Angst, die viele Menschen empfinden, wenn sie vor einer Gruppe sprechen sollen – selbst wenn sie nur eine vorbereitete Rede ablesen müssen. Wenn wir die Furcht vor Aggressionen verstanden haben, das tiefsitzende Gefühl, daß man dem anderen nur das Willkommene bieten sollte, dann können wir auch verstehen, daß eine gewöhnlich ruhige Hand zittert oder eine normalerweise kräftige Stimme bebt, wenn wir vor einem Publikum von hundert Menschen sprechen sollen.

Die Erfahrung, vor einem Publikum zu sprechen, ist nicht nur beängstigend, sondern sie macht auch verrückt; denn dem unerfahrenen Sprecher fällt es schwer, klare Informationen darüber zu erhalten, wie seine Zuhörerschaft auf ihn reagiert. Er kann sich an nichts orientieren, sondern muß sich einfach in seine Rede hineinstürzen. Die Verfasser der Biographien Lincolns schreiben, er sei nach seiner berühmten Rede in Gettysburg sehr unzufrieden gewesen, weil er glaubte, die Menge sei enttäuscht oder mißbillige, was er gesagt habe. Sie hatte nämlich keine Reaktion gezeigt. Alle beließen es bei einem ehrfürchtigen Schweigen. Für Lincoln war diese klassische Rede eine verrücktmachende Erfahrung.

Wenn man handeln muß, ohne daß man über eindeutige Informationen darüber verfügt, was andere denken oder fühlen, dann ist das nicht nur ärgerlich, sondern es provoziert häufig schmerzliche und widersinnige Irrtümer. Es ist schmerzlich, daß es Marian schrecklich gelangweilt hat, den Wirtschaftswissenschaftler am Flughafen abzuholen, während es für Cora sehr aufregend hätte sein können.

Solche Vorfälle sind noch weit schmerzlicher, wenn sie sich mit uns vertrauten Menschen zutragen. Wir können das besser verstehen, wenn wir uns einmal ansehen, was sich zwischen einer Mutter und ihrem Baby abspielt, die aus naheliegenden Gründen häufig nicht klar miteinander kommunizieren können.

Ellen ist um drei Uhr nachts durch das Weinen ihres sieben Monate alten Babys aufgewacht. Gewöhnlich schläft es nachts durch. Schläfrig geht sie zu seinem Bettchen. Was ist los? Es weint nur, deshalb muß sie raten.

Wie die meisten Mütter akzeptiert Ellen, daß sie raten muß, ohne deshalb verärgert zu sein; sie rechnet damit.

Gewohnheitsmäßig sieht sie nach, ob das Baby naß ist. Seine Windeln sind ein wenig feucht, aber nicht sehr, und sie vermutet, daß es aus einem anderen Grund aufgewacht ist. Außerdem hört es nicht auf zu weinen solange sie die Windeln wechselt, und auch nachher weint es weiter.

Jetzt vermutet Ellen, es sei hungrig. Sie trägt das Baby in die Küche und zeigt ihm eine Flasche. Es greift danach. Deshalb zwingt sie sich dazu, die Nahrung vorzubereiten und das Fläschchen aufzuwärmen. Dabei wiegt sie das Baby die ganze Zeit in ihren

Armen, und schließlich setzt sie sich in die Küche auf einen Stuhl, um es zu füttern.

Es nimmt jedoch nur ein paar Schlucke und wendet dann seinen Kopf ab. Und weint.

Ist es krank? Es scheint ein wenig Temperatur zu haben, aber nicht sehr viel. Hat es Bauchkrämpfe? Sie fühlt seinen Bauch. Ist er vielleicht doch ein bißchen härter als gewöhnlich?

Vielleicht hat es schlecht geträumt? Sie erinnert sich vage daran, daß auch Babys träumen. Frustriert und unbehaglich wiegt sie das Baby weiter und geht mit ihm im Haus hin und her. Schließlich beruhigt es sich und gibt nur noch gelegentlich kleine Geräusche von sich. Erleichtert wiegt sie es weiter und geht noch eine Weile mit ihm hin und her, bis es zu schlafen scheint. Vorsichtig geht sie mit ihm an sein Bettchen, legt es sanft hinein, deckt es zu und hat sich kaum einen Schritt entfernt, als es beginnt, durchdringend zu schreien.

Ellen kann das Problem niemals lösen. Als sie es zwei Stunden später wieder mit der Flasche versucht, trinkt das Baby. Und jetzt schläft es auch ein.

Solche Erfahrungen haben alle Eltern schon einmal gemacht. Und sie werden alle darin übereinstimmen, daß sie einen verrücktmachen.

Warum ist das so? Auf den ersten Blick scheint ein solcher Vorfall nicht unter die Regeln zu fallen, die wir für das Verrücktmachen festgelegt haben. Zwar ist das Weinen des Babys eine kodierte Botschaft mit einem unklaren Inhalt, aber wo finden wir hier die beiden einander widersprechenden Kommunikationsinhalte, aus denen eine doppelte Botschaft besteht?

Die Antwort auf diese Frage ist sehr wesentlich für das vollständige Verständnis des Verrücktmachens. Denn es geschieht sehr häufig, daß die Hälfte der Botschaft nicht im eigentlichen Sinne gesendet wird. Und doch gibt es sie.

Die zweite Botschaft entsteht in der Vorstellung des Empfängers. Er *setzt sie voraus* und bezieht sich dabei auf die Art des anderen, auf die Situation, in der er oder sie sich befindet und auf die Art der Beziehung, die zwischen ihm und dem anderen besteht.

In unserem Fall setzt Ellen voraus, daß von Müttern erwartet wird, daß sie die Bedürfnisse ihres Kindes befriedigen, daß sie dazu in der Lage sein sollten, auch wenn Babys ihre Bedürfnisse nicht deutlich zum Ausdruck bringen können. Und hier liegt der Ursprung des Phänomens, das wir *Gedankenlesen* nennen.
Für das Überleben des Babys ist es notwendig, daß die Mutter in der Lage ist, entsprechend zu handeln. Sie muß in der Lage sein, für eine Decke zu sorgen, ohne daß ihr jemand sagt, daß das Baby friert. Sie muß ihm Nahrung, Behaglichkeit und was sonst noch gebraucht wird, geben können, und für alle diese Bedürfnisse muß sie entweder intuitiv sorgen oder indem sie wie ein Detektiv nach ihnen forscht.
Nachdem die Mutter in der Regel gut mit diesen Bedürfnissen zurechtkommt, lernt das Baby, daran zu glauben, daß sie intuitiv begreift, woher sein Unwohlsein kommt, und daß sie ihm dann abhilft. Und von dieser Vorstellung aus werden in unterschiedlichem Maß zwei Überzeugungen bis ins Erwachsenenalter übernommen.
Nach der ersten Überzeugung weiß Mutter – und im weiteren alle anderen Menschen, die in irgendeiner Weise für uns sorgen, sei es die Stewardess im Flugzeug oder der Ehegatte, der oder die für uns sorgt, wenn wir krank sind – was wir wollen, und sie sollte sich darum kümmern, ohne daß man sie darum bittet.
Nach der zweiten Überzeugung sollten wir, wenn wir selbst eine in gewisser Weise mütterliche Rolle übernommen haben – d. h. wenn wir für jemand anderen sorgen, gleichgültig, ob wir ein Mann oder eine Frau sind – wissen, was der andere braucht, und wir sollten nicht verlangen, daß der andere seine Wünsche oder Bedürfnisse äußern muß.
Diese beiden Überzeugungen beruhen nur auf Einbildung, sobald wir einmal über das Babyalter hinausgewachsen sind. Doch sie sind weiter vorhanden und bilden eine tödliche Falle; denn sie verführen uns zu falschen Erwartungen an andere und an uns selbst, die eine weitverbreitete Ursache des Verrücktmachens sind.
Die Tatsache z. B., daß das Baby sein Unwohlsein zum Ausdruck bringt, ist eine offene Botschaft für Ellen, auch wenn diese

Botschaft in ihren eigenen Gedanken entsteht. Diese Botschaft heißt »Du solltest wissen, was es will und es ihm geben«. Sie ist willkommen, weil Ellen sie als eine Verpflichtung betrachtet, die aus der Mutter-Kind-Beziehung entsteht.

Die zweite Hälfte der Botschaft ist natürlich nur deshalb kodiert, weil das Baby nicht sprechen kann. Und während sie normalerweise nicht verrücktmachen könnte, tut sie es jetzt – aus dem einfachen Grund, daß Ellen sie nicht lesen und nicht auf sie reagieren kann. Diese Unfähigkeit steht im Widerspruch zu dem Anspruch, den sie sich selbst gesetzt hat.

Da Ellen widersprüchliche Gefühle empfindet, entwickelt sie ein tiefes Gefühl der Feindseligkeit. Es ist unvermeidlich, daß sich ein Teil dieser feindseligen Gefühle gegen das Baby richtet, auch wenn Ellen das leugnet. »Was willst du?« fragt sie schließlich das Baby, nachdem sie eine Stunde lang frustriert worden ist. »Ich bin aufgestanden. Ich versuche es doch, aber nichts ist richtig. Um Himmels willen, was *willst* du denn nun eigentlich?«

Sie kann einem hilflosen Baby gegenüber nicht böse sein. Ohnehin kann sie nicht gut dem Baby böse sein, wenn sie es ist, die versagt.

Doch der Ärger ist da und sucht nach einem Ventil. Deshalb ist sie gereizt, als sie schließlich wieder zu Bett geht. Greg, ihr Ehemann, setzt sich auf. Völlig unabsichtlich sagt er genau das Falsche. »Was wollte das Baby?« fragt er schläfrig.

Sie ärgert sich im Stillen. Und ihr Gefühl kommt teilweise aus dem gleichen falschen Glauben an das Gedankenlesen. Schließlich kümmert Greg sich sehr um sie. Das weiß sie, aber aus irgendeinem Grund hat sie das Gefühl, daß er eigentlich Bescheid *wissen* müßte. Sie findet seine Frage empörend – und glaubt, eine leise Kritik darin zu hören.

»Was war los?« fragt er, weil er seine Interesse zeigen will und annimmt, daß sie *weiß*, daß er es gut meint.

Als Ellen immer noch nichts sagt, will Greg, der merkt, daß sie verstimmt ist, seinen Arm um sie legen. »Um Gottes willen!« fährt sie ihn an und schiebt seinen Arm von sich. »Muß ich mich jetzt auch noch um dich kümmern?«

Einige Annahmen in bezug auf andere Menschen sind gerechtfertigt und vernünftig. Häufig gebietet sie uns der gesunde Menschenverstand, oder sie beruhen auf einer gewohnheitsmäßigen Übereinkunft.

Ellen z. B. kann davon ausgehen, daß Greg hungrig ist, wenn er von der Arbeit nach Hause kommt. Und er kann, weil sie ihre Rollen so festgelegt haben, davon ausgehen, daß sie etwas zu essen vorbereitet hat. Keine von diesen Annahmen fällt unter die Rubrik des Gedankenlesens.

Aber nehmen wir an, Greg kommt nach Hause, und Ellen sagt: »In einer Viertelstunde ist das Essen fertig.«

Greg sieht sie erstaunt an. »Warum hast du denn heute gekocht?« fragt er sie.

Sie ist bestürzt und verwirrt. »Ich ...«

»Ich habe dir gesagt, daß ich mich heute nachmittag mit George in der Stadt treffen würde. Du weißt ja, wie selten ich ihn sehe. Du hättest wissen müssen, daß wir ihn ins Restaurant einladen würden. Wie kommt es, daß du noch nicht angezogen bist?«

Greg ist von einer ungerechtfertigten Annahme ausgegangen, und das macht Ellen verrückt. Er stellt an sie den Anspruch, seine Gedanken lesen zu können. Und Ellens Gereiztheit in diesem Augenblick entsteht aus dem gleichen Grund.

Wenn wir eine Annahme über einen anderen aufstellen, dann müssen wir darauf achten, daß sie eine realistische Grundlage hat. Sonst kann der Mangel an klarer Information uns oder den anderen verrücktmachen.

Wir neigen dazu, bei weniger vertrauten Menschen weniger unrealistische Annahmen vorauszusetzen. Von diesen Annahmen hängt etwas für uns ab. Und wenn sie sich nicht bestätigen, kann es uns verrücktmachen. Der Grund dafür ist, daß wir Fremde nicht als Personen, sondern als Inhaber einer bestimmten Rolle betrachten.

Wenn wir z. B. an einen Schalter gehen, nehmen wir an, daß der Angestellte uns weiterhelfen wird. Wenn dieser dann einfach weitertelefoniert oder seine Einnahmen zusammenzählt und uns ignoriert, dann kann uns das verrücktmachen.

Gewöhnlich wollen und brauchen wir nicht viele Information über Menschen, die in unserem Leben nur eine funktionale Rolle spielen. Wenn wir z. B. den Briefträger fragen »Wie geht's?«, dann wollen wir eigentlich keinen Bericht über seine chronische Verstopfung.

Über uns nahestehende Menschen jedoch brauchen wir weitaus mehr Informationen. Je enger eine Beziehung ist, desto eher entsteht eine verrücktmachende Situation, wenn man von Annahmen ausgeht.

Es ist traurig, aber die meisten Menschen scheinen zu glauben, daß sie den anderen um so besser kennen und deshalb um so mehr Annahmen zutreffen, je enger ihre Beziehung zu ihm ist. Denken Sie z. B. an Ellen, die wieder ins Bett geht, nachdem sie lange und mit viel Mühe versucht hat, das Baby zu beruhigen. Sie ist müde und erschöpft bis zu einem aus ihrer Frustration entstandenen Ärger. Dieser Ärger bricht aus ihr heraus, als sie ihren Mann gemütlich ins Bett gekuschelt sieht; seine Behaglichkeit scheint seine Gleichgültigkeit zu äußern.

In Wahrheit hat er gewacht. Er hat das Baby weinen hören und sich gefragt, was mit ihm ist. Doch er ist nicht aufgestanden, weil es schon vorgekommen ist, daß Ellen seine Angebote, ihr zu helfen, als einen Eingriff betrachtet hat, wenn nicht sogar als Zweifel an ihrer Fähigkeit, richtig mit dem Baby umzugehen.

Als Greg seinen Arm um Ellen legt, drückt er ihr sein Mitgefühl aus, sein Wissen darum, daß sie müde und erschöpft sein muß. Er will sie trösten. Aber er sagt nichts. Er nimmt an, daß sie das weiß.

Für Ellen jedoch hat diese Geste nur eine einzige Bedeutung. Nach sechs Jahren Ehe hat es immer weniger Gesten der Zuneigung zwischen ihnen gegeben. Schließlich bedeutet Zuneigung im Bett für sie nur noch eines: Die Aufforderung zum Sex. Nachdem das Baby sie stundenlang gefordert hat, meint sie jetzt eine doppelte Botschaft zu empfangen, die gar nicht gesendet wurde: Die Gleichgültigkeit gegenüber ihrer Erschöpfung, gekoppelt mit der Aufforderung, zum Sex bereit zu sein. Das macht sie verrückt. Und ihn macht es verrückt, daß sein Mitgefühl so grob zurückgewiesen wird.

Ist ein solches gegenseitiges Verrücktmachen, das auf einem Mangel an klaren Informationen beruht, nur ein unglücklicher

Zufall? Ist es nur das unbeabsichtigte Ergebnis einer gewissen Faulheit?

Nicht oft; denn wir stellen fest, daß solchen Situationen gewöhnlich andere Probleme zugrundeliegen. Wenn jemand von solchen Annahmen ausgeht, fürchtet er sich gewöhnlich davor, offen aggressiv zu sein.

Das Gedankenlesen geht gewöhnlich mit einer der drei grundlegenden Strategien des Verrücktmachens einher, die Probleme bei der Übermittlung von Informationen schaffen: *Unter-Information, Über-Information* und *Vernebeln.* Das Gedankenlesen wird durch einen einfachen Mangel an genügend Informationen ausgelöst, durch eine Nicht-Kommunikation. Der Verrücktmacher kann allerdings auch die gleiche Wirkung erzielen, indem er verwirrende Informationen gibt oder, so paradox es scheinen mag, indem er zu viele Informationen gibt.

Häufig werden diese Strategien zu einem bestimmten Zweck eingesetzt, d. h. wenn sich jemand davor fürchtet, seine Absicht direkt zu äußern. Als Laura z. B. im fünften Monat schwanger ist, gibt sie ihren Job auf; ihre neue Abhängigkeit ist ihr schmerzlich bewußt. Sie ist nicht nur bestürzt darüber, daß sie jetzt nichts mehr verdient, sondern auch darüber, daß sie immer so leicht müde wird.

Mark seinerseits ist ein traditioneller Beschützer. Er fängt an, neue Haushaltsgeräte anzuschaffen, um Laura die Arbeit im Haushalt zu erleichtern. An dem Tag, an dem die Waschmaschine und der Wäschetrockner ankommen, ist Laura besonders blaß und müde, weil sie im Keller aufgeräumt hat, um Platz dafür zu schaffen.

Gleich nach dem Abendessen fühlt sich Laura entsetzlich schläfrig.

»Warum legst du dich denn nicht ein wenig hin?« fragt Mark.

»Ich kann nicht«, antwortet Laura und versucht dadurch zu zeigen, wie wichtig ihre Arbeit im Haushalt ist. »Ich muß noch die Wäsche waschen. Ich habe sie zwei Wochen lang liegen lassen, weil ich auf die neuen Maschinen gewartet habe.«

»Weißt du was«, sagt Mark strahlend, »ich kann doch auch ein paar Füllungen übernehmen. So schwer kann es ja nicht sein.«

»Nein«, antwortet Laura. »Aber die Wäsche muß erst sortiert werden, und das habe ich noch nicht gemacht.«
»Kann ich das nicht machen? Was muß ich tun?«
»Eigentlich ist das ja meine Arbeit«, antwortet Laura. »Aber wenn du es wirklich machen willst ... nimm einfach alle weißen Wäschestücke zusammen.«
»Und dann brauche ich nur noch das Waschpulver hineinzuschütten und am Knopf zu drehen?«
»Na ja, ein paar von den T-Shirts und von den Handtüchern müßten gebleicht werden.«
Laura ist sich dessen nicht bewußt, aber ihre Informationen sind eine *Unter-Information,* sie hat Mark zu wenig Informationen gegeben, als daß sein Vorhaben gelingen könnte. Als sie einige Zeit später wieder aufwacht, sieht Mark ein bißchen verlegen aus. Er versucht gerade, die beiden Wäschefüllungen zusammenzulegen, die er gewaschen hat.
Laura sieht genauer hin. »Mein Gott, Mark!« bricht es aus ihr heraus. »Was hast du denn da angerichtet? Du hast doch nicht die schweren Handtücher mit den Sachen zusammen gewaschen, die man tropfnaß aufhängen muß?«
»Du hast doch gesagt, ich solle die weißen Wäschestücke zusammen nehmen.«
»Aber die Sachen, die nicht geschleudert werden dürfen, sind ganz verschrumpelt. Hast du denn heißes Wasser zum Spülen genommen, oder was hast du gemacht? Und Chlorbleiche ... Du mußt Chlorbleiche für die Synthetics genommen haben. Sieh nur! Meine beste Bluse ist ruiniert. Sie sieht aus wie eine Ziehharmonika ... Und die Gummibänder in der Unterwäsche ... An die darf kein Bleichmittel kommen. Und den Trockner hast du auf die Höchsttemperatur gestellt, und ...«
Mark wird sich lange Zeit nicht mehr in das Wäschewaschen einmischen. Und er ist zutiefst davon überzeugt, daß es sich dabei um eine hochtechnische Angelegenheit handelt. Laura hat das Verrücktmachen benutzt, um ihre Bedeutung herauszustellen. Sie hat Mark die offene Botschaft gesendet, daß er die Arbeit tun kann, aber dann hat sie ihm indirekt vermittelt »Halte dich aus meinen Angelegenheiten heraus und sieh mal, wie schwierig

diese Arbeit ist«, indem sie ihm nur unzureichende Informationen gegeben hat.

Eine *Über-Information* hätte denselben Zweck erfüllt, nämlich den sehr häufigen, aber gewöhnlich indirekt hergestellten Ausgleich der Bedeutung und der Autorität innerhalb einer Beziehung. Während ihrer Verlobungszeit und während des ersten Jahres ihrer Ehe hat Deborah einen Großteil des gemeinsamen Einkommens verdient. Will hat seinen Abschluß in Wirtschaftswissenschaften gemacht, und bekommt jetzt, während seiner Ausbildung zum Manager in einer Maklerfirma, noch ein recht mageres Gehalt. Deborah ist Verkäuferin bei einer Textilfirma, und die Zahl ihrer Aufträge ist immer weiter in die Höhe geschossen.

Will fühlt sich ein wenig als Schmarotzer und hat sich deshalb bei den Ausgaben zurückgehalten. Als sie ihre Wohnung eingerichtet haben, hat er Deborah alle Entscheidungen treffen lassen, da sie ja ihr Geld ausgaben. Auf diese Weise hat sie allmählich die Rolle des Entscheidungsträgers übernommen, der festlegt, wieviel für die Miete ausgegeben werden kann, ob Steaks oder Hamburger gekauft werden usw.

Will hat das Gefühl, daß die Entscheidung über ihre Geldanlagen seine letzte Bastion ist. Er hat Deborahs Ersparnisse sehr fachmännisch in günstigen und gut gewählten Aktien angelegt. Eines Tages sagt Deborah: »Ich habe es mir überlegt. Jetzt habe ich das ganze Geld dazugewonnen und weiß nicht einmal wie. Ich würde mich wirklich gern mit dir darum kümmern und mitentscheiden.« Natürlich kann Will ihren Vorschlag kaum ablehnen. Schließlich geht es um ihr Geld.

»Ich glaube, Consolidated geht nicht mehr höher, wir sollten jetzt verkaufen«, sagt er zu ihr.

»Sie sind ständig gestiegen. Soll ich sie weiter behalten?«

»Nein, ich glaube, später werden sie verschleudert. Ich erkläre dir, warum. Am Anfang, als wir sie gekauft haben, war das Verhältnis des Kaufpreises zum Ertrag nur sieben zu eins. Du siehst, daß es jetzt etwas über zehn zu eins liegt. Wenn man die Dollar-Abwertung berücksichtigt und die Tatsache, daß Consolidated mit einigen Obligationen auf dem europäischen Markt floaten mußte, dann werden die Aktien wohl fallen. Sie bezahlen zuviel. Wenn du ihre Jahresbilanz ansiehst, dann kannst du feststellen, wieviel sie für ihre Obligationen ausgeben. Jedenfalls gibt es Anzeichen dafür, daß der Markt günstig ist. Du brauchst nur zu sehen, wie sehr das Volumen im Verhältnis zu dem von Dow-Jones letzte Woche abgenommen hat ...«

Bis Will damit fertig ist, wird Deborah das Investieren lieber sein lassen. Will hat den einen Bereich verteidigt, in dem er mehr Macht besitzt. Er hat ihn mit Hilfe einer Über-Information behauptet. Und wir sollten beachten, daß er mit all der Information, die er über Deborah ausschüttet, seine eigentliche Botschaft nur implizit äußert: »Überlasse diese einzige Angelegenheit ausschließlich mir. Laß mir diese eine Art, Geld zu verdienen, von der ich etwas verstehe und du nicht.«

Wer so reagiert, benutzt eine indirekte, kodierte Botschaft, weil er sich davor fürchtet, aggressiv irgendeine Art der Bedeutung für sich zu verlangen. Er hat das Gefühl, daß jede direkte Selbstbehauptung einen Konflikt provozieren könnte, mit dem er nicht fertig werden würde. Wie könnte Will z. B. einfach sagen »Ich möchte, daß du mir die Entscheidung über deine Investitionen überläßt. Ich möchte nicht, daß du das bestimmst.«

Tatsächlich kann Will nämlich nicht einmal akzeptieren, daß dies seine eigentliche Botschaft ist. Es klingt zu unfair und unvernünftig. Deshalb muß er glauben, daß Deborah nicht in der Lage ist, ihr Geld anzulegen. Er über-informiert sie, bis sie sagt »Das ist mir alles zuviel! Du hast das immer so gut gemacht, Will. Kümmere lieber du dich darum.«

Die dritte Grundform des Verrücktmachens mit Hilfe von einer bestimmten Art von Informationen – das, was wir *Vernebeln* nennen – überläßt die Interpretation einer Botschaft dem Empfänger. Die auf diese Weise vermittelten Absichten und die entstehenden Wechselwirkungen können sehr vielschichtig sein. Dennoch hat auch diese Art der Informationsübermittlung die gleiche grundlegende Ursache. Sie bietet eine Möglichkeit, die offene Aggressivität einer klaren Äußerung zu vermeiden. Wenn die eigentliche Botschaft richtig erraten wird, aber sich als unwillkommen erweist, dann kann sie abgeleugnet werden.

Unser Verlag wurde 1896 in »Florenz und Leipzig« gegründet. Verlagssignet: der Marzocco des Donatello. Von 1904 bis 1948 war der Sitz in Jena, heute ist er in Düsseldorf/Köln.
Unsere Hauptgebiete:
Sachbücher, Kulturgeschichte,
Östliche Literatur,
Nordische Sagas,
Gesamtwerk Sören Kierkegaard,
Märchen der Weltliteratur.

Bitte
freimachen

Postkarte

Eugen Diederichs Verlag
Postfach 100526

5000 Köln 1

Die verrücktmachende Wirkung einer vernebelten Information zeigt sich besonders häufig in sexuellen Beziehungen; denn die sexuelle Offenbarung seiner selbst ist oft mit einem hohen Grad an Angst verbunden.

Während des vergangenen Jahres hat Ned viel über sexuelle Techniken gelesen. Er war sehr konservativ erzogen worden, und hatte deshalb kaum sexuelle Erfahrungen gemacht, bevor er Sandra kennenlernte und mit ihr zusammenlebte. Auch Sandra war im sexuellen Bereich sehr unsicher. Sie war ziemlich gehemmt und deshalb nur durch sehr vorsichtige körperliche Manipulationen zu befriedigen. Sie gab Ned ziemlich viele Bücher über sexuelle Praktiken, um auf diese Weise ihre sexuelle Beziehung zu verbessern.

»Siehst du«, sagte sie, »jetzt wissen wir wenigstens, daß der klitorale Orgasmus genauso befriedigend ist wie der vaginale Orgasmus. Es klappt ganz gut bei mir, wenn du es ganz langsam angehen läßt und wenn du ... weißt du ... mich *da* ziemlich viel berührst. Du bist ohnehin so leicht zu erregen. Wenn du einmal ... du weißt schon ... *damit* anfängst, dann bist du meistens sehr schnell fertig. Und hier steht, daß es völlig normal sei, wenn du ... weißt du ... wenn du mir hilfst, *fertigzuwerden.* Dann fühle ich mich nämlich wirklich sehr gut ... für dich bereit, und es gefällt mir sehr, wenn du es dann auch schaffst, weißt du, *in mir.*«

Nachdem Ned vor kurzem Frances kennengelernt hatte, trennte er sich von Sandra. Frances war sexuell nicht annähernd so zurückhaltend. Obwohl sie Ned außergewöhnlich erregte, fand er es eigenartig, daß sie schon bei ihrer dritten Verabredung mit ihm schlafen wollte.

Er machte sich ernsthafte Sorgen. Ob sie ihre Partner wohl häufig wechselte? So etwas hatte er noch nie erlebt. Sie hatte ihn nicht nur so schnell als Geliebten akzeptiert, sondern sie hatte ihn ganz offensichtlich sogar dazu gedrängt. Das Ganze erregte ihn sehr, aber irgendwie beunruhigte es ihn auch.

(An dieser Stelle können wir sehen, wie verschiedenartig das Verrücktmachen sein kann; denn so widersinnig es auch klingen mag, es macht uns ebenso verrückt, wenn eine negative Erwartung enttäuscht wird, die Erwartung, daß wir uns unbehaglich fühlen und versagen werden, wie wenn unsere Erwartungen auf Erfolg enttäuscht wird.)

Sandra war eine passive Liebhaberin gewesen. Sie hatte immer gesagt, sie wolle Ned nicht zu sehr stimulieren. Frances dagegen war irgendwie aggressiv. *Sie* schlief mit *ihm*.

Schon allein diese Tatsache machte Ned ein wenig verrückt. Außerdem fürchtete er, er werde seinen Orgasmus zu früh haben, er werde Frances dadurch enttäuschen, daß er im Bett nicht genügend leiste. Frances war schnell dazu bereit, mit ihm zu schlafen. Das wollte sie ihm nicht direkt sagen, deshalb hatte sie versucht, ihn durch kleine Hinweise darauf aufmerksam zu machen, ihn an sich zu ziehen. Ned las aus diesen Hinweisen jedoch nur ab, daß es ihr gefalle, wenn er sie streichelte. Er schien nicht zu bemerken, daß sie schon zwei Orgasmen gehabt hatte, und daß sie dringend nach ihm verlangte.

Als sie es schon fast nicht mehr aushalten konnte und schon alles getan hatte, außer ihn einfach zu besteigen, drang er endlich in sie ein. Es dauerte nicht sehr lange. Doch in seiner Erregung bemerkte er nicht, daß sie mit ihm zusammen den Orgasmus erreicht hatte.

Sie wollte ihm gerade sagen, wie schön es gewesen war, als er sich bei ihr entschuldigte, weil er sicher war, daß er sie nicht befriedigt hatte. Und sie wollte ihm gerade sagen, daß sie sehr wohl außerordentlich befriedigt war, als er fortfuhr:

»Weißt du«, sagt er, »ich will, daß du weißt, daß ich mich normalerweise nicht so gehen lasse. Ich meine damit, es ist nicht fair, daß eine so sensible Frau wie du nicht richtig darauf vorbereitet wird. Ich bin nur so ... erregt worden. Irgendwie habe ich die Kontrolle verloren.«

»Aber du warst doch prima«, antwortete Frances. »Es war sehr schön! Ich bin glücklich darüber, daß ich dich erregt habe. Ich will es. Du hast mich erregt.«

»Du bist so selbstlos«, sagte Ned. »Aber ich möchte ... noch einmal mit dir zusammensein. Du bist irgendwie eine Dame. Ich meine, dieses erste Mal ... na ja, ich war wohl außer mir. Aber es ist mir genauso wichtig, dich glücklich zu machen, wie ich selbst Spaß haben möchte. Ich will nur, daß du das weißt.«

Er betont das Gesagte noch einmal. »Und du bist wirklich sehr sensibel. Ich will nicht unbeholfen oder grob mit dir umgehen. Das entspricht nicht meinen Gefühlen. Ich liebe deine Sanftheit, deine Weiblichkeit ...«

Frances versteht allmählich, was er meint. Sie ist tatsächlich sanft und weiblich. Aber sie hat sehr starke sexuelle Empfindungen, und sie fühlt sich sehr stark zu Ned hingezogen, der trotz seiner Unsicherheit sehr potent ist. Deshalb will sie das Bild, das er sich von ihr macht, nicht zerstören.

Während der darauffolgenden Wochen schliefen sie mehrmals miteinander. Neds lange dauernden sexuellen Einleitungen, sein immer wiederkehrendes vorsichtiges und technisches Vorspiel, das ihm von Sandra und ihren Büchern beigebracht worden ist, macht Frances ungeduldig. »Es macht mich verrückt«, sagt sie zu ihrer besten Freundin. »Das wäre alles gar nicht nötig. Er braucht nur seinen Arm um mich zu legen, dann bin ich schon soweit. Aber was soll ich denn sagen?«

In der Zwischenzeit hat Ned Spaß daran gefunden, daß Frances regelmäßig den Höhepunkt erreicht. Zum erstenmal kann er sich sexuell gelöst fühlen. Doch jetzt ist er auch überzeugt davon, daß er sich richtig verhält. Deshalb sendet er ihr weiterhin eine verrücktmachende doppelte Botschaft – erstens, daß er von ihrer Sexualität gefesselt ist und zweitens, daß sie eine damenhafte Rolle spielen und langsam und allmählich zum Geschlechtsverkehr überredet werden muß.

Die beiden hätten die besten Voraussetzungen für eine glückliche Liebesgeschichte. Doch Neds doppelte Botschaft wird durch eine doppelte Botschaft von Frances ergänzt. Sie scheint seine langsame, zögernde Art gutzuheißen und leugnet gleichzeitig ein Bedürfnis danach. Er könnte es ebenso gut lassen.

Ihre vernebelten Botschaften bieten beiden die Möglichkeit, eine offene Äußerung ihrer wahren sexuellen Wünsche und Vorlieben zu vermeiden. Diese Möglichkeit hält jedoch nicht sehr lange an.

Nach einigen Wochen sind sie auf eine Party eingeladen. Sie tragen sich inzwischen ernsthaft mit dem Gedanken, zusammenzubleiben.

Die Partygäste sind größtenteils konservative Kollegen aus Neds Anwaltskanzlei. Frances ist ziemlich liberal eingestellt, und sie beginnt eine Diskussion über einige der konservativen Ansichten, die geäußert wurden. Obwohl sie ihre Meinung nur sehr vorsichtig äußert und sie immer abschwächt, indem sie etwa sagt »Natürlich gibt es da auch andere Auffassungen«, versucht Ned ständig, ihre Ansichten herunterzuspielen.
»Frances«, sagt er z. B. »gelingt es immer, beide Seiten zu sehen. Ich meine damit, sie will nicht sagen, daß sie anderer Ansicht ist, sondern sie sieht die Angelegenheit nur von allen Seiten.«
»Aber ich bin tatsächlich *nicht* einverstanden«, protestiert Frances.
Sie streiten auf dem ganzen Heimweg miteinander. Er behauptet, sie habe ihn absichtlich in eine peinliche Situation gebracht, sie sagt, er habe kein Recht, sie davon abzuhalten, ihre Meinung zu äußern. Wieder akzeptiert keiner die Information, die ihm der andere sendet. Er will einfach nicht hören, daß sie so liberale Ansichten vertritt. Sie will einfach nicht hören, daß er ihre Meinungsfreiheit so sehr beschneidet.
Doch als er sich an der Haustür von ihr verabschieden will, haben sich beide so weit beruhigt, daß Ned sie küßt. Und zehn Minuten später liegen sie miteinander im Bett.
Wegen des vorausgegangenen Streits hat Ned das Gefühl, er müsse besonders vorsichtig sein, er müsse Frances besonders langsam dazu bringen, mit ihm zu schlafen. Er hält sich zurück und versucht es mit einer sehr zärtlichen japanischen Massage, von der er kürzlich gelesen hat.
In Wirklichkeit sind sie beide durch den Streit noch mehr erregt als gewöhnlich. Aber beide bemühen sich, diese Tatsache zu leugnen, ganz ruhig zu bleiben, weil sie das Gefühl haben, der andere erwarte es von ihnen.
Schließlich hält Frances es nicht mehr länger aus. »Komm zu mir«, sagt sie zu Ned.
»Fühlt sich das gut an?« fragt er.
»Oh ja, dadurch möchte ich dich ganz nah bei mir haben.«
Er macht mit seiner japanischen Massage weiter. »Bitte«, sagt sie, »ich möchte dich bei mir haben!« Aber er macht weiter, weil

er das Gefühl hat, er sollte es tun. »Du machst mich verrückt«, sagt sie und zieht ihn an sich.

»Langsam«, sagt er besänftigend. »Ich bin zu sehr erregt. Ich ...«

»Ich bin so erregt. Ned. Bitte. Hör auf!« Er hört nicht auf sie.

»Herrgott nochmal«, explodiert sie schließlich. »*Bums* mich!«

Ned stutzt. Er hat noch nie eine Frau erlebt, die dieses Wort so gebraucht hat. Er will tun, was sie von ihm verlangt, aber er ist schockiert. Es macht ihn verrückt.

»Was ist los?« fragt sie. »Stimmt etwas nicht?« Denn plötzlich kann er ihrem Wunsch nicht mehr nachkommen.

Frances Furcht davor, ihre Gefühle zu äußern, wird durch ihre große Frustration überwunden. »Es ist wegen dem, was ich gesagt habe, nicht wahr?«

»Nein, nein«, protestiert Ned. »Ich weiß, daß du einfach erregt warst. Ich weiß, daß du das gar nicht so gemeint hast. Du warst einfach außer dir.«

Frances ist überwältigt von den Gefühlen, die sie die ganzen letzten Wochen unterdrückt hat. »Verdammt, genau so habe ich es gemeint. Das wollte ich sagen, und das wollte ich auch haben.«

»Ja schon, sicher, aber ...«

»Aber gar nichts!« bricht es aus Frances heraus. »Ich habe es satt, nicht zu sagen, was ich denke. Ich habe es satt, von dir interpretiert zu werden. Ja, ich bin sensibel. Ja, ich bin eine Dame. Aber ich habe es auch satt, mich jede Nacht abzuzappeln ...«

»Abzuzappeln?« Ned ist fassungslos. Er war so sehr überzeugt davon, daß sein sorgsam ausgedachtes Vorspiel die Beziehung so gut hat werden lassen. Jedenfalls hat sie ihm das doch gesagt, immerhin meint er sich daran zu erinnern. Sein Vertrauen und sein Stolz sind am Boden zerstört. Er fühlt sich betrogen, entmännlicht. Wortlos und bedrückt steht er auf und beginnt, sich anzuziehen.

Frances dreht sich um und weint in ihr Kissen. Jetzt liest sie seine Botschaft deutlich. Entweder sie ist so, wie er es will – oder aber es geht nichts mehr.

»Ich rufe dich morgen an«, sagt Ned sehr sanft und immer noch völlig benommen vom Zusammenbruch seiner Illusionen. »Wir würden nur weiterstreiten. Du bist wütend. Du sagst Dinge, die du gar nicht meinst, nur weil du verärgert bis ...«

»Ich sage genau das, was ich meine«, antwortet sie nachdrücklich und dreht sich um, um ihn anzusehen. »Ich will *bumsen.* Was gedenkst du also zu tun?«

Schließlich gibt Ned eine klare Antwort. Er dreht sich um und geht zur Tür. Er kommt nicht mehr zurück.

Wenn wir davon abgehalten werden, klare Informationen zu geben, dann wird unsere geistige Gesundheit dadurch genauso beeinträchtigt wie wenn wir keine klaren Informationen erhalten. Die Furcht vor der eigenen direkten Kommunikation und die Furcht vor der direkten Kommunikation des anderen sind gleichermaßen dazu geeignet, uns verrückt zu machen. Und diese beiden Arten der Furcht machen uns gleichermaßen dafür anfällig, daß wir das Verrücktmachen akzeptieren, daß wir es dulden und damit eines der wichtigsten Rechte aufgeben, aus denen sich unser Recht auf den gesunden Verstand zusammensetzt, d. h. wir verzichten auf unser Recht auf Wissen.

Die Notwendigkeit, klare Informationen zu geben und zu erhalten, taucht immer wieder als ein Teilrecht unseres Rechts auf geistige Gesundheit und als Bestandteil jeder verrücktmachenden Taktik auf. Es gibt unzählige Wege, auf denen der Austausch von klaren Informationen verhindert werden kann.

Diese Taktiken machen uns dann besonders verrückt, wenn sie uns daran hindern, klare Informationen über unsere eigenen Gefühle zu erhalten. Denn wie wir in der Geschichte von Frances und Ned gesehen haben, kann uns die Furcht vor unserer eigenen Selbstbehauptung dazu veranlassen, mehr als nur das zu zensieren, was wir *hören* und was wir *sagen* – sie kann uns dazu bringen, daß wir in die Falle des Verrücktmachens geraten, weil wir versuchen, das zu verzerren oder zu leugnen, was wir *fühlen.*

Das Recht auf Gefühle

Wahrscheinlich gibt es kein schwierigeres Unterfangen, als den Versuch einer Erklärung dessen, warum wir unsere Gefühle so erleben, wie wir sie erleben. Zum Glück besteht normalerweise keine Notwendigkeit für eine solche Erklärung.

Von unserer Kindheit an neigen wir dazu, uns auf unsere Gefühle zu verlassen. Wir akzeptieren einfach, daß wir Vanille lieber mögen als Schokolade, daß wir aber an einem bestimmten Tag eine unwiderstehliche Lust auf Schokolade haben. Wir wissen vielleicht nicht, warum das so ist, aber wir wissen, wann wir uns traurig, ärgerlich oder sexuell erregt fühlen.

Die meisten von uns erwarten letztendlich, daß sich unsere Gefühle als wahr erweisen, daß sie wahr *sind.* Wenn jemand versucht, uns davon zu überzeugen, daß sie nicht der Wirklichkeit entsprechen, dann werden wir leicht ärgerlich. Doch wenn es ihm gelingt, dann macht es uns verrückt.

Unter bestimmten Umständen kann die Furcht vor Aggressionen uns dazu verleiten, unsere Gefühle zugunsten eines scheinbaren Friedens und Wohlwollens zu opfern. Doch solche Bemühungen, unsere Gefühle zu opfern, sind letzten Endes zum Scheitern verurteilt und führen auf lange Sicht zu einer Katastrophe.

Häufig versuchen Eltern aus Bequemlichkeit, ihre Kinder dazu zu überreden, daß sie ihre Gefühle leugnen. Donalds Mutter z. B. hat ihm versprochen, daß er heute mit Billy spielen darf. Nur dachte sie nicht daran, daß sie nach der Party gestern abend heute Kopfschmerzen haben und extrem empfindlich auf Geräusche reagieren würde.

Wenn Donald mit Billy spielen soll, dann muß sie Billy, der eine Meile entfernt wohnt, abholen, und sie müssen bei *ihr* im Haus spielen. Eben hat ihre Nachbarin angerufen und gefragt, ob Donald nicht nach nebenan kommen und ein paar Stunden mit Susie spielen wolle. Dieser Anruf kam wie gerufen.

»Willst du nicht mit Susie spielen?« fragt sie.

»Ich mag Susie nicht«, antwortet der vierjährige Donald.

»Aber natürlich magst du sie«, beharrt seine Mutter. »Weißt du noch, wieviel Spaß du mit ihren kleinen Hunden gehabt hast? Und ihre Mami hat Eis für euch.«
»Ich will mit Billy spielen. Du hast gesagt, ich kann mit Billy spielen.«
»Aber weißt du noch, letztes Mal, als du mit Billy gespielt hast, hat er dich mit seinem Batman-Hubschrauber auf den Kopf geschlagen, und du hast geweint. Es wäre sicher schöner für dich, wenn du mit Susie spielen würdest.«
»Ich will mit *Billy* spielen.«
Donalds Mutter wird weiterhin auf ihrer Meinung bestehen, bis Donald schließlich aufgebracht und verärgert ist. Immerhin ist er das Opfer eines Verrücktmachers. Zu guter Letzt kann ihm seine Mutter noch mit einer Strafe drohen – weil er ärgerlich geworden ist und geweint hat. Eingeschüchtert sagt Donald schließlich, er möchte gern mit Susie spielen. Anders gesagt gelingt es seiner Mutter, ihn mit einem einfachen Trick dazu zu bringen, daß er seine wahren Gefühle verleugnet. Sie verstärkt seine Angst davor, seine Gefühle selbstsicher zu behaupten.
Zwar benutzen Erwachsene kompliziertere Mittel, wenn sie einander das Recht auf ihre eigenen Gefühle beschneiden, aber sie wenden dennoch das gleiche Prinzip an. Dieses Prinzip nennen wir die *Gedankenvergewaltigung*.
Die Gedankenvergewaltigung besteht im wesentlichen darin, daß der Gedankenvergewaltiger unsere Äußerungen oder unsere Handlungen so interpretiert, daß sie seinen Zwecken dienen. Anne und Vincent z. B. sind auf einer Party, bei der auch einige Kollegen aus Annes Büro eingeladen sind. Zu diesen Kollegen gehört auch Quentin. Anne hat mehrere Jahre lang eng mit Quentin zusammengearbeitet. Zwischen den beiden besteht eine Kameradschaft, über die Vince sich ärgert. Seit kurzem sind sie sich noch näher gekommen, weil Quentin unter Trennungsstreß litt und sich Anne anvertraut hat.
Auch Anne hat Quentin ein paar persönliche Dinge anvertraut, und seit sie die ihnen wichtigen Gefühle voreinander geäußert haben, hat ihre alte Freundschaft wesentlich an Bedeutung gewonnen. Im Büro haben sie keine Schwierigkeiten damit, aber

jetzt tanzen sie miteinander, und die körperliche Nähe und ein wenig Alkohol verführen sie zum Träumen.
»Weißt du«, flüstert Quentin ihr ins Ohr, »du warst in den letzten Wochen mein Lebensretter, weil du mir immer zugehört hast. Versteh mich nicht falsch, aber wenn du nicht ernsthaft verheiratet wärst, dann würde ich dich noch in diesem Augenblick zur Tür schieben und dich mit nach draußen hinter einen Baum nehmen.«
»Wenn ich keine ernsthaft verheiratete Frau wäre«, antwortete Anne, die den Flirt genießt, »dann würde ich mich vielleicht nicht einmal wehren oder um Hilfe rufen.«
Als Anne und Vince später nach Hause gehen, sagt Vince: »Du warst ganz schön eng mit Quentin zusammen.«
»Es geht ihm nicht besonders gut zur Zeit«, antwortet Anne. »Er hat einen Freund gebraucht. Ich mag ihn gern.«
»Ich weiß schon, daß du meinst, was du sagt, aber ich glaube, du solltest der Wahrheit ins Gesicht blicken.«
»Der Wahrheit?«
»Daß du ihn nicht leiden kannst. Du hast ihn doch nie leiden können, seit er damals befördert worden ist und die Gehaltserhöhung bekommen hat. Erinnerst du dich nicht? Du sagtest damals, du hättest schon immer gewußt, daß er die Stelle bekommen würde, weil er ein Mann sei und eine Familie zu versorgen habe.«
»Ganz ehrlich, Vince. Ich habe nichts gegen Quentin.«
»Du denkst doch, daß du genauso viel vom Marketing verstehst wie er, oder nicht?«
»Ja, aber das hat damit nichts zu tun. Er hat meine Ansicht immer respektiert. Er überfährt mich nie.«
»Aber er hat das Geld und den Titel bekommen. Es muß einfach so sein, nachdem du das Gefühl hast, du seist so gut wie er.«
»Aber ich habe nun mal nichts gegen ihn. Er tut mir nur leid.«
»Oh, ich glaube dir schon, daß du *denkst,* er tut dir leid. Aber von außen kann man erkennen, wie die Dinge in Wahrheit liegen. Ich weiß, daß du es nicht leicht akzeptieren kannst, aber du empfindest wirklich eine Art Triumph, wenn er gerade dir seine Sorgen erzählt. Beruflich hast du das Gefühl, genauso gut zu sein

wie er. Und seine persönlichen Probleme zeigen dir, daß du ihm gegenüber im Vorteil bist. Es ist typisch weiblich, die Mutter zu spielen, um damit eine überlegene Position zu erreichen.«
»Du irrst dich, Vince.«
»Das denkst du vielleicht. Aber der Triumph steigt einem leicht zu Kopf. Du mußt dieses Gefühl leugnen, weil du ein zu freundlicher Mensch bist. Aber überleg doch mal. Diese Situation könnte wirklich sehr verlockend für dich sein. Bei mir verhältst du dich doch genauso. Wenn du das Gefühl hast, du hast mich in irgendetwas geschlagen, dann bietest du mir zum Ausgleich an, mit mir zu schlafen.«
Die verrücktmachende Erfahrung der Gedankenvergewaltigung ist so stark, daß Anne am liebsten ihre wahren Gefühle hinausschreien möchte. Doch sie beißt sich auf die Zunge. Die Furcht vor einem offenen Konflikt ist größer als der Schmerz des Verrücktmachens. Deshalb hält sie ihn aus.
Vince seinerseits setzt die Taktik des Verrücktmachens ein, um auf diese Weise seine eigenen Gefühle indirekt zu behaupten. Er will nicht sagen, was er vermutet, nämlich daß Anne sich in Quentin verliebt hat. Er will nicht Gefahr laufen, hören zu müssen, daß seine Vermutung zutrifft. Deshalb stellt er seine Gedankenvergewaltigung so geschickt an, daß ihre Gefühle bedeutungslos werden würden, selbst wenn sie sie zugeben würde.
Vinces Verrücktmachen veranlaßt Anne nicht dazu, vor sich selber ihre Gefühle zu verleugnen. Aber er hält sie dadurch in einer Falle gefangen, weil sie diese Gefühle kaum äußern kann. Denn wenn sie sie äußert, ist sie in jedem Fall im Unrecht, gleichgültig, wie sie interpretiert werden. So erfüllt das Verrücktmachen seinen Zweck – allerdings um einen hohen Preis für die Beziehung.
Die Gedankenvergewaltigung kann ein noch viel heimtückischerer Verrücktmacher sein, wenn sie sich schleichend entwickelt. Denn sie kann so unbedeutend beginnen, daß sie relativ harmlos zu sein scheint, daß man meint, es lohne sich nicht, sich dagegen zu wehren, bis man sich schließlich in einer Reihe innerer Konflikte gefangen findet und sich angestrengt darum bemüht, seine eigenen Gefühle zu leugnen. In dieser Form kann die Gedankenvergewaltigung wahrhaft gefährlich sein.

Ted und Evelyn frühstücken gerade, als Evelyn sagt: »Du weißt ja, daß du in zwei Wochen Geburtstag hast.«
Ted antwortet nicht.
»Es ist kaum zu glauben, daß du vierzig wirst.«
»Ich weiß«, antwortet Ted, der unbehaglich auf seinem Stuhl hin und her rutscht und in seiner Zeitung blättert.
»Das ist schon ein Wendepunkt. Machst du dir etwas daraus?«
»Ja«, antwortet Ted nach einer unbehaglichen Pause.
»Ich glaube, wir sollten etwas ganz Besonderes unternehmen, damit du es nicht so schlimm findest«, sagt Evelyn. »Gibt es etwas, das du gern machen würdest?«
»Eine Bombe auf den Kopf kriegen und das Ganze vergessen.«
»Ted, jetzt sei doch einmal ernsthaft. Ich will, daß es ein ganz besonderer Tag für dich wird.«
Gereizt legt Ted seine Zeitung weg. Er will nicht über seinen Geburtstag sprechen. Es macht ihm Schwierigkeiten, mit diesem symbolischen Ereignis umzugehen. Und Evelyns Beharren darauf macht ihn ein wenig verrückt; denn ihr Gespräch ist ärgerlich, und gleichzeitig ist ihre offene Botschaft eine Botschaft der Unterstützung und des Wohlwollens. Sie ärgert ihn und tröstet ihn zugleich.
Ted versucht, der Situation ein Ende zu machen, indem er sich direkt äußert. »Sieh mal, Liebes«, sagt er freundlich. »Ich weiß, daß du es gut meinst. Aber aus irgendeinem Grund macht mich die Geschichte mit meinem Geburtstag nervös. Können wir nicht aufhören, darüber zu sprechen?«
Evelyns Antwort jedoch ist ein deutlicher Hinweis auf ihre indirekten Aggressionen. Sie ignoriert Teds offene Äußerung einfach. Sie akzeptiert seine Gefühle nicht.
»Nicht doch, Liebling«, antwortet sie. »Du kannst nicht verhindern, daß du Geburtstag hast. Wäre es dann nicht besser, wir würden den Tag zu einem ganz besonderen Tag machen?«
Ted merkt, daß seine offene Äußerung zurückgewiesen wird und daß ein Konflikt entstehen würde, wenn er weiterhin darauf besteht. Trotzdem versucht er es noch einmal. »Ich würde wirklich am liebsten kein Aufhebens darum machen und den Geburtstag einfach übergehen. Wie wenn ich gerade einen Tag älter

geworden wäre. Wie wenn sich eigentlich nichts ändern würde außer, daß man eine Seite vom Kalender reißt.«
Evelyns Beharren weist jetzt deutlich darauf hin, daß sie Teds Gedanken vergewaltigt. Sie fordert seine Gefühle noch einmal heraus. »Heißt das denn nicht, daß du die Augen vor der Wahrheit verschließt? Wäre es nicht ein Zeichen für deine Reife, wenn du dich damit auseinandersetzen würdest, daß du vierzig wirst. Weißt du ... wenn du den Tag feiern und ganz bewußt auf die Mitte des Lebens zugehen würdest.«
Bei dem Wort »Mitte des Lebens« rutscht Ted unbehaglich hin und her und sieht auf seine Uhr. »Vielleicht hast du recht. Ich überlege es mir noch einmal. Jetzt muß ich mich aber beeilen.«
Ted ist einer Aggression aus dem Weg gegangen, die so aussah, als könne sie zu einem Konflikt führen, und er hat es zugelassen, daß er eine verrücktmachende Erfahrung erlebte. Eine solche Erfahrung ist in dieser Beziehung nicht außergewöhnlich. Und sie ist hier auch noch nicht zu Ende.
Evelyn hat schon seit langem Teds Gefühle besetzt, um sich selbst in ihrer Beziehung wohler zu fühlen; denn sie war niemals sicher, ob er sie geheiratet hatte, weil er es wollte oder weil ihre Religion keine Abtreibung zuließ.
Sie vermutet das Schlimmste. Als Ted noch jünger war, hatte sie sich immer gefragt, ob er sie wohl verlassen würde. Sein näherrückender vierzigster Geburtstag beruhigt sie. Und ohne ganz zu wissen, warum sie so reagiert, will sie, daß Ted sich vollkommen darüber im klaren ist, daß er an einem traditionellen Wendepunkt angelangt ist.
Deshalb sendet Evelyn ziemlich unbewußt eine doppelte Botschaft. Offen sagt sie, seine Gefühle seien ihr wichtig und sie wolle ihm helfen, mit ihnen zurechtzukommen. Und natürlich entwaffnet Ted ihr Interesse und ihre Sorge. Sie erschweren es ihm, irgend etwas in bezug auf die im Verrücktmacher-Kode verschlüsselte Botschaft zu unternehmen.
Diese Botschaft heißt »Ich will, daß du ein Gefühl dafür bekommst, daß du jetzt in ein anderes Lebensalter eintrittst. Ich will nicht, daß du darüber hinweggehst. Ich will, daß du dieses Problem so siehst, wie *ich* es sehe, nicht wie *du* es siehst, und daß du auf *meine Art, nicht auf deine,* damit umgehst.«

Ted erahnt intuitiv, daß er verrückt gemacht wird. Es macht ihn gereizt. Er möchte am liebsten sagen »Laß mich in Ruhe.« Aber das kann er nicht. Schließlich versucht Evelyn, ihm zu helfen, oder nicht? Und sie hat ihn schon früher davon überzeugt, daß er dazu neigt, vor der Realität die Augen zu verschließen. Sie hat ihm oft dabei geholfen, die Wirklichkeit zu erkennen – oder jedenfalls das, was sie für die Wirklichkeit hält.

Deshalb hat Ted das Gefühl, er habe kein Recht darauf, ärgerlich zu sein. Für seine Vorstellungen von seinem Geburtstag zu streiten würde undankbar und überzogen erscheinen.

Aber als er auf der Fahrt zu seinem Arbeitsplatz noch einmal darüber nachdenkt, fragt er sich, warum er eigentlich innerlich immer wütender wird. Es wird ihm nicht bewußt, daß er unter einer ganz spezifischen Folgewirkung der verrücktmachenden Gedankenvergewaltigung leidet. Seine innere Abwehrmöglichkeit gegen eine Bedrohung ist ihm genommen worden. Statt dessen verlangt Evelyn, daß er sich auf *ihre* Weise wehrt.

Jeder von uns hat seine eigene Art, mit den Streß-Situationen des Lebens umzugehen. Ob diese Art nun richtig ist oder falsch, ob sie gut ist oder schlecht, sie ist jedenfalls unsere eigene. Und wenn sie uns genommen wird, fühlen wir uns gefährdet.

Denn mit unseren eigenen Abwehrmaßnahmen wissen wir umzugehen. Teds Situation läßt sich mit der eines Mannes vergleichen, der sich mit einem anderen mit Pistolen duellieren will. Pistolen sind Waffen, von denen er etwas versteht und die er zu gebrauchen weiß. Im letzten Augenblick jedoch sagt sein Sekundant, dem er vertraut »Hier ist dein Schwert. Ich weiß, daß du noch nie ein Schwert in einem Kampf benutzt hast, aber ich glaube, es ist eine bessere Waffe.«

Um besser verstehen zu können, wie sich eine solche Art des Verrücktmachens entwickelt, wollen wir den Vorfall weiterverfolgen. Am anderen Morgen rasiert sich Ted gerade, als Evelyn ihn fragt: »Hast du nochmal über deinen Geburtstag nachgedacht?«

»Au!«

»Was ist?«

»Ich habe mich geschnitten. Verdammt. Ich kann den Blutstillstift nicht finden. Hast du ihn gesehen?«

»Ich wußte gar nicht, daß du einen hast.«
»Ich meine, ich hatte einen. Kannst du mir helfen, danach zu suchen? Ich will mich fertigrasieren.«
Auf diese halb unbewußte Weise versucht Ted, das unangenehme Thema zu vermeiden – d. h., er versucht sowohl, sich dagegen zu wehren, daß er sich wieder mit dem Problem seines Geburtstages auseinandersetzen muß als auch sich gegen Evelyns weitergehende Einmischung zu verteidigen. Er hat »vergessen«, daß er zwar einmal einen Blutstillstift besessen hat, daß er ihn aber schon vor zwei Jahren in einem Hotel hat liegen lassen. Er hat, so könnten wir es ausdrücken, das Thema »zufällig« gewechselt.
Dieser Zufall macht Evelyn verrückt. Es handelt sich hier um die Taktik, die wir das *Ablenkungsmanöver* nennen, ein recht häufig eingesetztes indirektes Mittel, um den Aggressionen eines anderen aus dem Weg zu gehen. Wir werden noch näher auf dieses Mittel eingehen. Im Augenblick ist nur wichtig, daß Ted auf diese Weise zeigt, daß er nicht vorhat, sein Recht auf seine eigenen Gefühle offen zu verteidigen.
Mit einem solchen Kunstgriff seinerseits mußte gerechnet werden. Denn wie wir schon festgestellt haben, verläuft das Verrücktmachen zwischen einander vertrauten Menschen niemals nur in eine Richtung. Fast ausnahmslos ist das Opfer auch zugleich der Schurke.
Am Frühstück jedoch wiederholt Evelyn ihre Frage. »Weißt du«, antwortet Ted, ohne auf seine Uhr zu sehen, »es wird langsam spät. Ich habe keine Zeit mehr ...«
»Aber du hast darüber nachgedacht?«
»Ein wenig.« Ted unternimmt einen letzten Versuch. »Irgendwie hätte ich Lust, den Tag ganz allein zu verbringen – an den Strand zu gehen und auf einem Felsen zu sitzen oder spazieren zu gehen.«
»Allein?« Evelyns Ton zeigt deutlich, wie sehr sie sich verletzt und zurückgestoßen fühlt.
Genau so hatte Ted es eigentlich gemeint, aber er will Evelyns Gefühle nicht verletzen. »Aber nein«, antwortet er, »ich meinte, nur wir beide, »wir sollten unsere Schuhe wegwerfen und uns entspannen.«

»Und das ist schon alles? Und was ist mit einem Abendessen oder mit dem Theater oder etwas anderem? Du weißt, das ich dir immer gern eine ganz besondere Torte backe.«

»Ich finde es nett, daß du daran gedacht hast«, antwortet Ted, »aber dieses Jahr will ich lieber nichts. Ich wäre vollauf zufrieden mit einem Hot Dog oder einem Hamburger – bloß keine Party.«

»Aber dann könnte ich ja gar keine Geschenke oder so etwas mitnehmen.«

»Ich will keine.« Ted lächelt, da er sich jetzt seiner Vorstellungen sicherer ist und da er allmählich seine eigenen Gefühle herausfindet und sieht, wie er den Tag gestalten könnte, damit er seinen Gefühlen entspricht.

»Weißt du, was ich tun könnte? Ich könnte mir mein eigenes Geschenk kaufen. Erinnerst du dich an das Teleobjektiv, das ich immer gewollt habe? Ohne Geschenke oder ein großes Essen oder teure Eintrittskarten hätte ich schon einen großen Teil des Geldes für das Objektiv zusammen.« Er fängt an zu strahlen. »Die Idee gefällt mir. Weißt du, ich habe vor ein paar Tagen einen Artikel darüber gelesen, wie man das Teleobjektiv für Portraitphotos einsetzen kann – es macht das Bild weicher und läßt den Hintergrund verschwimmen ...«

»Ich will dich nicht unterbrechen«, gebraucht Evelyn eine typische verrücktmachende List, durch die er gerade doch unterbrochen werden soll. »Aber kommst du nicht zu spät ins Büro?« Evelyn hat sich immer unbehaglicher und unwohler gefühlt, als Ted seine Gefühle mobilisiert und Zugang zu ihnen gefunden hat. Sie fädelt geschickt einen neuen Anfang ein: »Es macht dir also nichts aus, was wir an deinem Geburtstag unternehmen?« fragt sie. Er nickt. »Dann überlaß mir doch die Einzelheiten. Du weißt doch, wie gern ich dir eine kleine Überraschung bereite.«

»Natürlich. Liebes«, antwortet Ted großzügig. »Mach nur.«

Am Freitagabend, dem Vorabend seines Geburtstages kommt Ted nach Hause, geht in die Küche und stellt fest, daß sie voller Pakete steht. »Komm nicht rein!« ruft Evelyn. Zu spät. »So ein Pech!« seufzt sie. »Jetzt ist mir meine Überraschung verdorben.«

»Was ist das alles?« fragt Ted und sieht, aufmerksam geworden, um sich.

»Eine kleine Geburtstagsparty für morgen abend.«
Ted ist überwältigt von einem ihn verrücktmachenden Gefühl der Verwirrung. »Aber ... aber wir wollten doch ... Ich meine, wir hatten doch ausgemacht ...«
»Jetzt ärgerst du dich aber nicht. Wir tun genau das, was du gewollt hast. Ich habe alles schon geplant. Wir gehen morgen früh von hier weg und machen ein schönes Picknick bei City Beach. Und während du spazieren gehst, ganz allein, wie du es gewollt hast, kann ich die letzten Einkäufe erledigen. Dann sind wir frühzeitig genug zurück, daß ich alles fertigmachen kann. Die Dekorationen bringe ich noch heute abend an, der Kuchen ist gebacken, und ...«
Während der nächsten paar Stunden sagt Ted nicht sehr viel. Was sollte er auch sagen? Essen und Wein sind schon eingekauft. Die Einladungen sind verschickt. Evelyn hat sich viel Mühe mit der Planung und der Ausführung gegeben – seinetwegen.
Man müßte schon sehr undankbar sein, wenn man sagen würde, was Ted jetzt empfindet. »Ich will keine Party. Ich habe überhaupt keine Lust auf Leute, die meinen Wein trinken und Witze darüber machen, daß ich langsam alt werde. City Beach ist für mich kein Strand. Ich will nur Felsen und Sand und Wasser. Und was ist mit meinem Objektiv? Überhaupt, was hat denn das ganze Zeug gekostet? Das Objektiv kann ich jetzt auch nicht mehr kaufen. Ich kann den Tag nicht so verbringen, wie ich es gern gehabt hätte.«
Mit Teds freudigen Erwartungen wird auch seine Abwehr gegen die deprimierende Erinnerung an sein Alter zerstört. Er hat diese Abwehr nicht sehr deutlich formuliert. Aber er will das Gefühl wiedererleben, das er als kleiner Junge immer am offenen Strand empfand, er will wissen, daß er dieses Gefühl immer noch erleben kann. Er will Ruhe, um seine Gedanken in Ordnung zu bringen, um das Gefühl der Verwirrung ein wenig zu klären.
Das allerletzte, was er will, ist es, einen Haufen Menschen um sich zu haben, die sich so verhalten, wie man sich in der Mitte des Lebens verhält. Er will Leute jeden Alters sehen, aber Leute, die sich im Wasser und in der Sonne bewegen. Er will nicht mit Männern sprechen, deren Haare langsam grau werden, und die

sich vor allem über Steuern und Versicherungen und Rentenpläne unterhalten. Er will an einem inneren Selbst ohne Alter festhalten.

Jetzt jedoch hat er seinen Bezugspunkt verloren. Außerdem kann er Evelyn ohnehin nicht sagen, daß ihre Fürsorge und ihre Aufmerksamkeit ihm Unbehagen bereiten. Wie könnte er den Ausdruck ihrer Liebe zurückweisen?

Die Party am nächsten Abend verläuft genau so, wie Ted es gefürchtet hatte. Es ist eine große Party. Evelyn hat auch ein paar ehemalige Schulfreunde aus dem College eingeladen, die korpulent geworden sind und eine Glatze bekommen. Und aus dem Büro sind ein paar Kollegen da.

Ted öffnet eine halbe Stunde lang Geschenke. Einige davon sollen witzig sein. Sogar eine Schachtel mit jugendlicher Ausrüstung ist dabei, mit Tabletten zum Schlankwerden und einer langhaarigen Perücke. Alle lachen darüber.

Ted trinkt sonst nur wenig. Aber heute nippt er nicht nur an seinen Getränken, sondern er stürzt sie hinunter. Schließlich schlüpft er in den Garten. Der Himmel ist voller Sterne, es ist Vollmond, und irgendwie hilft ihm das, wieder einen klareren Kopf zu bekommen. Einen Augenblick lang zögert er. Dann legt er sich in das kühle Gras und sieht sich den Himmel an. Er hat sich eine Flasche Wein mitgebracht und nippt, ruhiger geworden, daran. Gerade als er etwas gefunden hat, das ihm den ganzen Tag lang gefehlt hat, hört er, wie Evelyn nach ihm ruft.

Er schließt die Augen und trinkt die Flasche aus. Zwanzig Minuten später schlüpft er unauffällig hinaus und geht in sein Schlafzimmer.

Am anderen Morgen sagt Evelyn zu ihm: »Immerhin hast du dich gut amüsiert. Jetzt sag doch mal ... War das nicht viel besser als ein Hot Dog am Strand?«

Teds Geburtstag zeigt, wie das Verrücktmachen langsam gesteigert wird, wie das Opfer sich in einer Reihe von verschiedenen Situationen immer schlechter behaupten kann, in denen es ihm sogar erschwert wird, sein Recht auf seine eigenen Gefühle zu verteidigen.

Wir stellen immer wieder fest, daß zwei Entscheidungen gegeneinander abgewogen werden müssen. Die Entscheidung, um die es geht, ist immer die gleiche und eigentlich recht einfach. Es geht darum, zu entscheiden, ob man sein persönliches Recht auf geistige Gesundheit behauptet oder ob man es abgibt.

Wie man sich entscheidet, hängt von der Angst ab, von der Furcht davor, sich direkt aggressiv zu verhalten. Und hier stellt sich die Frage, wovor wir uns am meisten fürchten.

Fürchten wir uns mehr vor dem, was geschehen könnte, wenn wir uns offen aggressiv verhalten? Oder fürchten wir uns mehr vor dem, was geschehen könnte, wenn wir uns *nicht* offen aggressiv verhalten?

Am Beginn von Teds Geschichte ist weder die eine noch die andere Furcht besonders stark; denn die anfängliche Frage »Möchtest du an deinem Geburtstag nicht etwas Besonderes unternehmen?« scheint nicht gerade weltbewegend zu sein. Doch damit, daß Ted es versäumt, seine Gefühle, die er seinem Geburtstag gegenüber empfindet, zu behaupten, ebnet er den Weg für eine weitere Eskalation. Auf diese Weise erlaubt er Evelyn tatsächlich, seine emotionalen Entscheidungen zu treffen, ihm zu sagen, wie er sich fühlt.

Nachdem er einmal nachgegeben hat, sind die Würfel gefallen. Denn mit jedem neuen Schritt steht mehr auf dem Spiel. Das Risiko, das er mit einem selbstsicheren Verhalten eingehen würde, nimmt zu. Zu dem Zeitpunkt, als er die Tür öffnet und die Vorbereitungen für die Party entdeckt, wäre bereits eine Palastrevolution erforderlich, damit er den Tag wieder unter seine Kontrolle bringen würde.

Am Anfang allerdings hätte Ted seine Gefühle Evelyn gegenüber vertreten können, ohne sie besonders zu verletzen. Er hätte nur so etwas zu sagen brauchen wie »Die einzige annehmbare Möglichkeit für mich, mit diesem wunden Punkt in meinem Leben fertig zu werden, ist es, meinen Gefühlen zu folgen. Es wäre schön, wenn du mit mir kommen würdest. Aber du mußt dich auf das verlassen, was mir mein Gefühl eingibt.«

Als Ted es versäumt, sich Evelyn gegenüber in dieser Weise zu äußern, erweckt er in ihr falsche Erwartungen, nämlich, daß es ihm nichts ausmacht, wenn sie seine Gedanken und Gefühle mitbestimmt. Von diesem Augenblick an hat Ted einen Teil seiner Rechte auf seine geistige Gesundheit abgetreten. Er hat sie implizit zur Verfügung gestellt.

Natürlich ist dies nicht das erste Zugeständnis. Niemand macht sich nach fünfzehn Jahren Ehe zum ersten Mal verrückt, ebenso wenig wie die Bedingungen, die das Verrücktmachen begünstigen oder sogar erforderlich machen, nach fünfzehn Jahren ganz plötzlich entstehen. Fünfzehn Jahre lang hat Evelyn die Erfahrung gemacht, daß Ted es zuläßt, daß sie seine Gefühle interpretiert, wenn sie nur nicht nachläßt.

Als sie z. B. ihr Haus gekauft haben, zögerte Ted am Anfang. Er sagte, er wolle wirklich nicht in die Vorstadt ziehen. Er würde lieber in der Stadt wohnen.

»Nicht doch, du weißt doch, das du das gar nicht so meinst«, hatte Evelyn zu ihm gesagt. »Schließlich hast du immer gesagt, du wolltest einen Garten und Ruhe, oder nicht?«

Als sie dann ein Haus gefunden hatten, das Evelyn gefiel, kostete es mehr, als Ted bezahlen wollte. »So große Rechnungen machen mich nervös«, sagte er zu Evelyn. »Sie machen mich kribbelig. Ich weiß, daß ich dann Angst davor habe, meinen Job zu verlieren.«

»Du machst dir bestimmt nicht ernsthaft Sorgen darum«, antwortete Evelyn. »Du weißt genau, daß Herr Brandon seine ganzen Erwartungen in dich setzt. Du wirst auf jeden Fall befördert werden. In ein paar Jahren erscheinen uns die Rechnungen völlig unbedeutend.«

Schließlich hatte Ted eine Abneigung gegen die Vorstadt, weil sie überall als ultra-konservativ galt, und Ted vertrat politisch eher liberale Vorstellungen.

»Ich will nicht mitten in einem Haufen von Leuten wohnen, die ständig anderer Meinung sind«, sagt er. »Ich fühle mich so nicht wohl. Sie werden wissen wollen, warum ich nicht jeden Sonntag zur Kirche gehe. Sie werden schlechte Witze über die Leute reißen, die ich wähle.«

»Ach, Ted, du weißt doch, wie tolerant du bist«, sagte Evelyn. »Du weißt doch, wie sehr dich andere Meinungen interessieren. Das wird sehr interessant für dich sein. Dann siehst du das ganze unter einem anderen Blickwinkel. Es wird dir gefallen. Du kannst dich ihnen überlegen fühlen.«

Übertreibt man wirklich, wenn man sagt, daß solche Übergriffe Teds geistige Gesundheit tatsächlich gefährdeten? Keineswegs. Denn für unsere geistige Gesundheit ist es erforderlich, daß wir die Wirklichkeit in unserem Leben so klar und so genau wie möglich erkennen. Wenn wir es zulassen, daß wir verrücktgemacht werden, dann werden wir dadurch gezwungen, diese Wirklichkeit zu leugnen, das zu leugnen, was wir sehen und hören und fühlen. Und wenn wir das leugnen, was wir erkennen, können wir uns wohl kaum realistisch mit der Welt und den Menschen in ihr auseinandersetzen.

Evelyn ist sich nicht bewußt, was sie Ted antut, oder warum sie es tut. In ihren eigenen Vorstellungen tut sie nur ihre Pflicht als sein Lebensgefährte. Sie hilft ihm, mit den Dingen fertigzuwerden.

In Wirklichkeit wird sie dadurch mit ihren eigenen Ängsten fertig – mit der Angst davor, sich offen aggressiv zu äußern und mit der Angst, daß Ted offene aggressive Äußerungen machen könnte, die ihr nicht gefallen. Ted seinerseits verstärkt diese Angst noch. Das erreicht er, indem er Evelyn klare Informationen verweigert, so daß sie nicht weiß, woran sie mit ihm ist. Ihr Verrücktmachen durch die Gedankenvergewaltigung ist also zum Teil auch eine Reaktion auf sein Verrücktmachen, das darin besteht, daß er sie ihres Rechts auf Wissen beraubt.

Nehmen wir das Beispiel seines vierzigsten Geburtstages, als er nachts im Gras lag. Ted erinnerte sich an einen Vorfall, der ihn Mitleid für sich selbst empfinden ließ. Ein paar Monate früher hatte ein wichtiger Plan dringend ausgearbeitet werden müssen, und Ted hatte achtundvierzig Stunden lang im Büro durchgearbeitet.

Dann war er nach Hause gekommen. Er war von all dem Kaffee, den Zigaretten und dem Streß noch völlig angespannt gewesen. Nachdem er geduscht hatte, schlüpfte er ins Bett und weckte Evelyn zärtlich auf.

Sie öffnete kaum ihre Augen und sagte: »Stimmt etwas nicht, Ted?«

»Nein«, antwortete er, »ich wollte dir nur sagen, daß ich da bin.«
»Sieh mal, Ted«, wies sie ihn zurecht, da sie sofort seine Gedanken las und sie vergewaltigte, »du hast zwei Tage lang keine Minute geschlafen. Du weißt ganz genau, daß du wirklich viel zu müde bist, um mit mir zu schlafen.«
Hier sehen wir, warum Ted sich selbst bemitleidete. Aber beachten Sie sein eigenes Verhalten. Er fing mit dem Spiel an. Er sagte kein Wort darüber, wie er sich fühlte oder was er wollte, jedenfalls sagte er es nicht klar oder direkt. Er erwartete, daß Evelyn seine Wünsche erraten würde und sich darum kümmern würde. Er gebrauchte ihr gegenüber einen Kode. Und tatsächlich las sie seine kodierte Botschaft auch ganz gut.
Deshalb ist es auch kaum verwunderlich, daß sie einfach den nächsten, typisch mütterlichen Schritt tat. Sie orientierte sich an allen vorhandenen Hinweisen, die ihr etwas darüber sagten, wie er sich fühlte, und sie entschied an seiner Stelle, wie er seine Gefühle äußern sollte.
Zudem war ihre Gedankenvergewaltigung in gewissem Sinn nichts anderes als ihr eigener Verrücktmacher-Kode. Sie wollte nicht mit ihm schlafen, aber sie wollte auch nicht »nein« sagen. Deshalb konnte sie Ted damit abweisen, daß sie ihm sagte, er wolle gar nicht, um was er sie indirekt gebeten hatte. Das war es, was Ted so verrückt gemacht hatte, und was er in so denkwürdiger Erinnerung behalten hatte.
Wie die meisten Paare, die einander verrücktmachen, setzen auch Ted und Evelyn gelegentlich das *Gedankenentreißen* ein. Hier handelt es sich um eine weitere sehr verbreitete verrücktmachende Taktik, die uns unseres Rechts auf unsere eigenen Gefühle und auf deren Äußerung beraubt – und die gleichzeitig eine Art Gedankenlesen darstellt.
Wir haben es dann mit dem Gedankenentreißen zu tun, wenn jemand so reagiert, als hätten wir ihm eine Botschaft gesendet. Das Problem ist nur, daß wir ihm gar keine gesendet haben.
Ein einfaches Beispiel: Sie haben Gäste zum Abendessen. Jeder hat lange bei Kaffee und Likör im Wohnzimmer gesessen. Aus reiner Neugier sehen Sie auf Ihre Uhr. Und sofort steht Sam am anderen Ende des Raumes auf. »Du holst jetzt besser deinen

Mantel, Paula«, sagte er. »Wir halten unsere Gastgeber zu lange auf.«

Diese drei verrücktmachenden Verfahrensweisen – das Gedankenlesen, die Gedankenvergewaltigung und das Gedankenentreißen – sind offensichtlich eng miteinander verwandt. Die Trennungslinien zwischen ihnen sind oft nur schwer zu ziehen. Wenn sie gemeinsam und unter den entsprechenden Bedingungen eingesetzt werden, dann bilden sie ein schreckliches Dreigespann. Und sobald sie sich einmal in den Stil einer engen Beziehung eingeschlichen haben, können sie noch die einfachste Kommunikation stören. Sie können das Gefühl des Unbehagens und die Isolation zum Dauerzustand machen.

Das Recht auf Wirkung

Eine grundlegende Vorbedingung für unsere geistige Gesundheit besteht darin, daß wir uns versichern können müssen, daß wir existieren – und daß es für die Welt und für die Menschen in ihr einen Unterschied macht, ob wir existieren oder nicht.

Bis zu einem gewissen Grad können wir uns unserer Existenz versichern, indem wir die materiellen Dinge verändern, etwa, indem wir ein Loch graben oder einen Baum fällen und sagen »Ich habe das gemacht.« Die Literatur über isolierte Menschen – die Erzählungen von Bergsteigern, von schiffbrüchigen Seeleuten und ähnliche Geschichten – beschreibt, daß der isolierte Mensch alle Anstrengungen unternimmt, um geistig gesund zu bleiben, daß er weit mehr schafft und errichtet, als zur Befriedigung seiner praktischen Bedürfnisse notwendig wäre.

Letztlich wird es jedoch schwierig, an die Wirklichkeit und die Bedeutung unserer Existenz zu glauben, ohne daß uns andere Menschen dabei helfen.

Die anderen versichern uns unserer Existenz, indem sie uns in Wort oder Tat zeigen, daß wir eine *Wirkung* (Impact) auf sie haben. Sie tun das, indem sie auf das reagieren, was wir sagen oder tun oder einfach, indem sie registrieren, daß wir da sind.

Auf der einfachsten Ebene brauchen wir es, daß andere »Guten Morgen«, »Verzeihung« oder vielleicht höflich »Stört es Sie, wenn ich rauche?« zu uns sagen.

Um uns jedoch als ganzer Mensch zu fühlen, benötigen wir auch persönlichere Reaktionen, die mehr als nur unsere bloße Existenz anerkennen. Wir müssen hören »Du hast ja deine Haare geschnitten«, »Gut gemacht«, »Kann ich mitkommen?« oder auch »Du hast meine Gefühle verletzt.«

Auf einer tiefer empfundenen Ebene brauchen wir es auch, daß die Menschen, die uns am meisten bedeuten, zeigen, daß wir in unserer Vertrautheit eine Wirkung auf sie haben. Das fängt an mit »Du gefällst mir« oder »Du ärgerst mich« und geht insbesondere bis zu »Du gibst mir das Gefühl, geliebt zu werden« und »Ich liebe dich.«

Und wenn wir verzweifelt genug, verängstigt genug und einsam genug sind, dann werden wir uns vielleicht sogar mit einem »Du machst mich verrückt!« zufriedengeben.

Aber auf welcher Ebene wir uns auch bewegen, welche Botschaft uns auch tatsächlich gesendet wird, ohne die Reaktion der anderen auf unsere Existenz fühlen wir uns bald wertlos, ohnmächtig und unwirklich. Wir werden zu Nichtmenschen.

Berichte über die in den Kriegen in Korea und Vietnam angewandte Gehirnwäsche zeigen uns, daß eine der Methoden dieser unheilvollen Kriege darin bestand, dem Gegner seine Wirkung abzusprechen. Diese Ablehnung ebnete den Weg für alles Folgende.

Ein Gefangener versucht, mit seinem Wärter zu sprechen, und der Wärter scheint ihn nicht zu hören. Der Gefangene bittet ihn dringlich um Nahrung und Wasser, oder er sagt ihm, daß er krank ist, und der andere reagiert nicht. Er sagt nicht einmal »nein«.

Der Gefangene lebt in einer sehr kleinen Welt und befindet sich deshalb in einer extrem abhängigen Situation, zu deren Mittelpunkt gerade ein oder zwei Wachposten gemacht werden. Sie werden zu den einzigen Adressaten seines Bedürfnisses nach Wirkung. Nur durch sie kann er seine Existenz beweisen. Und die einzige Möglichkeit, eine Wirkung auf sie auszuüben, besteht darin, ihnen genau das zu sagen und genau das zu tun, was sie akzeptieren.

Der Gefangene wird zu Unrecht eines bestimmten Verbrechens angeklagt, und er muß diese Straftat zugeben. Zuerst protestiert er. Er verteidigt sich und versucht, die Wahrheit zu beweisen. Aber er wird einfach ignoriert. Seine Bitten und Argumente zeigen keine Wirkung. Es gibt keine Auseinandersetzung und keine Diskussion. Nur die Vorwürfe werden immer wieder erhoben, und er wird aufgefordert zu gestehen. Alles andere wird nicht gehört.

Jede andere Äußerung eines Wunsches, eines Gedankens oder eines Gefühls stößt auf taube Ohren. Tatsächlich wird sogar jede Äußerung dieser Art als Abweichung von einem vorgeschriebenen Verhalten behandelt. Sie wird nicht nur ignoriert, sondern sie kann auch weitere verschärfende Maßnahmen zur Folge haben.

Auf diese Weise wird die Furcht vor einem aggressiven Auftreten erhöht. Alle Äußerungen seines Selbst werden solange erstickt, bis der Gefangene zur Unperson wird. Nur ein schmaler Gang wird ihm offengehalten. Nur durch diesen Gang kann das Opfer Wirkung erzielen. Dieser Gang führt zur Kapitulation.

Ein solches Vorgehen ist so wirkungsvoll wie unmenschlich und scheint nichts mit dem alltäglichen Verhalten von einander vertrauten Menschen zu tun zu haben. In Wahrheit jedoch wird das Grundprinzip der Gehirnwäsche häufig in ihrem Verhalten angewandt.

Wenn diese Taktik von einander nahestehenden Menschen eingesetzt wird, ist sie nicht weniger wirkungsvoll als im Fall des Wachpostens und des Gefangenen. Tatsächlich kann man bald einige Parallelen zu der Beziehung zwischen dem Wächter und dem Gefangenen feststellen. Und sie sind nicht weniger unmenschlich.

Sehen wir einmal, wie einander vertraute Menschen sich gegenseitig verrückt machen, indem sie sich eine Wirkung aufeinander absprechen, und warum das so ist.

Das Modell für die Verweigerung der Wirkung ist die Maschine. Ihr Wagen hat auf einer einsamen Straße eine Panne. Sie gehen

einen Kilometer weit und finden ein Münztelefon. Sie haben zwanzig Pfennig. Die werfen Sie in den Apparat und wählen dann. Eine Stimme antwortet: »Hier ist der automatische Anrufbeantworter. Ihr Anruf kann leider nicht durchgestellt werden.« Dann hören Sie nichts mehr. Und Ihr Geld kommt nicht mehr heraus. Sie können mit dem toten Apparat sprechen oder ihn mit den Füßen treten, jedenfalls werden Sie keine Wirkung erzielen.
Unsere Kultur der technischen Geräte hat uns durch den Umgang mit dem Computer gelehrt, wie schmerzlich es sein kann, wenn man keine Wirkung erzielt. Sehen Sie z. B. den folgenden Brief:

MARTIN BROTHERS DEPARTMENT STORE
Sehr geehrte Herren,
anbei eine Rechnung über 19,95 Dollar, die ich von Ihnen für einen Hüftgürtel Größe L erhalten habe. Ich bin ein 37jähriger Junggeselle. Ich trage keine Hüftgürtel. Ich verschenke sie. Wenn ich sie verschenke, dann wahrscheinlich nicht an jemand, der Größe L braucht.
Bitte korrigieren Sie den Irrtum und berichtigen Sie meinen Kontoauszug. Anbei ein Scheck über 74,55 Dollar, meine tatsächliche Rechnung für diesen Monat.

Mit freundlichen Grüßen
JAMES THOMAS

Der Computer schickt Herrn Thomas einen Antwortbrief:

Sehr geehrter Herr Thomas,
Natürlich vergessen wir alle einmal etwas. Aber wir müssen Sie darauf hinweisen, daß Sie Ihre Rechnung an Martin Brothers für den Monat Mai nicht vollständig bezahlt haben.
Nach den Zahlungsbedingungen sind Sie verpflichtet, Ihre Rechnung monatlich *vollständig* zu begleichen. Sollten Sie nicht in der Lage sein, den Gesamtbetrag zu überweisen, dann wenden Sie sich bitte an unsere Kreditabteilung. Denken Sie daran, Ihr Kredit bei uns ist Ihr größter Vorteil.

Um weitere Gebühren zu vermeiden, sollte der Betrag von 19,95 Dollar unverzüglich überwiesen werden.

Mit freundlichen Grüßen
MARTIN BROTHERS
(Ihr *persönliches* Geschäft)

Beachten Sie die doppelte Botschaft, die solche Briefe enthalten. Fast alle Computer-Firmen verweisen auf die persönliche Form ihres Service. Durch die offene Botschaft wird der Kunde auch tatsächlich persönlich angesprochen. Sie scheint sehr präzise und vernünftig zu klingen, nur werden diese Eigenschaften – zugleich mit der impliziten Versprechung des persönlichen Service – von der völlig zusammenhanglosen Antwort auf den Brief von Herrn Thomas geleugnet. Diese Antwort bildet natürlich die indirekte Hälfte der doppelten Botschaft. Sie kann in der Tat folgendermaßen gelesen werden: »Wir interessieren uns überhaupt nicht für Sie. Wir wollen nichts als ihr Geld.«
Das Verrücktmachen durch den Computer kann, wie alles Verrücktmachen durch den Mangel an Wirkung, vorläufig durch eine Kapitulation aufgefangen werden. Die Botschaft heißt in Wirklichkeit, genau wie bei der Gehirnwäsche: Du kannst nur dann eine Wirkung auf mich ausüben, wenn du tust, was ich will.
Die typische, in einem Cartoon oder in Fernsehkomödien dargestellte Frühstücksszene zwischen Ehemann und Ehefrau veranschaulicht dieses Prinzip. Die Frau versucht, eine Wirkung zu erzielen, und der Mann versteckt sich hinter seiner Zeitung. Er antwortet auf alle ihre Äußerungen mit einem höflichen »Das ist aber schön«, gleichgültig, ob es sich darum handelt, daß Mutter einen Brief geschrieben hat oder daß der Wasserhahn tropft oder daß Frau Smith gestorben ist.
Der Ehemann setzt eine Art Filter vor die Wirkung. Dieser Filter läßt nur die Äußerungen passieren, die ihn interessieren – etwa, daß seine Frau zum Frühstück Benedict-Eier vorbereitet hat.
Alles in allem entspricht diese Komödie nur zu sehr der Wirklichkeit. Gewöhnlich ist sie jedoch komplexer strukturiert und verfolgt eine weitergehende Absicht. Und wie eigentlich immer beim Verrücktmachen, werden ihre Verfahrensweisen sehr früh

erlernt. Das, was wir den *selektiven Impact* nennen, kann man sehr deutlich bei Kindern beobachten, und zwar besonders gut in den so ausgezeichnet geplanten Vergnügungsparks. Das Kind wird durch eine geschickte Werbung so hoch motiviert, daß seine gewöhnliche Furcht vor direkten Aggressionen auf ein Minimum herabgesetzt ist. Außerdem ist es verwirrt durch die vielen Geräusche, die Farben und hektischen Bewegungen – deshalb klammert es sich an ein paar besonders beeindruckende Dinge. Die Eltern werden durch den gleichen Tumult und die gleiche Überforderung darauf vorbereitet zu kapitulieren.

Es ist sechs Uhr. Vater ist hungrig. »Komm, wir gehen etwas essen«, schlägt er mit einem zögernd ermunternden Lächeln vor.

»Da, sieh mal!« quietscht Davey. »Das Super-Maus-Haus! Wie im Fernsehen. Genau wie im Fernsehen! Komm, Papi!«

»Hör doch mal, du hast jetzt schon alles gesehen. Papi ist hungrig. Er muß sich ein wenig hinsetzen ...«

»Das Super-Maus-Haus! Komm, laß uns hingehen!«

»Davey, da ist doch eine elend lange Warteschlange. Ich kann einfach nicht ...«

»Junge!« ... Er zieht immer noch heftig an der Hand seines Vaters. »Sieh mal, die Lichter! Junge!«

»Davey« – entschlossen – »wir essen jetzt. Du kannst so einen Mause-Hot-Dog haben, wie du einen gewollt hast.«

»Komm *jetzt*!« Daveys Gesichtsausdruck wird immer dringlicher.

»Na gut. Nach dem Essen. Vielleicht warten dann auch weniger Leute. Wir haben ohnehin keine Karten mehr und müssen erst zurückgehen und neue kaufen. Aber nicht jetzt.«

Alle Eltern wissen, wie die Szene von jetzt an eskaliert. Vernünftige Erklärungen, Drohungen und Bitten zeigen keine Wirkung mehr. Vater hält seine aggressivsten Triebe zurück, weil doch ein ganz besonderer Tag ist, den sie schon lange geplant und auf den sie sich schon lange gefreut haben. Vater hat schon fünfzig Dollar investiert, damit es ein gelungener Tag wird. Eine schlimme, hysterische Szene braut sich zusammen.

Psychologisch gesehen sind verschiedene Arten des Verrücktmachens im Spiel. Das wesentliche Element allerdings ist leicht zu erkennen. Daveys offene Botschaft ist seine Freude, als er die Attraktion sieht, über die er schon so viel gehört hat. Seine Botschaft ist seine erregte Vorfreude. Sie erfüllt genau die Erwartungen seines Vaters, der sich bemüht hatte, ihm eine Freude zu machen.

Die Situation enthält jedoch auch eine indirekte Botschaft, die in Daveys gestreßtem und erschöpftem Gesicht zum Ausdruck kommt: »Wenn ich nicht gehen darf, wenn du mich davon abhälst, dann fange ich an zu brüllen.«

Daveys Vater jedoch ist gewappnet. Er hat das Gefühl, daß er nicht nachgeben kann. Deshalb versucht er durch alle möglichen Äußerungen seiner Gefühle und durch den gesunden Menschenverstand, Davey von seinem Vorhaben abzubringen. Doch Davey wird nur auf eines hören, sein Vater kann nur auf eine einzige Weise eine Wirkung auf ihn ausüben – indem er nachgibt.

Der aufmerksame Leser entdeckt wahrscheinlich auch noch andere sich widersprechende und verrücktmachende doppelte Botschaften. Er sieht vielleicht, wie kaltschnäuzig der Besucher in dem Vergnügungspark manipuliert wird, eine Kaltschnäuzigkeit, die sich so gar nicht mit der herzerwärmenden Dekoration in Einklang bringen läßt. Er wird verrücktgemacht, weil er gezwungen wird, zur Aufrechterhaltung der Illusion beizutragen. Als es Abend wird, ist Vaters verrücktmachende Erfahrung zu Ende. Doch es gibt auch verrücktmachende Erfahrungen mit Kindern, die zum Alltag gehören. Helen hat das Gefühl, daß sie durch ihre Ehe und ihre Mutterschaft nur noch eine selektive Wirkung erfahren kann. Mit der zweijährigen Ginny zusammen fühlt sie sich allmählich wie eine Maschine, die ihre Mutterpflichten erfüllt.

Angeregt durch ihre Lektüre beschließt sie, sie könnte ihr Gefühl dafür, daß sie auch als Person eine Wirkung erzielen kann, erneuern, indem sie wieder anfangen würde, Gedichte zu schreiben. Sie plant ihr neues Vorhaben sorgsam. Sie legt Ginnys Spielsachen vor sie hin und sagt zu ihr:

»Mami und Ginny spielen jetzt eine Weile jede für sich, nur zwanzig Minuten. Mami schreibt auf ihrem Papier, so, wie sie es im College getan hat. Und wenn Ginny lieb ist und in ihrem

Zimmer spielt, dann hält Mami eine große Überraschung für sie bereit. Mami hat Bananenkuchen für Ginny – wenn Ginny lieb ist und eine kleine Weile ruhig spielt.«
»Okay«, antwortet Ginny und schafft damit bei Helen die Erwartung, daß ihre Strategie erfolgreich war.
Zwei Minuten später hat Helen die erste Zeile aufgeschrieben, die ihr letzte Nacht im Bett eingefallen ist, als sie am Ellbogen gezogen wird. »Mami, ich will meinen Kuchen.«
Ihre Mutter kann sie anschreien, sie kann sich auf den Kopf stellen, sie kann sogar streiken, aber das wird ihr alles nichts nützen. Sie wird keinerlei Wirkung erzielen, außer, wenn sie Ginny den Kuchen gibt. Helen kapituliert und gibt ihr den Kuchen. Zwei Minuten später ruft Ginny nach Milch usw.
Helen wird die Wirkung verweigert, von der sie das Gefühl hat, sie könnte sie haben, wenn sie jeden Tag ein wenig schreiben könnte. (Denken Sie daran, daß das Gedicht eine Form der Kommunikation darstellt. Es verlangt nach Wirkung bei der Person, die es liest und zumindest sagt »Ich wußte gar nicht, daß du Gedichte schreibst« oder vielleicht sogar »Gar nicht schlecht!«).
Ginny beschränkt diese Wirkung selektiv, weil sie nach der Befriedigung eines grundlegenden menschlichen Bedürfnisses verlangt. Dieses Bedürfnis geht über Kuchen und Milch hinaus. Sie verlangt Reaktionen – einen ständigen, nicht nachlassenden Strom von reagierendem Verhalten ihr gegenüber – die ihr versichern, daß sie der *Mittelpunkt* von Helens Leben ist, daß sie im Zentrum der Existenz ihrer Mutter steht.
Erwachsene brauchen diese Versicherung, d. h. die Versicherung, daß sie als Lebensmittelpunkt eine Wirkung auf den Menschen ausüben, der ihnen wichtig ist, nicht so dringend. Dennoch handelt es sich hier um eines der stärksten Bedürfnisse, die befriedigt werden müssen, damit man seine geistige Gesundheit bewahren und sich als ganzer Mensch fühlen kann. Doch trotz seiner Bedeutung wird dieses Bedürfnis häufig nur indirekt ausgedrückt.
Eigentlich können wir sogar sagen, es wird gerade *wegen* seiner Bedeutung so häufig indirekt zum Ausdruck gebracht. Denn die

Dinge, die uns am meisten bedeuten, sind häufig auch am stärksten von unserer Angst besetzt. Wir wagen es wohl nicht, nach dem zu verlangen, was wir am liebsten wollen, weil wir nicht sicher sind, wie die Antwort ausfallen wird. Was tun wir, wenn sie *»nein«* heißt?

Ginny könnte ihre Frage nicht sehr direkt formulieren. Ken, ihr Vater, könnte es. Nur erkennt er sie gar nicht richtig und stellt sie auch nicht, obwohl sie seit Ginnys Geburt seine Gefühle immer mehr beherrscht. Er kann nichts dagegen machen, daß er sich durch das Baby zurückgesetzt fühlt. Natürlich muß Helen jetzt viel Zeit und Energie darauf verwenden, für Ginny zu sorgen und nicht für ihn.

So verbreitet sich das Verrücktmachen immer weiter; denn als Helens Bedürfnis, als Person eine Wirkung zu haben, immer bedeutender wird, und als Kens Bedürfnis zunimmt, der Mittelpunkt in Helens Leben zu sein, drücken sie diese Bedürfnisse immer indirekter aus.

Eine einfache Möglichkeit, durch die Helen z. B. ihre Existenz als erwachsener Mensch bestätigen kann, besteht darin, eine sexuelle Wirkung auf Ken auszuüben. Leider haben die beiden ein größeres Haus gekauft, als sie das Baby erwarteten, und dadurch mußten sie immer größere Rechnungen bezahlen. Ken machte zunächst Überstunden im Büro, dann nahm er sich auch Arbeit mit nach Hause. Deshalb hatten sie abends immer weniger Zeit füreinander und schliefen immer seltener zusammen.

Gleichzeitig hat Helens vorrangige Beschäftigung mit dem Baby in Ken Zweifel daran erweckt, daß er der Mittelpunkt ihres Lebens ist. Deshalb fürchtet er sich mehr davor, seine Zuneigung direkt und offen zu äußern, denn er hat Angst, zurückgewiesen zu werden.

Und so verhalten sich die beiden, die einander vorher unbeschwert und frei entgegengekommen waren, jetzt vorsichtig und indirekt. Es ereignen sich einige erschütternde Szenen.

Ken z. B. beginnt, einen Monat lang bis tief in die Nacht zu arbeiten. Nach zwei Wochen kauft Helen ganz spontan ein sehr durchsichtiges und weit ausgeschnittenes kurzes Nachthemd. Um zehn Uhr streckt sie ihren Kopf durch den Türspalt in Kens Arbeitszimmer. »Unterbreche ich dich?« fragt sie ihn.

»Oh nein«, antwortet Ken unaufrichtig, aber mit der Absicht, Helen in keiner Weise zu vertrösten. »Ich behalte den Gedanken im Kopf«, sagt er sich selbst.

»Ich habe mir heute ein Geschenk gekauft. Hoffentlich hast du nichts dagegen?« Sie kommt in sein Zimmer und zieht die Schultern zurück, um das Hemd voll zur Wirkung kommen zu lassen. Als Ken noch um sie geworben hatte, hatte er immer von ihrem Busen geschwärmt.

»Sagenhaft«, antwortet Ken, den ein unangenehmes Gefühl überkommt, als er daran denkt, daß jetzt ihre unbezahlten Rechnungen wieder höher sind, der aber wiederum nichts sagen will, das nach einer Zurückweisung klingt. »Es gefällt mir sehr gut«, sagt er. »Wirklich hübsch.«

Helen geht auf seinen Schreibtisch zu. »Ich habe es im Ausverkauf bekommen«, sagt sie, »zu weniger als dem halben Preis. Sieh doch mal, der Träger, ist er nicht wunderschön?« Sie lehnt über seinen Schreibtisch. Er sieht hin und nickt.

»Fühl doch, wie weich er um den Hals liegt.«

Er faßt nach dem Träger und berührt ihn. »Und wie weich er ist ... Wirklich schön.« Er interessiert sich nicht besonders für Kleider, und Helen weiß das auch. Aber wieder fügt er sich. Sie sagt ihm, er solle sagen, wie schön der Träger sei, deshalb faßt er ihn an und untersucht ihn sorgfältig. Er empfindet ein starkes Bedürfnis danach, seine Hand unter das Hemd schlüpfen zu lassen und ihre Brust zu fühlen, aber er unterdrückt dieses Verlangen. Sie könnte das Gefühl haben, er würdige ihren Kauf nicht genug.

Irgendwie entmutigt geht Helen einen Schritt zurück und dreht sich ein paarmal um sich selbst. Das Nachthemdchen flattert ein wenig. Es reicht nur ein kurzes Stück unter ihre Hüften. Als sie sich dreht, fliegt es ein paar Zentimeter höher.

»Das ist vielleicht hübsch«, sagt Ken anerkennend. Er denkt daran, daß er eigentlich ganz gut eine Stunde lang mit der Arbeit aussetzen könnte, zögert aber, es zu sagen. »Es ist sehr ... kurz, nicht?«

»Es ist ein Shorty. Eigentlich gehört ein Höschen dazu. Aber du hast früher immer gesagt, du wolltest nicht, daß ich eins trage. Deshalb fand ich es überflüssig.«

»Oh«, antwortet Ken, der sie völlig mißversteht und ihr immer noch das sagen will, was sie von ihm erwartet, der sich also immer noch auf das Nachthemd konzentriert. »Das ist schon okay. Trag ruhig eines, wenn du willst. Warum auch nicht?«

Ken und Helen haben eben eine Erfahrung gemacht, deren Ironie sie verrückt macht. Helen hat versucht, bei Ken eine sexuelle Wirkung zu erzielen. Nachher denkt sie, sie habe versagt.

In Wirklichkeit hat sie diese Wirkung erreicht. Ken wollte sie berühren, doch die offene Botschaft, die er erhielt, forderte ihn auf, sich auf das Nachthemd und nicht auf den Körper zu konzentrieren.

Die Vorbedingungen für diese Szene waren schon zu einem früheren Zeitpunkt festgelegt worden, nämlich als Ken nach Hause gekommen war. Er war eilig in die Küche gegangen. Seine Gedanken kreisten zärtlich um Helen, so daß er kaum bemerkte, daß Ginny in ihrem Hochstühlchen weinte und gerade ein Topf überkochte. Voller Freude schlang er seine Arme um Helen.

Das ärgerte Helen aus mindestens zwei Gründen. Zum einen schien er völlig über das hinwegzugehen, was sie als ihre persönliche Bürde betrachtete – nämlich das Weinen und den überkochenden Topf – und zum anderen gab er ihr die sexuelle Versicherung, die sie brauchte, gerade in dem Augenblick, in dem sie sie nicht annehmen konnte.

Zudem hatte Helen sich an diesem Nachmittag einfach drei Stunden frei genommen, um eine Veranstaltung in der Universität zu besuchen. Das wußte Ken. Er hatte gehofft, daß sie sich dadurch weniger gefangen und glücklicher fühlen würde, und daß sie ihm dann mehr geben könne. Statt dessen schien sie noch gereizter zu sein als sonst. Er dachte überhaupt nicht daran, daß sie unter Druck geraten könnte, weil sie mit der Hausarbeit rechtzeitig fertigwerden wollte. Ken, der einen Rückzieher machte, um einen Konflikt zu vermeiden, und wäre es auch ein Konflikt, der entstand, weil er die falschen Fragen stellte, zog sich auf den üblichen Dialog zurück: »Was gibt's zum Essen?« fragt er gewollt freundlich.

»Tiefgefrorenes Hähnchen«, antwortet Helen, »ich hatte noch keine Zeit ...«

»Oh«, unterbrach Ken sie ein wenig mißgestimmt, denn jetzt hatte er noch weniger das Gefühl, der Mittelpunkt ihres Lebens zu sein, als er es jemals gehabt hatte; jetzt mußte er nicht mehr nur hinter dem Baby, sondern auch noch hinter der Wissenschaft zurückstehen. »Ich glaube, ich mixe mir einen Drink.«

Durch diesen Vorfall war Ken dazu veranlaßt worden, seine Wünsche noch weniger selbstsicher zu äußern als gewöhnlich, als Helen ihm das Nachthemd zeigte. Denn als sie seine Umarmung abgelehnt hatte, hatte sie ihm seine sexuelle Wirkung abgesprochen, und dann war ihm seine Wirkung als Mittelpunkt mit dem gefrorenen Hähnchen abgesprochen worden.

Ganz eindeutig lesen und entreißen die beiden einander auch ihre Gedanken, als sie sich so verhalten, als wüßten sie, was der andere will. Ihre gegenseitigen Annahmen über ihre Gedanken und Gefühle wurden verstärkt durch ihre Angst davor, daß ihre Versuche, eine Wirkung beim anderen zu erzielen, scheitern könnten und dies veranlaßte beide zu einem verrücktmachenden indirekten Verhalten.

Schließlich sind zwei Menschen voneinander getrennt, die einander lieben und sich voneinander angezogen fühlen. Ken klopft mit seinem Bleistift auf seinen Schreibtisch, zu zerstreut, um richtig arbeiten zu können und verwirrt, weil er die Ursache nicht feststellen kann. Helen liegt im Bett und versucht, einen pornographischen Roman zu lesen, aber selbst der Sex zu dritt kann sie nicht fesseln. Beide zünden sich eine Zigarette an und starren ins Leere und denken daran, wie einfach und schön früher doch alles war, und sie fragen sich, warum die einfachen Dinge sie inzwischen verrücktmachen.

Zwei der wichtigsten verrücktmachenden Verhaltensweisen sind das Verdinglichen und der Kontextwechsel.

Wie der Name schon sagt, bedeutet das Verdinglichen, daß man einen Menschen eher als ein Ding denn als eine Gesamtpersönlichkeit behandelt. Der Mensch wird zu einem Hilfsmittel – wir können das immer wieder beobachten, wenn ein Tankwart oder ein Liftboy oft so behandelt werden, als seien sie lebende Zusätze einer Maschine. Wie wir schon früher bemerkt haben, läßt sich das innerhalb unserer kompliziert strukturierten Gesellschaft nicht immer ganz vermeiden. Aber wenn ein solches Verhalten unter einander vertrauten Menschen vorkommt, dann macht es einen tatsächlich verrückt.

Ein Beispiel für das Verdinglichen haben wir bei Helen kennengelernt, die sich allmählich nicht mehr wie Helen fühlte, sondern wie eine »Mutter« und »Ehefrau«. Denn wenn man einen Menschen nach seiner Rolle definiert, anstatt ihn als Gesamtpersönlichkeit zu sehen, dann entspricht das weitgehend einem Verhalten, das ihn nur als unpersönliches Objekt betrachtet.

Bekannte Persönlichkeiten haben genau aus diesem Grund häufig das Gefühl, sie hätten als Mensch keine Wirkung auf andere. Ian, ein Filmstar, hat sich mit Karen, einer jungen Sekretärin aus dem Büro seines New York Agenten getroffen und mit ihr einen romantischen Abend verbracht. Er war bezaubert von ihr. Er fühlt sich wieder jung. Er bittet sie, mit ihm in seine Hotelsuite zu kommen, und sie kommt auch. Er nimmt sie mit in sein Schlafzimmer, und sie geht mit ihm, ohne zu zögern.

»Komm näher«, sagt er und faßt nach ihrem Reißverschluß.

»Oh«, seufzt sie. »Das hast du genauso gesagt wie in *Ein Fremder in meinem Herzen.* Weißt du noch? Nach dem Mord bist du und Lilian Lance von einem Sturm überrascht worden, und ...«

»Nicht jetzt«, sagt Ian, der nicht mehr wissen will, was in diesem Film geschah. »Ich will einfach ich sein.«

»Aber das bist du doch«, sagt Karen. »So stark ... wie du sie auf deine Arme genommen und sie die Treppe hinaufgetragen hast ...«

»Das war ein Stuntman. Ich habe einen schwachen Rücken.«

»Mach dich nicht über mich lustig.« Sie lacht. »Ich kenne dich. Ich habe jeden deiner Filme gesehen seit ...«

Ian ist verdinglicht worden. Aber wenn wir uns die Situation einmal näher besehen, stellen wir fest, daß er sich selbst verdinglicht hat. Um Karen zu beeindrucken, hat er den ganzen Abend lang den Filmstar gespielt. Aber irgendwie hatte er ganz tief in seinem Innern gehofft, sie interessiere sich für *ihn.*

Auf einer Ebene, mit der wir es häufiger zu tun haben, präsentieren wir den anderen oft ebenso ein Bild von uns wie Ian es getan hat. Wir fürchten uns davor, uns als derjenige Mensch zu be-

haupten, der wir sind. Was wir sind, könnte nicht willkommen sein. Deshalb spielen wir den jungen Arzt, das unbeschwerte Mädchen, den harten Mann, oder irgendeine andere von tausend Rollen. Und dann, so widersinnig es klingen mag, macht es uns verrückt, daß unsere Wirkung der Wirkung dieses *Bildes* entspricht und nicht der unseres gesamten und inneren Selbst.
Es ist traurig, feststellen zu müssen, daß eine Beziehung, in die die Partner ein Bild von sich selbst vermitteln anstatt sich in ihrer persönlichen Gesamtheit zu zeigen, für beide zum gegenseitigen Verrücktmachen führen muß. Derjenige, der das Bild von sich schafft, fürchtet sich davor, es zu zerstören. Er muß es aufrechterhalten und gleichzeitig die Bedürfnisse seiner darunter verborgenen Persönlichkeit auf indirekte Weise befriedigen. Er sendet die Botschaften:
»Ich bin das Bild, das ich dir gezeigt habe.«
»Ich bin *nicht* das Bild, das ich dir gezeigt habe.«
Die Verhaltensweise, daß sich jemand hinter sein Bild zurückzieht und sich davor fürchtet, sich selbst zu behaupten, wird mit einem psychologischen Begriff häufig als *Rollenspiel* bezeichnet. Jeder von uns spielt in seinem Leben gelegentlich eine Rolle, weil es einfach manchmal notwendig ist.
Ein Kind ist z. B. hingefallen und hat im Gesicht eine schlimme Schürfwunde. In diesem Augenblick ist seine Mutter innerlich eine verängstigte 23jährige, die sich so hilflos und erschreckt fühlen kann wie wenn sie fünfzehn wäre. Doch sie übernimmt eine Rolle, weil das Kind es braucht. »Das haben wir gleich«, sagt sie, »Mutter weiß, was wir machen müssen.«
Und tatsächlich hilft das Rollenspiel der jungen Mutter, ruhig zu werden. Es hilft ihr dabei, vernünftig mit dem Unfall umzugehen.
Ken und Helen, die weiter oben versucht haben, eine Wirkung aufeinander zu erzielen, und die am Ende traurig und frustriert waren, begannen mit ihrem Rollenspiel, als sie verheiratet waren. Sie waren immer noch Ken und Helen. Aber sie waren auch Ehemann und Ehefrau. Und bald waren sie Vater und Mutter.
Das Rollenspiel hat einen bestimmten Nutzen. Aber man kann sich auch dahinter verstecken. Wenn wir nicht sicher sind, wie

willkommen eine Botschaft über uns selbst ist, können wir einen ungefährlicheren Weg wählen und die Familienrolle übernehmen. Dabei ist wichtig, daß wir unser Selbst indirekt zum Ausdruck bringen, und daß dies meist im Verrücktmachen endet. Helen z. B. will eine sexuelle Wirkung erreichen. Aber das ist in letzter Zeit ein wenig riskant geworden. Sie könnte abgelehnt werden. Doch wenn sie ihrem Mann die Kleider zeigt, die sie beim Ausverkauf erstanden hat, dann bewegt sie sich innerhalb der weiblichen Rolle. Dann heißt die Frage, hätte sie das Nachthemd kaufen sollen oder nicht – und nicht mehr so gefährlich »Findest du meinen Körper noch attraktiv?«

Familienrollen sind wie alle Rollen an sich schon Verrücktmacher, da sie selbst denjenigen, die sie spielen, eine gespaltene, manchmal widersprüchliche Botschaft über ihre Identität vermitteln. Eine Person *ist* die Rolle – sie *ist* aber zugleich etwas anderes.

Denken Sie auch daran, daß die meisten von uns, selbst in der Familie, mehr als nur eine Rolle haben. Ken hat seine Rollen als Brötchenverdiener, Vater, Handwerker, Finanzexperte, Beschützer usw. Und wenn schon eine einzige Rolle ein gutes Versteck vor einer offenen Behauptung seiner selbst ist, dann können mehrere sogar noch ein besseres, sichereres Versteck darstellen.

Eine Art des Kontextwechsels besteht darin, von einer Rolle in die andere zu schlüpfen, um so seine eigenen Aggressionen zu umgehen und die Aggressionen seines Partners abzuwehren – um schließlich den stärker mit Angst besetzten Konflikten aus dem Weg zu gehen.

Der Kontextwechsel ist in all seinen unendlichen Ausformungen wohl der umfassendste Verrücktmacher; denn seine Taktik enthält immer wieder neue Schichten von verrücktmachenden Ergebnissen. Der Haupteffekt jedoch besteht darin, die Wirkung zu verweigern.

Wir wollen noch einmal zu Ken und Helen zurückgehen. Beide sind ihren eigenen Gedanken nachgehangen, die darum kreisen, ob sie noch eine Wirkung auf den anderen haben, die sie zum Mittelpunkt seines Lebens macht. Beide haben tagsüber eine ganze Reihe von einzelnen Erfahrungen gemacht, die ihnen die Beantwortung dieser Frage nicht leicht machen. Dennoch fürchten sich beide davor, die Frage auszusprechen.

Ken ist nicht in der Lage zu arbeiten und geht ins Schlafzimmer. Er weiß eigentlich nicht recht, was er sagen will. Als er Helen sieht, weiß er nicht einmal mehr, ob er überhaupt etwas sagen will. Er sieht das Buch.

»Taugt es etwas?« fragt er.

»Hauptsächlich überzogener Sex«, antwortet sie. »Eine Dreiergeschichte.«

Vergessen Sie jetzt nicht, daß es beiden um ihre sexuelle Wirkung – und um die Symbolisierung ihrer grundlegendsten Fragen nach ihrer zentralen Bedeutung im Leben des anderen – geht, und daß sie sich davor fürchten, darüber zu sprechen.

»Oh«, sagt Ken nach einer langen Pause. »Interessant?« fragt er und lächelt ein wenig.

»Ich weiß nicht. Kann sein«, antwortet Helen. »Aber ich bin inzwischen ein solches Hausmütterchen, daß ich nicht weiß, ob ich überhaupt noch einen anderen interessieren könnte, und zwei andere wohl erst recht nicht mehr.«

»Jetzt aber«, erwidert Ken ein wenig ärgerlich. »Jeder Mann, der dich haben könnte, würde dich wollen ...«

»Ich bin ja jeden Abend genau hier«, sagt sie mit einem Anflug von Bitterkeit. »Sag doch mal, wenn das Mädchen aus deinem Büro, wenn Doris vor einer Weile ohne Höschen in deinem Büro gewesen wäre, hättest du dir dann den Träger auch so genau angesehen?«

»Du hast doch gesagt, ich solle ihn mir ansehen. Wenn du es genau wissen willst, ich hatte unheimliche Lust ...« Er hört auf zu reden.

»Aber du hast nichts getan, oder etwa doch?«

»Helen, es ist nur, daß ich nicht weiß, wie wir eigentlich zueinander stehen«, bricht es aus ihm heraus. Doch dann wendet er sich rasch von seiner wirklichen Äußerung ab und gebraucht die Taktik, die wir das *Schuldgeben* nennen. »Du hast dich verändert. Du bist empfindlich geworden. Du bist unglücklich über viele Dinge. Was ist los mit dir?«

»Was meinst du?« Sie blockt ab.
»Na ja, es ist so schwer an dich heranzukommen.«
»Heranzukommen? Ich bin gerade halb nackt zu dir gekommen, und du hast nichts gesehen außer der Handarbeit. Du warst verärgert, weil du nächtelang arbeitest und ich dein Geld ausgebe. So ist es doch, oder stimmt das etwa nicht?«
»Das Geld hat gar nichts damit zu tun.«
»Nein, warum arbeitest du dann nachts?«
Der Kontext ist gerade vom Sex zum Geld gewechselt worden.
»Ich mache es für dich«, antwortet Ken, »für meine Familie. Ich liebe dich, Helen.«
»Du hast mir früher ganz gut zeigen können, wie du mich liebst. Du bist mir auf Schritt und Tritt gefolgt. Aber nachdem das Baby geboren war ...«
»Du weißt ja noch, daß sich einiges geändert hat, nachdem das Baby geboren war. Ich will damit sagen, mit deiner Mutter im Nebenzimmer verstehe ich schon, warum du dich nicht unbefangen verhalten konntest ...«
»Jesus, du wirst doch nicht dein mangelndes Interesse an mir jetzt auch noch auf meine Mutter schieben!«
»Das habe ich nicht gesagt. Ich habe nur versucht zu verstehen, warum *du* keine Lust hattest, und ...«
»Wenn es dich ärgert, daß ich das Nachthemd gekauft habe, warum sagst du das dann nicht einfach? Ich habe dich ein Dutzend Mal gefragt, ob wir nicht einen Haushaltsplan aufstellen sollen. Dann wüßte ich, was ich kaufen kann und was nicht. Ehrlich gesagt, ich glaube, du genießt es, daß du über jeden Pfennig entscheiden kannst.«
»Hey, ich habe nie vom Geld geredet. Ich will versuchen festzustellen ...«
»Na gut, dann sag ehrlich, findest du, ich brauche ein neues Nachthemd?«
»Ich glaube nicht. Aber ...«
»Du meinst also, ich sei verschwenderisch gewesen.«
»Ich sagte nicht verschwenderisch – nur, es sei nicht nötig.«
»Deshalb meine ich, ich sollte mich nach einem Job umsehen. Demnächst wird eine neue Kindertagesstätte eröffnet. Dort

könnte ich Ginny hinbringen, und du könntest nicht mehr so viel über das Geld klagen. Du könntest es nicht mehr als Ausrede verwenden ...«

Jetzt ist der Kontext endgültig gewechselt. Die zentrale Frage und die Möglichkeiten, sie zurückzuweisen, sind jetzt umgangen. Aber eine möglicherweise bedeutungsvolle Kommunikation ist erstickt worden. Frustrierter Ärger macht sich breit. Doch die wirre und ungeordnete Äußerung der Feindseligkeit trägt wenig zum persönlichen Wachstum bei. Sie kann die Vertrautheit zwischen den Menschen nicht erhöhen.

Ken und Helen wollten eigentlich eine Wirkung aufeinander haben und wissen, welche Wirkung sie hatten. Und alles, was sie durch diesen Streit erfahren haben, in dem sie sich nach und nach immer weiter von ihrem eigentlichen Thema entfernten, ist, daß sie sich beide frustriert fühlen, und daß aus ihrer Frustration Ärger entsteht und mit dem Ärger eine traurige und leere Distanz zwischen ihnen.

So zerstört das Verrücktmachen, das die Wirkung abblockt, die Beziehung zwischen den Partnern. Wer das Recht auf Wirkung opfert, gewinnt genauso wie derjenige, der irgend ein anderes der Rechte auf geistige Gesundheit opfert, nur eine zeitlich begrenzte Sicherheit vor der drohenden Aggression. Und der Preis dafür ist bedauerlich hoch.

Der Bereich, in dem oft der Schlüssel zur Kommunikation liegt, wird zum Abseits erklärt, zu einem Bereich, in dem sich keiner bewegt. Hier wird eine Barriere vor einem leeren Raum errichtet, vor einer neutralen Zone, einem Ort, an dem keine Ausübung der Wirkung versucht werden darf oder zugelassen ist, einer Quelle des Verrücktmachens.

So ironisch es letztlich klingt: Der richtige, auf eine andere Weise abgesteckte Raum ist nicht nur psychologisch gesund, sondern sogar psychologisch notwendig. Und die Versuche, auf den zu Recht behaupteten Raum überzugreifen, können eine grundlegende Methode des Verrücktmachens darstellen.

Das Recht auf Raum

Das Recht auf Raum – auf ein eigenes Territorium – ist in vieler Hinsicht das selbstverständlichste aller Rechte. Dieses Recht wird nicht nur von den meisten Menschen verstanden, sondern sie akzeptieren es auch und behaupten das ihre sehr freimütig und sicher.

Denken Sie nur an die Vielzahl von Schildern mit der Aufschrift DURCHGANG VERBOTEN, NUR FÜR MITGLIEDER, KEIN EINGANG, PRIVAT, EINTRITT VERBOTEN, DIE DURCHGANGSGENEHMIGUNG KANN JEDERZEIT AUFGEHOBEN WERDEN. Oder denken Sie an all die Linien und Mauern und Zäune, die wie eine Spinnwebe unseren Planeten überziehen.

Darüber hinaus ist dieses Gefühl für das eigene Territorium ganz deutlich mit einigen sehr tiefen und starken – ja sogar heftigen – Emotionen verbunden. Wenn unsere territorialen Rechte eingeschränkt sind, entwickeln wir meist sehr intensive Gefühle.

Häufig sind unsere Erwartungen, daß unser Recht auf Raum respektiert wird, so stark, daß wir einen Augenblick lang schokkiert und verwirrt sind, wenn dieses Recht anscheinend verletzt worden ist. Einen Augenblick lang verschlägt es uns die Sprache, wenn sich jemand auf unseren Parkplatz stellt, wenn er sich vor uns in eine Warteschlange drängelt oder unseren reservierten Platz im Flugzeug oder im Fußballstadion besetzt. Ebenso ergeht es uns, wenn ein Fremder über unser Grundstück geht oder in unsere Schlafkoje hereinkommt.

Die auf einen solchen Vorfall folgende Erregung und Unsicherheit machen uns verrückt, aber nur in einer sehr unbedeutenden Weise; denn diese Gefühle sind zwar tief empfunden, aber sie halten nicht lange vor. Sie verwandeln sich rasch in einen einfachen, selbstsicheren Ärger und in Entrüstung.

Unser Verhältnis zum Raum ist so offensichtlich, daß viele auf den ersten Blick nicht verstehen können, wie jemand ernsthaft dadurch verrücktgemacht werden kann, daß ein anderer in sein Territorium eindringt. Und doch ist es so.

Psychologisch gesehen gehört das Recht auf Raum zu den kompliziertesten Materien; denn es gibt wichtige Räume – vom schemenhaften Territorium der Zeit bis zu den innersten Räumen des Denkens und Fühlens – bei denen nicht so eindeutig feststeht, wo ihre Grenzen liegen und wem sie gehören. Es gibt territoriale Übergriffe, die so unmerklich sind, daß wir nicht einmal sicher sind, ob es sich um solche handelt oder nicht. Und diese kaum zu erkennenden Übergriffe und unsere Unsicherheit in ihrer Beurteilung lassen uns häufig zögern, halten uns davon ab oder machen es uns sogar unmöglich, unseren Raum zu verteidigen. Solche sehr häufig vorkommenden Vorfälle können der Ursprung des schlimmsten und schmerzlichsten Verrücktmachens sein.

Maureen hatte sich seit dem frühen Morgen um die Kinder gekümmert. Um neun Uhr abends endlich liegen die drei Kleinen alle im Bett.

Maureen geht ins Wohnzimmer und fühlt sich eigenartig erleichtert, als sie sieht, daß ihr Mann gebannt vor dem Fernsehgerät sitzt. Sie setzt sich in einen bequemen Sessel, ihren gemütlichsten Lieblingssessel, und läßt ihren Gedanken freien Lauf.

»Hey, das solltest du dir wirklich ansehen«, sagt Greg. »Soll ich dir erzählen, was bis jetzt passiert ist?«

Maureen ist verstimmt. »Nein, nein, laß nur. Du weißt, daß ich solche Filme von Anfang an sehen muß, weil ich sonst nicht mehr mitkomme.«

»Die Handlung ist ganz einfach«, erwidert Greg. »Der Große weiß nicht, daß er den falschen Koffer genommen hat, und jetzt meint der fremde Agent, er sei der Kurier. In Wirklichkeit ist er aber einfach ein Briefträger, der früher mal Fußball gespielt und Kriegsbilder gemalt hat. Verstehst du, was ich meine? Sein Alltag sieht genau so aus, als ob ... Oh, es geht weiter. Aber du wirst schon sehen.«

»Ja, ja, ich sehe schon«, antwortet Maureen, die sich in keine Diskussion einlassen will. Der Film geht weiter, und aus irgendeinem Grund wandern Maureens Gedanken zurück zu dem Sommer, in dem sie neunzehn war und mit Arthur stundenlange Spaziergänge im Wald unternahm.

»Hey, Maureen«, sagt Greg zu ihr, »du siehst ja gar nicht zu.« Seine Stimme klingt ein ganz klein wenig verletzt. »Wenn du schon nichts tust, würde es dir dann etwas ausmachen, mir eine Tasse Kaffee aufzubrühen? Pulverkaffee ist okay.«

Maureen hat keine Lust dazu, aber sie geht über ihr Gefühl hinweg. Warum sollte sie sich auch ärgern? Er will nichts von seinem Film versäumen, und sie sieht nicht zu. Dennoch steht sie nur langsam auf.

»Sind noch ein paar Schokoladenkekse da?« fragt Greg, als sie hinausgeht.

»Hast du an den Zucker gedacht?« will er ein paar Minuten später wissen, als er einen Schluck genommen hat.

»Ich dachte eigentlich«, antwortet seine Frau und steht wieder auf. »Ich hole dir die Zuckerdose. Oh, verdammt«. Plötzlich erinnert sie sich. »Ja, das war es. Weißt du, Timmy hat heute nachmittag die Zuckerdose kaputt gemacht, als er versuchte, auf einem Stuhl zu stehen, weil er mir beim Eintopfkochen zuschauen wollte. Er war eigentlich nicht schuld daran, denn er stand auf dem Stuhl mit dem wackligen Bein, von dem du immer wieder sagst, du würdest ihn reparieren. Weiß du, Greg, ich könnte das Bein ja auch selbst befestigen. Du müßtest mir nur sagen, wo der weiße Klebstoff ist, der ...«

»Liebes, können wir das nicht später besprechen? Der Film ...« sagt Greg ein wenig angespannt.

»Oh, tut mir leid«, antwortet Maureen. Sie geht und holt die Zuckerdose von ihrem Feiertagsgeschirr. Doch aus irgendeinem Grund vergißt sie, einen Löffel mitzubringen.

Hier wurde das innere Territorium mehrmals in geringfügiger, aber ärgerlicher Weise übertreten. Zunächst will Greg Maureen das aufzwingen, was ihn gerade interessiert. Seine Gründe dafür sind harmlos. Die meisten von uns sehen einen guten Film oder ein aufregendes Spiel lieber mit jemand anderem zusammen an. Maureen wehrt sich dagegen, weil sie nach einem ganzen Tag mit den Kindern ihr inneres Gleichgewicht wiederfinden muß; sie braucht Zeit für ihre Gedanken und Gefühle; denn wenn man nur mit den Gedanken und Wünschen der anderen beschäftigt ist, mit ihren Forderungen und den praktischen Notwendigkeiten, dann verliert man in der Tat allmählich das Gefühl für seine eigene Identität – oder sogar für seine eigene Existenz. Die »gefangene« Hausfrau ist zumindest teilweise im Raum der anderen gefangen. Sie hat das Gefühl, man habe ihr ihren eigenen Raum genommen.

Eine Schwierigkeit im Umgang mit dem inneren Raum besteht darin, daß er unsichtbar ist. Greg kann nicht sehen, daß sich Maureen gerade in den ihren zurückgezogen hat. Deshalb erscheint es ihm nur natürlich, von ihrer scheinbaren Untätigkeit zu profitieren.

Maureen ist bewußt, daß sie sich darüber ärgert, aber sie erkennt nicht genau, warum das so ist. Sie hat keinen guten Grund, um Gregs Wunsch zurückzuweisen. Und weil sie sich auf schwankendem Boden befindet, ist sie weniger dazu motiviert, ihr Recht auf Raum offen zu behaupten. Ihr Widerstand dagegen, wegen einer so geringfügigen und unklaren Angelegenheit einen Konflikt heraufzubeschwören, führt jedoch dazu, daß sie zum Verrücktmacher wird.

Ihre offene Antwort an Greg heißt »ja«. Doch im Verrücktmacher-Kode heißt die Tatsache, daß sie den Zucker vergißt, »nein«.

Als Maureens innerer Raum von neuem wegen des fehlenden Zuckers verletzt wird, möchte sie andererseits sagen »Hol ihn dir selbst«. Aber sie ist sich wiederum ihrer Rolle nicht sicher; tatsächlich fühlt sie sich sogar im Unrecht.

Als sie zurückkommt, dringt sie aus diesem Grund mit einem langen Bericht über die Zuckerdose in Gregs Raum, das Fernsehen, ein. Beachten Sie, daß das Wesentliche an diesem Bericht – neben der Unterbrechung, die er darstellt – darauf hinweist, daß Greg vielleicht kein unbestrittenes Recht darauf hat, fernzusehen, weil der Stuhl repariert werden muß.

Greg kann diese Unterbrechung offen zurückweisen – auch wenn er sich innerlich durch die Forderung wegen des Stuhls getroffen fühlt – weil die gesellschaftliche Konvention bestimmte räumliche Rechte festlegt. (Es ist tabu, einen anderen offen zu unterbrechen). Er fühlt sich sogar so frei, auf den fehlenden Löffel hinzuweisen.

Maureen geht den Löffel holen, als das Telefon klingelt. Sie nimmt in der Küche den Hörer ab. Es ist ihre beste Freundin Terry.

»Unterbreche ich dich bei etwas?« fragt sie, und Maureen wundert sich, warum diese Frage sie so sehr ärgert.

»Nein«, antwortet sie nach einem kurzen Augenblick. »Ich saß nur da. Ich habe gerade die Kinder zu Bett gebracht.«

»Du, ich muß mit jemand sprechen. Meine Schwester hat heute angerufen; sie will die Kinder herbringen. Sie sagt, sie hält es in ihrer Ehe nicht mehr aus. Und du weißt ja, wie Charlie meiner Schwester gegenüber eingestellt ist. Hier ist die Hölle los, und ich muß einfach ...«

Vierzig Minuten später hat sich Terry ausgesprochen. Während des Gesprächs kam Greg in die Küche und knallte drei Schubladen auf und zu, bevor er den Löffel fand, den er suchte.

Jetzt sitzt Maureen wieder in ihrem Sessel und denkt von neuem an den Sommer damals, in dem sie so unbeschwert war. Eigentlich ist sie in ihren Gedanken gerade mit Arthur in dessen Doppelschlafsack, als sie durch eine leichte Berührung ihres Armes erschreckt aus ihren Erinnerungen gerissen wird. »Mami«, fragt eine kleine Stimme, »warum haben Elefanten so große Ohren?«

»Herrgott nochmal!« explodiert Maureen.

Der vierjährige Timmy verzieht sein Gesicht, als wolle er weinen.

»Um Gottes willen«, sagt Greg, »warum brüllst du denn das Kind so an? Er hat dich doch nur etwas gefragt. Und kann ich den letzten Teil hier eigentlich nicht in Ruhe ansehen? Es ist kein Wunder, daß Timmy immer noch am Daumen lutscht, wenn du so mit ihm umspringst.«

Maureen verkneift sich eine ganze Reihe von Antworten. »Ich war nur erschreckt. Das ist alles. Schließlich bin ich auch nur ein Mensch. Komm, Timmy. Mami hat es nicht so gemeint. Du hast sie nur erschreckt. Komm, wir gehen wieder ins Bett, und Mami liest dir noch etwas aus deinem Elefantenbuch vor.«

Als Maureen zwanzig Minuten später wieder ins Wohnzimmer zurückkommt, hat sie ihren Mantel angezogen. »Wo gehst du hin?« will Greg wissen.

»Ich ... ich brauche nur ein paar Minuten für mich selbst«, antwortet Maureen. »Ich möchte nur allein um den Block gehen.«
»Okay«, sagt Greg und wendet sich wieder seinem Film zu. Sie ist schon fast an der Tür, als er ihr nachruft: »Hey, Maureen ... Wenn du ohnehin spazierengehst, könntest du ja ebenso gut den Hund mitnehmen ...«
Maureen dreht sich abrupt um und will sich entschieden dagegen verwahren. Sie will *allein* sein. Doch sie fängt sich wieder. Schließlich ist Greg nur vernünftig. Wie sollte ein Hund sie bei ihrem Spaziergang stören? Dennoch holt sie die Leine mit zusammengebissenen Zähnen und knallt die Schranktür zu. »Was ist denn *nun* wieder los?« fragt ihr Mann, der sich nach ihr umdreht und ihren angespannten Gesichtsausdruck sieht.
»Nichts. Überhaupt nichts«, schnappt sie zurück. »Ich führe den Hund aus, das siehst du doch.«
»Hey, kriegst du deine Periode, oder was ist los?« will Greg wissen, der versucht, sich ihre Reaktionen zu erklären.
Als das Zuschlagen der Haustür verklungen ist, fängt Timmy an zu weinen. »Mein Gott«, brummt Greg, »kann man in diesem Haus denn niemals seinen Frieden haben?«
Er merkt gar nicht, daß er mit dieser einfachen und traditionellen Frage den Raum einer ganzen Familie besetzt.
Warum hat unser Recht auf Raum eine so große emotionale Bedeutung, auch wenn es oft nicht eindeutig festgelegt ist? Warum sind wir in dieser Beziehung so empfindlich?
In den letzten Jahren hat es viele Diskussionen um das persönliche Territorium gegeben. Und zwei Theorien haben dabei ganz besonders die allgemeine Aufmerksamkeit auf sich gezogen.
Die erste ist vor allem anthropologisch begründet. Anthropologen haben festgestellt, daß andere Lebewesen als der Mensch offensichtlich genauso oder noch sensibler reagieren, wenn jemand in ihr Territorium eindringt. Daraus haben sie abgeleitet, daß wir alle ein angeborenes Bedürfnis nach einem persönlichen Raum haben. Und sie sehen kaum einen Unterschied zwischen dem Hund, der anfängt zu knurren, wenn jemand seinem Schlafplatz zu nahe kommt und dem Menschen, dessen Lieblingsplatz von einem anderen besetzt wird.

Wie wir im Fall von Maureen und Greg und ihren Grenzkonflikten wegen ihres schwierig zu bestimmenden inneren Raumes gesehen haben, handelt es sich bei dem Problem des persönlichen Territoriums nicht um eine einfache Angelegenheit. Unabhängig davon, ob alle Lebewesen ein angeborenes Gefühl für den persönlichen Raum haben oder nicht – weder das eine noch das andere kann bewiesen werden – reicht diese Vorstellung nicht aus, um die komplizierten Feinheiten des Problems zu erklären, wie wir sie jeden Tag erleben.

Man geht davon aus, daß wir den persönlichen Raum hauptsächlich brauchen, um uns von den anderen isolieren zu können. Dieser Raum soll uns vor dem Streß bewahren, den das Zusammenleben mit anderen Menschen mit sich bringt; denn je mehr unser Leben von den Wünschen, den Gedanken und den Gefühlen der anderen beherrscht ist, desto weniger Freiheit besitzen wir, um uns um »»unsere Angelegenheiten zu kümmern.«

Es ist richtig, daß wir um so unabhängiger werden, je mehr unsere Existenz nur uns selbst betrifft. Es stimmt auch, daß wir um so seltener einen leidvollen Konflikt erleben, je weniger wir die Liebe, die Hilfe und die Teilnahme der anderen brauchen.

Doch es stimmt ebenso, daß mit unserer Freiheit auch unsere Einsamkeit zunimmt. In einer solcherart autonomen Existenz werden die Grenzen des persönlichen Raumes zu Befestigungen und Gräben, zu festen Barrieren, die den anderen ausschließen. Und sobald in einer Beziehung Probleme auftauchen, werden die Befestigungen hochgezogen und die Gräben geflutet.

»Du kümmerst dich um deine Angelegenheiten und ich mich um meine« heißt der Leitsatz einer solchen Einstellung. »Sobald wir uns nicht mehr wohlfühlen, weil unsere Bedürfnisse oder unsere Ziele im Widerspruch zueinander stehen, kehren wir einander einfach den Rücken.«

Diese Haltung ist bis zu einem gewissen Maß sinnvoll, denn eine *übermäßige* Abhängigkeit von anderen kann gefährlich werden. Alle unsere Gedanken und Gefühle werden dann der Beziehung untergeordnet. Und wir können zu der Überzeugung gelangen, daß das Überleben der Beziehung die Voraussetzung für unser eigenes Überleben ist.

Auf diese Weise entsteht eine furchtbare Angst vor Konflikten, d. h. wir meinen allmählich, jeder einzelne Konflikt bedrohe die Grundfesten unserer Existenz und müsse deshalb um jeden Preis vermieden werden. Jede Äußerung des Selbst wird dann zu einer großen und unannehmbaren Gefahr. Und schließlich diktiert uns die Angst das Verrücktmachen als einzige noch vorhandene Möglichkeit, uns selbst zu behaupten.

Dagegen führt uns die Vorstellung vom Territorium als einem unüberwindbaren Puffer gegen die anderen zum anderen Extrem. Eine solche Einstellung führt zugleich zur Isolation. Und wie wir schon in einem früheren Buch (*Pairing*) festgestellt haben, kann uns die Isolation als solche um den Verstand bringen; denn wir brauchen die Wechselbeziehung (Interaktion) mit den anderen, um unsere Existenz zu bestätigen und um unseren Handlungen eine Bedeutung zu verleihen, um Einfluß ausüben zu können.

Zwischen diesen beiden Extremen liegt eine psychologisch empfehlenswerte Mitte. In diesem Mittelpunkt besteht ein Gleichgewicht – zwischen hoher Abhängigkeit und hoher Autonomie; denn wir können weder unseren ganzen persönlichen Raum abgeben, noch hinter undurchdringlichen Mauern leben und dabei trotzdem geistig gesund bleiben.

Wir brauchen also eindeutig eine Konzeption des persönlichen Territoriums, die uns hilft, die damit zusammenhängende emotionale Intensität zu erklären, und die uns zeigt, welche Rolle dieser Raum in unserem emotionalen Haushalt spielt. Ein solches Konzept muß allerdings ein gewisses Maß an Flexibilität zulassen, so daß unser Territorium uns einmal Schutz bietet und daß wir es dann wieder öffnen können, um die Voraussetzung für Interaktion, Teilnahme und Vertrautheit zu schaffen.

Eine im Grunde einfache Vorstellung bildet die Voraussetzung für diese Konzeption, nämlich das Verständnis unseres Raumes als einem Teil unserer Identität.

In dieser Sicht müssen wir unsere persönlichen Grenzen abstekken, um uns selbst zu definieren, um sagen zu können »Hier endet die übrige Welt, und hier beginne ich« oder vielleicht »Hier endest du und dein Einfluß, und hier beginne ich und die Sphäre meines Einflusses.« Hier steht nichts anderes als unsere Identität selbst auf dem Spiel. Weil wir uns zum Teil über unser Territorium definieren, sind wir so verärgert, wenn dieses Territorium nicht von den anderen anerkannt und respektiert wird. Ein Übergriff auf unser Territorium ist gleichbedeutend mit einer Leugnung unserer Existenz. Zumindest deutet die mangelnde Anerkennung unseres Raumes darauf hin, daß wir keine Bedeutung haben, daß wir nicht wichtig sind.

So gesehen fällt es überhaupt nicht schwer zu erkennen, warum wir so verärgert, so außer uns sind, wenn jemand auf einen Raum übergreift, der ganz eindeutig uns gehört. Und aus diesem Verständnis heraus können wir auch leicht erkennen, welche starken Emotionen wir verdrängen müssen, wenn uns ein weniger deutlich abgestecktes Territorium durch einen Trick oder mit Gewalt genommen wird. Diese Sicht der territorialen Rechte erlaubt uns eine wesentlich präzisere Untersuchung; denn unsere psychologischen Grenzen sind außerordentlich wichtig, aber zugleich auch flexibel. Sie verändern sich.

In einem bestimmten Augenblick kann es z. B. wichtig für uns sein, daß wir wie Maureen in der vorausgegangenen Geschichte unseren Gedanken nachhängen. Und im nächsten Augenblick macht es uns Spaß, unsere Gedanken und Gefühle einem vertrauten Menschen mitzuteilen. So dringend, wie wir den Impact auf andere als Beweis dafür brauchen, daß unser Handeln wirklich ist, daß wir Wirklichkeit sind, so sehr brauchen wir manchmal jemand, der in unseren Raum hereinkommt und uns dadurch bestätigt, daß unsere Gedanken und Gefühle bedeutungsvoll sind. Dieses Bedürfnis kann so einfach befriedigt werden, wie jemand sagen kann »Ich weiß, wie du dich fühlst. Ich kenne dieses Gefühl auch.«

Dies sind die Gründe dafür, daß das Territorium und seine Grenzen nicht starr aufrechterhalten werden müssen. Wir wollen nicht jeden immer ausschließen, aber wir brauchen die Bestätigung, daß wir unser Territorium kontrollieren, ebenso dringend, wie unsere Haustür ein Hindernis ist, das wir vor einem unerwünschten Vertreter errichten, und zugleich ein offenes Tor, an dem wir einen Freund willkommen heißen.

Das Wesentliche dabei ist, daß wir selbst entscheiden können, ob wir die Tür öffnen oder schließen wollen. Das gilt selbst für die geringfügigsten räumlichen Konflikte. Wir mögen uns in einem Augenblick nach einem Sitzplatz im Bus drängeln und im nächsten eine wirkliche Freude dabei empfinden, diesen territorialen Raum einer gebrechlichen alten Dame anzubieten.

Das Verrücktmachen kann uns allerdings leicht dazu verleiten, diese Kontrollrechte abzutreten. Das ist selbst dann so, wenn der Raum, um den es geht, so klar abgegrenzt ist wie nur möglich. Ganz besonders lassen wir uns verrücktmachen, wenn wir als ein Bild unserer selbst behandelt werden. Dafür gibt es einen einfachen Grund, den wir schon früher erklärt haben: Ein solches Verhalten betrachtet den anderen als Stereotype. Es handelt sich hier um eine Form der »Verdinglichung«.

Dieses Phänomen taucht in vielen verschiedenen Formen auf. In der oben beschriebenen Geschichte, in der Maureen ihr Recht auf ihren persönlichen Raum nicht behauptet – d. h. in diesem Fall, ihr Recht auf ein wenig Zeit für ihre eigenen Gedanken – reagiert sie auf ein Bild von ihrem Mann, ihrem Kind und ihrer Freundin. Sie behandelt sie, als würden sie ihr Recht auf ein wenig Zeit für sie selbst nicht anerkennen, als würden sie alle ihren Anspruch auf persönlichen Raum über den ihren stellen. Maureen versäumt es, ihre eigenen Ansprüche zu behaupten und verhält sich dennoch so, als wüßten die ihr vertrauten Menschen, was sie will und als verweigerten sie es ihr trotzdem.

Wir sollten vielleicht darauf hinweisen, daß es kleinen Kindern schwerfällt, mit der Behauptung des Rechts auf Raum umzugehen, wenn sie es mit Erwachsenen zu tun haben. Eine Ursache dafür ist die begrenzte Fähigkeit zur Einsicht bei sehr kleinen Kindern. Aber noch wichtiger ist vielleicht, daß Kinder von ihren Eltern das Bild von besonders mächtigen Menschen haben. Sie neigen dazu, bei ihren Eltern eine Art Monopolstellung auf alle Rechte zu vermuten und glauben, sie selbst hätten fast gar keine Rechte.

Natürlich ist diese Vorstellung von einem so ungleichgewichtigen Machtverhältnis ein Schlüssel zu der Tatsache, daß Kinder so ausgeprägte Verrücktmacher sein können. Sie verfügen nur über wenig Raum, den sie kontrollieren können. Wie oft kommt es vor, daß die Eltern eines vierjährigen Kindes dessen territoriale Rechte anerkennen, etwa, indem sie seine geschlossene Tür respektieren, oder indem sie seiner Bitte nachkommen, eine bestimmte Schublade nicht zu öffnen? In Wirklichkeit löst auch nur die zaghafteste Behauptung eines solchen Rechts häufig die schlimmsten Vermutungen bei den Eltern aus. Warum ist Timmy so still? Was macht er hinter seiner geschlossenen Tür? Es ist nicht verwunderlich, daß Kinder so häufig dazu getrieben werden, die anderen verrücktzumachen, um auf diese Weise überhaupt ein Recht zu behaupten. Wir Erwachsene behalten uns gern das Recht vor, jederzeit in ihren Raum einzudringen. So vermitteln wir einem Kind leicht das Gefühl, es besitze keine territorialen Rechte, denn seine Erfahrung gibt ihm ja recht. Bei älteren Kindern und Erwachsenen kann die fehlende Anerkennung der territorialen Rechte zu ernsthaften Krisen und zur Auflehnung führen. Um das verstehen zu können, brauchen wir nur daran zu denken, daß sich ein Kind in seiner normalen Entwicklung ein eigenes Territorium schaffen und bewahren muß.

Die Neigung, sich auf das Bild eines vertrauten Menschen zu stützen, anstatt sich mit der Wirklichkeit auseinanderzusetzen, wird von skrupellosen Menschen gern ausgenützt. Das kann man beobachten, wenn Mütter ihre Forderungen nicht offen vertreten, sondern sie auf das Bild des Vaters übertragen und zugleich ein sehr strenges Bild von ihm entwerfen.

Katie z. B. möchte mit ihrer Klasse aus der High School auf eine Ski-Freizeit gehen und dort auch übernachten. »Ich verstehe schon, daß du gern fahren möchtest, Liebes«, antwortet ihre Mutter, »und ich weiß, daß wir uns auf dich verlassen können. Aber du kennst ja deinen Vater; er explodiert schon, wenn du ihn nur darum bittest.«

In Wahrheit denkt diese Mutter genau so, wie sie es dem Vater unterstellt. Vielleicht ist der Vater sogar großzügiger. Aber die Mutter will nicht als der Bösewicht dastehen. Sie will ihre kritischen Vorstellungen darüber, was eine Sechzehnjährige tun und lassen soll, nicht offen vertreten.

Auf diese Weise blockt sie Katies Bitte ab, indem sie das Bild vom Vater als dem Aggressor einsetzt und so ihre eigenen Aggressionen verleugnet. Außerdem hindert sie Katie daran, sich an ihren Vater zu wenden und besetzt damit gewissermaßen einen Teil von Katies Rechten innerhalb des väterlichen Territoriums.

Dieser Kunstgriff dient häufig der Absicherung der jeweiligen Machtposition. Viele Sekretärinnen und Empfangsdamen wenden ihn an. Sie nehmen sich einen Teil der Macht ihres Vorgesetzten, indem sie sich die Kontrolle über einen Teil seines Raumes oder seiner Zeit aneignen. Sie kontrollieren den Zugang zum Inhaber der Macht. Und je stärker sie ihn oder sie überhöhen, desto eher gelingt es ihnen, einen Teil seiner oder ihrer Macht auszuüben.

Der erfolgreiche Handelsvertreter ist häufig ein Meister in der Manipulation von inneren Bildern. Zwar wird er oder sie häufig als besonders energisch und beherrschend dargestellt, aber ein solches einschüchterndes Verhalten allein macht gewöhnlich noch keinen Starverkäufer; denn er ist trotzdem ein Fremder und deshalb nicht besonders wichtig für uns. Aus diesem Grund haben wir gewöhnlich weniger Hemmungen, einen Anspruch von ihm abzulehnen. Wahrscheinlich fürchten wir uns nicht davor, ihn zurückzuweisen, zumindest empfinden wir nicht die gleiche Angst davor wie bei uns vertrauten Menschen.

Auf der einfachsten Ebene versucht der Vertreter vielleicht, sich bei uns einzuschmeicheln, die Rolle eines Freundes zu übernehmen, um so den Widerstand zu erhöhen, der uns davon abhält, ihn zurückzuweisen, ihn daran zu hindern, daß er auf das Territorium unserer Entscheidung oder unseres Vermögens übergreift. Aber auch dieses Vorgehen verspricht nur einen begrenzten Erfolg.

Die Überzeugendsten unter ihnen überreden uns dadurch, daß sie ihre Forderungen im Verrücktmacher-Kode senden. Die klare und willkommene Botschaft heißt dann »Ja, ich will Ihnen etwas verkaufen – aber nur, wenn Sie es brauchen.«

Die kodierte zweite Botschaft heißt »Ich will, daß Sie etwas kaufen, damit ich meine Kommission bekomme.« Natürlich ist diese Botschaft kodiert, weil sie sonst nicht sehr überzeugend wirken würde. Schließlich sind Sie nicht besonders an seinem oder ihrem Wohlergehen interessiert.

Der Starverkäufer oder die Starverkäuferin kodiert die wahrscheinlich unwillkommene Aufforderung zum Kauf viel geschickter. Die Aufforderung scheint von dem Bild des uns vertrauten Menschen auszugehen. Denn der Spürsinn des Vertreters sagt ihm, daß es Ihnen dann schwerer fällt, etwas abzulehnen.

Eine solche Taktik können wir ganz deutlich bei einem Vertreter für Enzyklopädien beobachten, der Sie dazu auffordert, im Interesse Ihrer Kinder zu kaufen. Doch er oder sie konfrontiert Sie dabei nicht mit den eigentlichen Bedürfnissen Ihrer Kinder, sondern Sie werden dazu verführt, auf die Aufforderungen zu hören, die Ihnen das Bild vermittelt, das Sie sich von Ihren Kindern machen.

Manipulationen dieser Art können recht vielschichtig sein. Big Mike z. B. ist ein Starverkäufer auf dem Immobilienmarkt, weil es ihm besonders gut gelingt, die Bilder in der Psyche seiner Kunden herauszufinden und sie sich zunutze zu machen. Als er hört, welche Vorstellungen sich die Warwicks von ihrem zukünftigen Haus machen, notiert er in seinen Gedanken, daß sie sich ein viel teureres Haus leisten könnten, als sie wollen, ein Haus, bei dem eine höhere Kommission für ihn herausspringen würde.

Als er ihnen dann die Häuser in der von ihnen gewünschten Preislage zeigt, wählt er diejenigen aus, die irgendeinen Mangel aufweisen und betont dann, wie ungünstig sich dieser Mangel auswirken würde. In der Zwischenzeit hat er herausgefunden, daß die Warwicks sehr liebevoll und rücksichtsvoll miteinander umgehen, und daß sie sich ihrem Partner gegenüber eher förmlich verhalten.

Während des von ihm bezahlten Essens findet er heraus, warum sie so zurückhaltende Preisvorstellungen haben. Sie reisen beide gern.

Die Entscheidung, wie wir unser Geld ausgeben wollen, fällt in unseren persönlichen Raum. Mike will in diesen Raum eindringen. Als er den Warwicks schließlich ein weitaus kostspieligeres

Haus gezeigt hat, in dem alles vorhanden ist, was sie sich gewünscht haben – und noch viel mehr – arrangiert er die Situation so, daß er jeden einzeln bearbeiten kann.

»Der Raum im Keller könnte zur perfekten Dunkelkammer gemacht werden, wie es sich Bill immer gewünscht hat, meinen Sie nicht auch?« fragt er Claire. »Er ist ein so anständiger Mann, nicht wahr? Ich habe schon gesehen, daß er zu der Sorte Menschen gehört, die immer an sich selbst zuletzt denken. Der Swimming-Pool wäre großartig für ihn. Das weiß er wohl auch. Haben Sie nicht auch gehört, wie er sagte, wenn er einen solchen Swimming-Pool hätte, dann könnte er regelmäßig trainieren, und ein Mann in seinem Alter brauche das?«

Bill bearbeitet er ganz ähnlich. Claire hat er darauf hingewiesen, wie sehr ein Mann in Bills Alter es brauche, daß er seinen Erfolg auch nach außen hin zeigen könne. Zu Bill sagt er: »Haben Sie gesehen, wie Claires Augen leuchteten, als sie den großen Ankleideraum mit dem versenkten Bad im Nebenraum sah? Haben Sie auch gehört, was sie darüber sagte, wie großartig eine Frau sich fühlen muß, wenn sie diese Treppe hinunter zum Wohnzimmer geht oder ihre Gäste in der Halle begrüßt? Wissen Sie, sie hat mir gesagt, daß sie noch niemals ein abgetrenntes Eßzimmer hatte.«

»Sie ist eine wirkliche Dame, nicht wahr? Nicht wie diese anspruchsvollen Frauen, die ich so oft kennenlerne – kauf mir dies, kauf mir das. Ich weiß einfach, daß sie zu der Sorte Frauen gehört, die niemals einen Mann unter Druck setzen würde, um das zu bekommen, was sie will. Ich könnte wetten, daß sie niemals um etwas bittet. Sie würde genau in eine solche vornehme Umgebung passen, meinen Sie nicht auch? Ich will nur sagen, das kleine Haus in der Pine Street ist ganz nett, aber um ehrlich zu sein – die Nachbarn dort könnten ihr nicht das Wasser reichen.«

Etwas später geht er auf das Problem ihrer Reiselust ein. »Ich habe gesehen«, sagt er zu Claire, »daß Sie diese Häuser immer wieder mit den großen in der Maple Street vergleichen. Ich hätte sie Ihnen wohl nicht zeigen sollen, aber ein solches Haus paßt zu Ihnen, und besonders auch zu Bill. Die Dunkelkammer läßt ihn wohl nicht ruhen, nicht wahr? Aber er hat mir gesagt, wieviel es

Ihnen bedeutet, verreisen zu können. Als ein Freund muß ich Ihnen natürlich sagen, daß das Haus schon eine hervorragende Investition darstellt. Wissen Sie, Sie verreisen zwar zwei Wochen im Jahr, aber in Ihrem Haus verbringen Sie nun einmal neunzig Prozent Ihrer Zeit ...«

Am Ende von Mikes Überredungskünsten hört Bill die Ansprüche, die Claires Bild an ihn stellt, und sie hört die Ansprüche, die Bills Bild an sie stellt. Mike hat beiden das Gefühl vermittelt, daß der jeweils andere ein Opfer bringt, wenn er das Haus aufgibt. Die Kommunikation der Warwicks untereinander ist nicht besonders gut. Als sie sich nun bemühen, die Wünsche des anderen zu erfahren, tun sie es auf eine indirekte und zögernde Art, weil sie befürchten, der andere passe sich ihnen an, wenn sie ihre Gedanken klar und deutlich äußerten. Einem solchen Gefühl liegt – vereinfacht gesagt – die Vorstellung zugrunde: »Wenn ich sage, was ich will, dann hast du das Gefühl, du müßtest es mir geben. Ich fürchte, wenn du dich mir in dieser Weise anpaßt, gibst du zwar nicht zu, daß du dich anpaßt – aber in deinem Innern wirst du mir böse sein. Ich will diese Entscheidung nicht verantworten, denn sie wird für jeden ersichtlich als meine Entscheidung dastehen. Und was ist, wenn du dagegen bist?«

Also verbringt Bill seinen Urlaub ein Jahr später mit der Neubepflanzung des Gartens. Claire ist erschöpft vom Reinigen der vielen Teppichböden und Fenster. Beide träumen von den Sonnenuntergängen auf Tahiti und von den Cafés in Paris, als sie mühsam die Blätter aus dem Swimming-Pool fischen. Und als sie am Abend müde einen Drink auf der Terrasse zu sich nehmen, sieht Bill mit einem angestrengten Lächeln auf und sagt: »Ein schönes Haus, nicht wahr?«

»Ein schönes Haus«, antwortet Claire.

Zwei Jahre später werden sie in ein Appartment ziehen, ohne daß sie jemals eine Party gegeben oder auch nur ein Vergrößerungsgerät für den Kellerraum gekauft hätten.

Alle diese Berichte vom territorialen Verrücktmachen haben ein gemeinsames Thema: Man erreicht nicht viel, wenn man Übergriffe auf seinen Raum hinnimmt.

Und man erreicht vor allem dann nicht viel, wenn man sich

ängstlich an das Bild klammert, das man sich von seinen engsten Vertrauten macht, und wenn man zu den territorialen Konzessionen bereit ist, die sie zu verlangen scheinen.

Selbst, wenn wir tatsächlich dazu gezwungen sind, einen Teil unseres Territoriums aufzugeben, gibt es eine vernünftige Grenze, über die hinaus wir es uns nicht leisten können, weiter nachzugeben.

Gwen ist zu Mrs. Green, der Bürovorsteherin, gerufen worden. Sie fürchtet, daß sie entlassen wird, denn in letzter Zeit sind ihr einige Fehler unterlaufen. Und Mrs. Green, ein »territorialer Einschüchterer«, tut nichts, um ihr diese Angst zu nehmen, denn sie weiß, welche Macht ihr daraus erwächst.

»Herr Chambers hat sich über Sie beklagt«, sagt sie. »Aber natürlich will ich beide Seiten dazu hören. Er sagt, Sie hätten Verträge weitergeleitet, anstatt sie zur Unterschrift vorzulegen. Dann hat er von ein paar falsch adressierten Briefen gesprochen. Und er sagt, Sie hätten die Angebote für den großen Florida-Auftrag weggeschickt, obwohl einige Seiten fehlten und andere doppelt waren. Treffen diese Vorwürfe zu?«

Die Aufzählung ihrer Verfehlungen verstärkt Gwens Angst und macht ihr Territorium tatsächlich besonders verletzbar. »Ich ... ich habe mich wirklich bemüht«, verteidigt sie sich. »Ich war in letzter Zeit einfach nicht ganz ich selber.«

»Ich muß Ihnen ehrlich sagen«, sagt Mrs. Green und dreht damit die Schraube fester, »daß Mr. Chambers sehr verärgert war. Er schlug vor, Sie eventuell gehen zu lassen. Er hatte viele Unannehmlichkeiten durch Ihre Fehler.«

Gwen senkt den Kopf und nickt. »Wahrscheinlich hat er recht. Dann bekomme ich wohl auch kein Zeugnis.«

»Sie wissen doch«, sagt Mrs. Green, »daß ich kein Ungeheuer bin. Wir verstehen schon, daß ein Mensch auch mal Probleme haben kann. Aber es ist mir schwergefallen, Sie kennenzulernen. Sie haben wahrscheinlich gemerkt, daß ich meine Mädchen gern kenne, daß ich gern für sie sorge wie für meine Familie. Aber wie soll ich Ihnen helfen können, wenn ich nicht weiß, was für Schwierigkeiten Sie haben?«

»Sie ... Sie wollen mir helfen?« fragt Gwen, die einen Hoffnungsschimmer entdeckt hat. Gleichzeitig ist sie jedoch abgestoßen von Mrs. Greens vertraulicher Art. Mrs. Green wird ziemlich persönlich. Sie tritt auf wie eine Mutter, die »ihre Mädchen« bei allem berät, von den Kleidern, über das Make-up bis hin zu »ihren Tagen«.

Bisher hat Gwen immer genickt und versucht, Distanz zu wahren. Mrs. Greens Nähe macht sie unruhig und erdrückt sie.

Vor allem sind ihr immer kalte Schauer über den Rücken gelaufen, wenn Mrs. Green wieder einmal jemand etwas über seine Familienangelegenheiten oder seine Liebesbeziehung entlockt hat, wenn sie sich den irgendwie ärgerlichen Anschein gegeben hat, sie wolle einem nur mit ihrem mütterlichen Trost und ihrem Rat zur Seite stehen.

»Ich will Sie ja nicht aushorchen«, sagt Mrs. Green, »aber wenn ich kann, würde ich Ihnen gern dabei helfen, Ihre Stellung zu behalten. Und das kann ich nicht, wenn wir nicht ehrlich zueinander sind ... Liebes.«

Aus irgendeinem Grund bleibt Gwen dieses »Liebes« im Hals stecken. Es hat einen anmaßenden Unterton. Gwen beißt sich auf die Zunge.

»Sie sind eine intelligente Mitarbeiterin«, fährt Mrs. Green fort, »und ein Jahr lang waren Sie auch eine gute Mitarbeiterin. Aber irgend etwas muß Sie in der letzten Zeit aus dem Gleichgewicht gebracht haben. Ich will damit sagen, wenn es da etwas gibt, dann könnten wir besser verstehen, ...«

»Na ja«, antwortet Gwen, der es albern vorkommt, überhaupt nichts von ihrem Raum abzutreten. »Mir ist ziemlich viel durch den Kopf gegangen.«

»Möchten Sie darüber sprechen?«

»Nein«, antwortet Gwen und beschließt dann, ihre Antwort ein wenig zu mildern. »Ich meine, jetzt ist es wieder in Ordnung.«

»Na schön, aber am Freitag, als Sie die Angebote zusammengestellt und ein solches Durcheinander angerichtet haben, kann ja wohl nicht alles in Ordnung gewesen sein.«

»Aber jetzt ist es wieder in Ordnung«, erwidert Gwen fast flehentlich, denn sie will ihre Geheimnisse nicht mit Mrs. Green teilen.

»Sind Sie ganz sicher, Liebes?« fragt Mrs. Green; sie nimmt ihre Brille ab und lehnt sich nach vorn. Beide schweigen. »Nun, wenn *Sie* nicht ehrlich sein können, *ich* muß es. Wissen Sie, wie oft Sie dabei gesehen worden sind, daß Sie mit Mr. Banning zum Essen gingen?«

Gwen steigen die Tränen in die Augen.

»Joan«, sagt Mrs. Green, »hat Sie am Samstag mit ihm im Museum gesehen. Ich meine, ein paar von uns haben gesehen, was den ganzen Sommer lang los war ... solange Mrs. Banning mit den Kindern auf dem Land war.«

Gwen versucht zu sprechen, aber es gelingt ihr nicht.

»Haben Sie die Kinder schon einmal gesehen?« fragt ihre Vorgesetzte. »Süße kleine Dinger. Noch so klein.«

Gwen möchte sie am liebsten anschreien, aber sie traut sich nicht. Sie sieht sie flehentlich an, aber Mrs. Green hört nicht auf. »Sie können es mir ebenso gut sagen. Ich bin nicht prüde. Ich weiß, was eine Frau empfindet. Aber ich weiß auch, wie die Männer sein können. Jedenfalls habe ich gesehen, welches Spiel Mr. Banning mit den Mädchen in den letzten Jahren gespielt hat. Wie ernst ist es? Ich meine, ich will nicht persönlich werden, aber haben Sie mit ihm geschlafen?«

Gwen hat das Gefühl, sich nicht wehren zu können. Und während sie einerseits empört ist, erzählt sie andererseits alles ... zum Teil wohl auch, weil sie das Gefühl hat, Mr. Banning habe sie ausgenützt. Auch ihm hat sie sich angepaßt, und ein wenig Mitgefühl kann sie jetzt ganz gut brauchen.

Doch während sie sich offenbart, hat sie die ganze Zeit das Gefühl, innerlich von der Empörung und der Verwirrung des Verrücktmachens zerrissen zu sein.

Mrs. Green ist mitfühlend. Sie sieht prompt Mr. Banning als den Ausbeuter und Gwen als sein Opfer. Und sie ist rasch dazu bereit, Gwens Bilder zu übernehmen. In Wahrheit hat Gwen an Mr. Banning niemals irgendwelche Forderungen gestellt. Sie hat sich nicht offen geäußert. Sie hat ihre Erwartungen an ihn auf das Bild gestützt, das sie sich von ihm gemacht hat. Sie hat niemals über diese Erwartungen gesprochen und ist jetzt enttäuscht worden. Denn Mr. Banning beachtet sie nicht mehr besonders.

Die Liebesgeschichte ging zu Ende, als Mrs. Banning von ihrem Aufenthalt auf dem Land zurückkam.

Mrs. Green rettet Gwens Job. Dann allerdings behandelt sie sie wie eine Vertraute, fast wie ihr eigenes Kind, und sie erdrückt sie mit ihren Ratschlägen zu allem und jedem. Gwen ist eines von »ihren Mädchen« geworden.

Gwen wehrt sich nicht offen gegen Mrs. Greens Übergriffe. Sie lächelt nur und nickt und geht über sie hinweg. Sie verlängert ihre Röcke nicht. Sie nimmt nicht die empfohlenen Vitamine. Sie bringt nicht ihr Essen mit, um Geld zu sparen, und sie ißt nicht mit den anderen Mädchen zusammen.

Gwens Konzessionen sind nichts als Lippenbekenntnisse und deshalb Verrücktmacher. Sie veranlassen Mrs. Green dazu, ihre Übergriffe zu verdoppeln, um Einfluß zu gewinnen. Gwen macht jeder dieser Versuche wahnsinnig. Sie wird jedes Mal ganz steif, wenn Mrs. Green ihr mütterlich den Arm um die Schulter legt oder lächelnd und wie eine Mutter mit dem Finger droht, als ob sie sagen wollte »Du böses Mädchen!«

Allmählich fürchtet sich Gwen davor, ins Büro zu gehen. Sie fühlt sich dort ganz eigenartig – als wäre sie vollkommen schutzlos und verletzbar, klein und gedemütigt. Denn wie wir schon festgestellt haben, fühlen wir uns unserer Existenz, unserer Identität beraubt, wenn uns unser Territorium genommen wird.

Drei Wochen später kündigt Gwen.

Doch auch nach der Kündigung gewinnt sie ihre Fassung nicht wieder. Sie hat das Gefühl, daß sich etwas verändert hat, und zwar etwas Grundlegendes, das sie traurig und pessimistisch zurückgelassen hat. Irgendwie hat sie das Gefühl, sie müsse auf eine Aufforderung hin wiederholen, was sie zum Frühstück gegessen hat, ob sich jemand mit ihr verabredet hat, was daraus geworden ist, wieviel sie für einen Rock bezahlt hat, und noch vieles andere mehr, und sie hat das Gefühl, dadurch sei ihr etwas genommen. Als sie sich in anderen Firmen vorstellt, verhält sie sich passiv und zurückhaltend. Fragen beantwortet sie mit einem Wort. Sie kann keine Beziehung zu den Personalchefs herstellen. Und eines Tages fällt es ihr sogar schwer zu entscheiden, was sie nach dem Aufstehen tun soll.

Klinisch gesehen befindet sich Gwen in einem Zustand der Depression. Ihr Selbstwertgefühl ist sehr gering. Sie wirkt kraftlos und erschöpft. Diese Anzeichen beobachten Therapeuten immer wieder bei Frauen, die vergewaltigt worden sind. Und die Vergewaltigung ist wahrhaftig ein Symbol für jene Menschen, die dazu gezwungen werden, ihr Territorium aufzugeben. Sie verlieren ihre Identität. Sie sehen sich selbst als Nicht-Menschen.

So verheerend kann uns die mangelnde Anerkennung irgendeines unserer Rechte auf geistige Gesundheit treffen. Und so raubt uns auch das Verrücktmachen im wahrsten Sinne des Wortes unseren Verstand.

Die Abtretung unseres Raumes ist ein wichtiges und typisches Beispiel für die Abtretung irgendeines unserer Rechte auf geistige Gesundheit. Vielleicht ist sie das anschaulichste Beispiel für die mangelnde Anerkennung eines solchen Rechts.

Wir sollten allerdings festhalten, daß die andere Seite ein ebenso anschauliches Beispiel bietet. Denn genauso unsicher, wie wir uns bei der Verteidigung unseres Raumes verhalten, handeln wir auch bei den Versuchen, in den Raum eines anderen Menschen hineinzugelangen.

Denn so wie wir uns davor fürchten, anderen den Zutritt in unseren Raum zu verwehren, so sehr schrecken wir oft davor zurück, in den Raum der anderen vorzudringen.

Wir haben bisher nur wenige Beispiele aus der unendlichen Vielzahl von Vorgehensweisen, Absichten und Gefühlen angesprochen. Und da eine Schwierigkeit sich auf die andere häuft, mag man leicht an der versuchten Beherrschung des Verrücktmachens verzweifeln.

Doch es gibt eine Antwort. Es gibt eine einfache Möglichkeit, den leidvollen Streß des Verrücktmachens zu beenden.

Teil III
Der Kampf um die geistige Gesundheit

Die gesunde Reaktion auf den Verrücktmacher

Sobald Sie gelernt haben, das Verrücktmachen zu erkennen – und sobald Sie verstehen, warum es auftaucht und warum es einen so sehr aus der Fassung bringen kann – haben Sie schon den ersten Schritt dazu unternommen, diesen schmerzlichen Erfahrungen ein Ende zu setzen und ihre Wiederholung zu vermeiden. Denn wenn Sie wissen, was sie an einer Kommunikation so wahnsinnig macht, dann verstehen Sie auch rasch, welches die grundlegenden Voraussetzungen für eine gesunde Kommunikation sind.

Sie können erkennen, warum es für eine gesunde Kommunikation (besonders zwischen einander vertrauten Menschen) erforderlich ist, daß man sich seinen Aggressionen stellt und sie dann äußert und sie nicht etwa leugnet oder verbirgt. Sie können erkennen, warum Aggressionen offen und direkt geäußert werden müssen und nicht durch die vage und verwirrende doppelte Botschaft des Verrücktmachens verschleiert werden dürfen. Und Sie können auch erkennen, warum es eine gesunde Kommunikation erfordert, daß jeder das Recht des anderen auf geistige Gesundheit respektiert, und dazu gehört nicht nur das Recht auf klare Informationen, sondern auch das Recht auf Wirkung, auf Gefühl und auf den persönlichen Raum.

Doch sobald das Verrücktmachen einmal begonnen hat, wird eine gesunde Kommunikation zu einer schwierigen und trügerischen Angelegenheit. Denn zum Verrücktmachen gehören einige Faktoren, die es erschweren, so zu reagieren, daß die Kommunikation wieder gesund wird. Wenn die Methoden des Verrücktmachens und ihre sicheren Auswirkungen nicht verstanden werden, kann eine Reaktion darauf sogar noch zusätzlich Öl auf das Feuer gießen.

Denn es liegt in der Natur des Verrücktmachens begründet, daß wir dazu neigen – meist unabsichtlich und unbewußt – durch das *Konter-Verrücktmachen* zu reagieren.

Verrücktmachen schafft leicht neues Verrücktmachen. Die Folge ist dann ein Teufelskreis einer sich steigernden psychologischen Kriegsführung, die wir die *Spirale des Verrücktmachens* nennen.

Wodurch wird die Entwicklung dieser Spirale ausgelöst? Und was kann man tun, um sie anzuhalten?

Um die Antwort auf diese Fragen besser verstehen zu können, wollen wir ein typisches Beispiel dafür betrachten, daß jemand auf das Verrücktmachen in einer psychisch gesunden Weise zu reagieren versucht. Wir wollen sehen, was dabei schiefgeht und warum es so kommt.

Phyllis hat gelernt, die Anzeichen für verrücktmachende Erfahrungen zu erkennen. Und sie hat auch viel darüber gelernt, welches die ihnen zugrundeliegende Bedeutung sein könnte. Deshalb ist es ihr schmerzlich bewußt, daß sich das Verrücktmachen in ihre Beziehung zu Ben eingeschlichen hat.

Seit kurzem schlafen die beiden miteinander und verbringen fast jedes Wochenende gemeinsam. In vieler Hinsicht ist ihre Beziehung für Phyllis sehr befriedigend. Es scheint ihr eine lange Zukunft beschieden zu sein. Und doch macht sich Phyllis Gedanken wegen eines Problems, das sie immer mehr verrücktmacht: Ben kommt dauernd zu spät.

Zunächst versuchte sie, ihren Ärger zu ignorieren, und das schien ihr auch zu gelingen. Natürlich empfand sie ein gewisses Unbehagen, wenn Ben zu spät kam. Sie wartete nicht gern. Würde er wohl kommen oder nicht? Ob ihm unterwegs etwas passiert war? Doch diese Gefühle verschwanden, sobald Ben ankam. Sein Bedauern schien so ernsthaft, seine Erklärungen so einsichtig, daß Phyllis seinen guten Willen nicht in Frage stellte. Doch je enger ihre Beziehung wurde und je mehr sie ihre wachsende Zuneigung für einander zum Ausdruck brachten, desto störender war jedes Zuspätkommen. Daß Phyllis mehr an Ben interessiert war als früher und daß sie das Gefühl hatte, er sei jetzt wichtiger für sie, veranlaßte sie natürlich dazu, sich noch

größere Sorgen zu machen, wenn er zu spät kam. Aber da war auch noch etwas anderes.
Dieses Etwas führte dazu, daß Phyllis nicht nur immer besorgter, sondern auch immer verstimmter auf Ben wartete. Ihre Gereiztheit rief in ihr ein *unklares Gefühl* des Ärgers hervor, das auch dann nicht mehr verschwand, wenn sie zusammen waren. Phyllis war sich dessen bewußt, daß dieses verwirrende Gefühl einer der häufigsten Hinweise auf eine verrücktmachende Erfahrung war.
Warum machte sie Bens Zuspätkommen verrückt? Ganz allgemein, nahm Phyllis an, nachdem sie lange und intensiv darüber nachgedacht hatte, weil sie jedes Zuspätkommen als die kodierte Hälfte einer doppelten Botschaft empfand.
Einerseits sendete Ben ihr viele offene Botschaften, die besagten, daß sie ihm wichtig war und daß sie in seinem Leben eine immer zentralere Stellung einnahm. Er hatte sogar schon vom Zusammenziehen gesprochen. Er gab sich als rücksichtsvoller Mensch, und in vieler Hinsicht *war* er ihr gegenüber auch besonders rücksichtsvoll – er erinnerte sich z. B. an ihre Vorlieben und Abneigungen, was das Essen, den Wein und die Art der Unterhaltung anging.
Andererseits jedoch schien Ben überhaupt kein Gefühl dafür zu haben, was es ihr ausmachte, wenn er zu spät kam. Sie hatte versucht, es ihm zu sagen. Zunächst wies sie ihn darauf hin, indem sie sagte, was für Sorgen sie sich machte, wenn sie warten mußte. Dann versuchte sie, Witze darüber zu machen. Damit wandte sie natürlich eine sehr verbreitete Form der indirekten Äußerung von Aggressionen an. Schließlich bat sie ihn ernsthaft, wenigstens ein Mal pünktlich zu sein. Er brachte sein Bedauern zum Ausdruck. Er besänftigte sie. Und er kam weiterhin zu spät.
Dieses Verhalten bewirkte, daß Phyllis sich von ihm zurückgestoßen fühlte. Wenn er, wie er doch sagte, so gern mit ihr zusammen war, warum ließ er sich dann so lange Zeit? Wenn sie so wichtig für ihn war, warum ignorierte er dann etwas, von dem sie sagte, es tue ihr weh? Das Zuspätkommen wurde allmählich zu einer Art kodierter Leugnung nicht nur seiner angeblichen Bemühungen um sie, sondern auch der Bedeutung, die ihre Beziehung für ihn hatte.

»Das Ganze macht mich unsicher und ärgerlich«, vertraute Phyllis einer Freundin an. »Wenn Ben dann endlich auftaucht, bin ich gereizt und kritisch und für den Rest des Abends kaum noch zu genießen. Ich fürchte, ich vertreibe ihn allmählich. Ich bin sogar dann noch angespannt, wenn wir miteinander schlafen. Oft habe ich schon gar keinen Orgasmus mehr.«

Phyllis' Wissen über das Verrücktmachen verschlimmert inzwischen die Lage; denn sie ist davon überzeugt, daß Bens Unpünktlichkeit seine Aggressionen indirekt zum Ausdruck bringt, die er nicht offen zu äußern wagt. Worum handelt es sich wohl? Wenn er ihr nicht sagt, was nicht stimmt, wie soll sie sich dann ändern können? Verwirrt und frustriert beschließt Phyllis, als sie wieder einmal länger als eine halbe Stunde über die verabredete Zeit hinaus gewartet hat, Ben zur Rede zu stellen – ihn nach der Wahrheit zu fragen.

PHYLLIS (öffnet die Tür): Es ist schon nach neun, Ben. Du hast mir versprochen, daß du gegen acht hier sein würdest, daß du heute abend pünktlich sein würdest. Du sagtest, ich solle schon mal einen Tisch im Restaurant für halb neun reservieren lassen.

BEN: Mein Gott, das tut mir leid, Schätzchen! Aber du weißt nicht, was ich durchgemacht habe. Erst einmal hatte der Zug Verspätung ...

PHYLLIS: Er hatte zehn Minuten Verspätung. Ich habe mich erkundigt. Nur war das leider gar nicht der Zug, mit dem du kommen wolltest. Es war der nächste. Ich habe dir gesagt, wieviel mir das ausmacht.

BEN: Aber es gibt einen Grund dafür, daß ich den ersten Zug verpaßt habe. Ich habe es wirklich versucht, aber ...

PHYLLIS: Hör auf, Ben. Du brauchst ihn mir gar nicht zu nennen. Ich glaube, ich kann mir keine noch so vernünftige Erklärung mehr anhören.

BEN: Wirklich, Schätzchen. Ich konnte nicht einmal mehr nach Hause, um mich umzuziehen. Ich war im Büro geblieben, um noch ein paar Dinge zu erledigen, und als ich dann versuchte, ein Taxi zu bekommen ...

PHYLLIS: Ben, *bitte*. Ich meine es wirklich so. Ich halte es nicht mehr aus, mir irgendwelche Ausreden anzuhören. Sie machen alles nur noch schlimmer.

BEN (der stutzt, als er das Wort Ausreden hört): Aber willst du denn nicht wissen, warum ich ...?
PHYLLIS (*verliert die Geduld*): Ja, das will ich wissen. Aber ich will endlich einmal den *wahren* Grund dafür erfahren. Nicht so einen Riesenmist über Verkehrsstaus und Taxistreiks. Ich will wissen, was du mir damit sagen willst, daß du zu spät kommst. Ich will die Wahrheit über deinen Kode erfahren.
BEN (*der ernsthaft verwirrt und zugleich verärgert ist*): Was meinst du mit Mist? Ich versuche, dir zu erklären ... (*Er unterbricht sich, entschlossen, sich vernünftig zu verhalten*). Schätzchen, ich weiß nicht, was du da redest, mit dem ganzen Zeug über Kodes und was ich wirklich versuche, dir zu sagen. Es tut mir wirklich schrecklich leid, daß ich zu spät gekommen bin. Ich habe mich wirklich bemüht. Was ist los mit dir? Hast du deine Periode oder sonst etwas?
PHYLLIS (*fühlt sich jetzt ihrerseits getroffen*): Ich habe *nicht* meine Periode oder sonst etwas! Ja, ich bin durcheinander und wütend. Du hast gesagt, du würdest pünktlich sein. Das sagst du immer. Und dann sitze ich hier und mache mir Sorgen und ... Ich muß es jetzt einfach wissen. Ich muß wissen, welche versteckte Botschaft du mir sendest.
In diesem Wortwechsel können wir die Anfänger der Spirale des Verrücktmachens entdecken. Phyllis hat recht, wenn sie annimmt, daß sie eine kodierte Botschaft erhält. Aber sie vergißt etwas. Sie vergißt, daß das Verrücktmachen eine größtenteils unbewußte Angelegenheit ist. Sie vergißt, daß der kodierte Teil der Botschaft eine Aggression darstellt, die vor einem selbst geleugnet wird. Ben glaubt also wirklich, was er zu ihr sagt. Und wenn sie seine Erklärung als Mist bezeichnet, wenn sie sagt, sie sei nicht wahr, dann beginnt sie damit tatsächlich eine Übung in Gedankenlesen, Gedankenvergewaltigen und Gedankenentreißen. Kurz, sie macht Ben verrückt.
In Bens Augen sind seine Versuche, die Wahrheit zu sagen, als Lügen abgetan worden. Sein Interesse an ihren Gefühlen – das ihn auf dem ganzen Weg dazu veranlaßt hat, sich Sorgen zu machen – wird einfach abgestritten. Er *weiß* , daß sie ihm wichtig sind. Und sie sagt, das sei nicht so. Er *weiß*, daß er pünktlich sein

wollte. Und sie sagt, er habe es gar nicht gewollt. Sie unterstellt ihm irgendwie, er komme absichtlich zu spät. Er hat das Gefühl, daß ihn verrücktmacht, was sie sagt und tut.

BEN (*versucht, seinen Ärger zu unterdrücken und unternimmt noch einen Versuch*): Schätzchen, bitte, versuch mir zuzuhören. Bitte versuch, ruhig zu bleiben, wenn ich dir sage, was passiert ist ...

PHYLLIS (*allmählich verzweifelt*): Ben, willst du nicht versuchen mir zuzuhören? Es ist mir *egal*, was passiert ist. Mir ist nur wichtig, was passiert ist. Mir ist nur wichtig, daß du sagst, du kommst pünktlich und daß du dann *doch* zu spät kommst. Ich muß wissen, was das wirklich bedeutet.

Damit ist wieder ein verrücktmachendes Element hinzugekommen; denn beide haben eine ganz persönliche Vorstellung davon, wie die Wahrheit in dieser Situation aussieht. Und beide haben das Gefühl, daß ihnen der andere nicht einmal zuhören will. Beide haben das Gefühl, daß ihnen die Wirkung auf den anderen verweigert wird. Ihre Frustration nimmt zu.

PHYLLIS: Verdammt, Ben, ich muß wissen, was tatsächlich nicht stimmt. Ich muß wissen, was los ist, was wirklich los ist.

BEN: Aber genau das versuche ich doch, dir zu sagen ... Ich war rechtzeitig fertig, und dann versuchte ich, ein Taxi zu bekommen, und ...

PHYLLIS (*deren Stimme sich fast überschlägt*): Herrgott nochmal, Ben, hörst du bitte auf, bevor ich verrückt werde? Ich muß den Grund erfahren. Ich muß wissen, was du *meinst*!

BEN (*dessen Geduld am Ende ist und der überhaupt nichts mehr versteht*): Verdammt, es gibt keine geheime Bedeutung! Du machst mich wahnsinnig. Ich höre mir jetzt nicht mehr länger dieses gottverdammte ... (*Er unterbricht sich plötzlich, weil er merkt, daß ihre Beziehung zu zerbrechen droht. Gleich werden sie einander anschreien. Und einen solchen Ausbruch will er nicht riskieren. Er will nichts sagen, was zu ihrer Trennung führen könnte. Deshalb reißt er sich am Riemen. Mit zusammengebissenen Zähnen verdrängt er seinen verärgerten Gesichtsausdruck zu einem gezwungenen, ironischen Lächeln. Er ist entschlossen, den Konflikt auf irgendeine Weise zu beenden*): Bist du ganz sicher, daß du die Wahrheit hören willst?

PHYLLIS (*Auch sie fühlt, daß sie kurz vor einem Ausbruch steht. Und auch sie fürchtet sich davor. Im übrigen steckt sie ihre Forderungen keineswegs zurück. In Bens ironischem Lächeln sieht sie einen Ausweg, einen Weg, um von diesem gefährlichen Punkt wegzukommen. Deshalb lächelt auch sie. Sie nickt*): Okay, sag es mir.

BEN: Na gut. Vor ein paar Wochen habe ich eine fantastische Zugschaffnerin kennengelernt. Ich habe versucht, dagegen anzugehen, aber ich schaffe es nicht. Jedes Mal, wenn ich zum Zug gerannt bin, um zu dir zu fahren, kam es über mich. Und es endete jedesmal damit, daß ich es mit ihr in der Telefonzelle im Hauptbahnhof trieb.

PHYLLIS (*ist einen Augenblick lang hin- und hergerissen. Sie fürchtet, einen Streit zu provozieren, der das Ende ihrer Beziehung bedeuten könnte, wenn sie weiter nach der verborgenen Wahrheit fragt, nach der sie sucht. Außerdem sieht es ohnehin so aus, als könne sie nichts von ihm erfahren. Sie überlegt sich, daß die Wahrheit vielleicht später irgendwie herauskommt oder daß Ben vielleicht einfach nicht mehr zu spät kommt, wenn sie jetzt zurücksteckt und auf seine Flucht in diesen müden Witz eingeht. Deshalb zwingt sie sich zu einem Lächeln.*): Siehst du, wie sinnlos deine Heimlichkeiten waren? Das ist doch eine solche Kleinigkeit ... es mit einer Schaffnerin zu treiben – warum hast du denn nicht gleich die Wahrheit gesagt? Komm, wir suchen uns ein Restaurant. Ich habe einen Bärenhunger.

An der Schwelle zu einer unerbittlichen Auseinandersetzung fürchten sowohl Ben als auch Phyllis, daß eine Fortsetzung ihres Streits zu ihrer endgültigen Trennung führen könnte. Sie merken, daß sie in eine Sackgasse geraten sind. Ein Rückzieher scheint der einzige Ausweg daraus zu sein.

Das bedeutet in Wirklichkeit nichts anderes, als daß beide ihre Aggressionen in sich ersticken müssen, um mit ihrer Angst vor einer Trennung fertigwerden zu können. Indem sie beide auf Bens erzwungenen Humor eingehen, treffen sie eine stillschweigende Übereinkunft darüber, daß sie so tun werden, als seien ihre vordringlichen Gefühle unbedeutend. Sie brechen also in schallendes Gelächter über einen Witz aus, den sie normalerweise höchstens als nicht besonders gelungen betrachten würden. Auf diese Weise bestätigen sie einander, daß sie beide ihre Aggressionen abwehren. Sie lachen solange, bis sie die Arme umeinander legen und sich dann beide besonders leidenschaftlich fühlen. Im Wohnzimmer schlafen sie fast heftig miteinander. Dabei handelt es sich um eine Art zweiter Schicht ihrer Abwehr gegen ihre Aggressionen. Und sie setzen dadurch gleichzeitig einen Teil ihrer aggressiven Gefühle frei.

Phyllis z. B. legt sich zum ersten Mal in einer aggressiven Weise auf Ben, und Ben beißt ziemlich fest in ihre Brüste.

Selbst nachdem sie miteinander geschlafen haben, sind beide noch ziemlich ängstlich, fühlen sich beide noch sehr unwohl, weil sie so knapp um einen offenen Konflikt herumgekommen sind. Beide verpacken ihre Äußerungen in noch mehr Zuckerguß, sind noch zärtlicher zueinander und beteuern einander ihre Liebe.

Wenn wir jedoch den ganzen Vorfall einmal aus der Nähe betrachten, können wir die Spirale des Verrücktmachens erkennen. Und wir sehen, wie heimtückisch sich diese Spirale entwickelt. Wie wir gesehen haben, wurde Phyllis zunächst von Bens dauernder Unpünktlichkeit verrücktgemacht. Obwohl er in jeder anderen Hinsicht sehr viel Rücksicht auf ihre Beziehung nahm, signalisierte sein Zuspätkommen eine sehr widersprüchliche doppelte Botschaft.

Als Phyllis versuchte, Bens Kode zu knacken, erhob sie einen Anspruch auf Informationen, von denen sie hätte wissen müssen, daß sie sie nicht erhalten konnte; denn Bens Unpünktlichkeit stand für seine unbewußte Aggression und war der indirekte Ausdruck für Aggressionen, die er versucht hatte zu begraben und abzuwehren. Barsche Forderungen werden unbewußte Gefühle wohl kaum ans Tageslicht bringen. Im Gegenteil, Drohungen verstärken nur die Angst, die Ben zunächst dazu veranlaßt hatte, seine Aggressionen zu leugnen. Phyllis' unerbittliche Fragen verhärten nur die Fronten dieser Abwehr.

Als Ben abstreitet, daß er eine kodierte Botschaft sendet, reagiert Phyllis selbst, indem sie ihn verrücktmacht. Von diesem Zeitpunkt an behauptet sie, er sage ihr nicht die Wahrheit. Sie raubt ihm sein Recht auf geistige Gesundheit, indem sie seine Gedanken liest – auch wenn sie nicht vorgibt zu wissen, was sein Zuspätkommen bedeutet – und indem sie sich so verhält, als kenne sie seine Gefühle und Gedanken.

Dieses Verrücktmachen wiederum veranlaßt Ben zu einer weiteren verrücktmachenden doppelten Botschaft. Obwohl sein Ärger offensichtlich ist, leugnet er ihn, indem er einen Witz macht. Phyllis geht auf diesen Witz ein. Doch nun haben beide aus ihrer Angst heraus ihre aggressiven Gefühle begraben.

In kodierter Form tauchen diese Gefühle wieder auf, als sie schweigend und fast feindselig miteinander schlafen. Anschließend verdecken sie ihre Feindseligkeit wieder mit zuckersüßen zärtlichen Äußerungen. Von unseren früheren Beobachtungen her wissen wir jedoch, was letztlich geschehen muß. Die von beiden begrabenen Aggressionen lauern noch unter der Oberfläche und warten auf eine Gelegenheit, nach außen dringen zu können. Dieser Augenblick ist gekommen, als sie gerade ihren Orgasmus hinter sich haben.

PHYLLIS: Oh Ben, ich liebe dich wirklich. Es tut mir leid, daß ich so gemein war. Das ist nur, weil ich mir Sorgen mache, wenn du zu spät kommst, weil ich mich frage, ob du verletzt worden bist oder ob du krank bist. Ich würde es ja nicht einmal erfahren.

BEN: Tut mir leid, Schätzchen, daß ich so außer mir war. Aber ich hatte das Gefühl, du würdest mich als einen Lügner behandeln, und ich fände es unerträglich, wenn du das von mir denken würdest. Ich fände es unerträglich, wenn du etwas anderes denken würdest, als daß du mir sehr wichtig bist. Ich habe noch nie ein Mädchen wie dich getroffen.

PHYLLIS: Ich habe noch nie einen Mann wie dich kennengelernt. Du bringst so viele Gefühle in mir heraus. Du bist ein fantastischer Liebhaber.

BEN: Junge, du warst eben vielleicht einer! Ich wußte gar nicht, daß du eine solche Sexbombe bist! (*Mit einem neckischen Unterton – und erinnern Sie sich daran, daß Spott eine Form der indirekten Aggression darstellt – fügt er hinzu*): Du warst sagenhaft.

PHYLLIS (*zieht sich zurück*): Was meinst du damit? Gefällt es dir nicht, wie wir normalerweise miteinander schlafen?

BEN (*ist auf der Hut*): Warum, du weißt doch, daß ich dich großartig finde, Schätzchen. Aber heute abend warst du wirklich irgendwie anders. Du hast mir wirklich das Gefühl gegeben, daß du es wolltest, daß du mich wolltest.
PHYLLIS (*tastet sich ein wenig vor*): Du meinst, daß ich dir nicht zeige, daß ich dich will?
BEN: Natürlich tust du das. (*Hastig*). Nur ... nur läßt du es mich machen, und du tust, was ich dir sage. Aber diesmal bist wirklich du auf mich zugegangen. Ich meine, ich wußte die ganze Zeit, daß es von dir ausging.
PHYLLIS (*setzt sich auf und zündet nervös eine Zigarette an*): Na ja, vielleicht war das so, weil du mich einmal nicht mit deinem ganzen Gewicht erdrückt hast. Ich will damit sagen, ich kann mich dadurch wirklich kaum bewegen. Um ehrlich zu sein, ich kriege kaum Luft. Weißt du, Ben, du solltest wirklich versuchen, ein wenig abzunehmen. Du könntest eine wirklich gute Figur haben. Du hast bestimmt wahnsinnig gut ausgesehen, als du jünger warst.

Wieder können wir leicht erkennen, was geschieht. Die begrabenen Aggressionen drängen bereits an die Oberfläche. Jeder verwundet das sexuelle Ich des anderen mit kleinen Stichen, und beide verhalten sich jetzt defensiv. Noch einmal glätten sie die aufgerissenen Wunden. Doch bei ihrem späten Abendessen machen sie sich immer wieder ein wenig verrückt.
Phyllis z. B. braucht besonders lange, um in der Toilette ihr Make-up aufzufrischen. Und Ben beklagt sich darüber, daß sie ihn hat warten lassen. Dies ist der Anlaß für ein weiteres Gespräch über das Zuspätkommen und das unangenehme Gefühl des Wartens. Ben beruhigt die Lage, indem er verspricht, daß er von jetzt an jedes Mal anrufen wird, wenn er später kommt.
Und er hält sein Wort auch. Er ruft an – fast vor jedem Treffen, aber meist erst kurz vor dem Zeitpunkt, zu dem sie verabredet waren. Phyllis wartet nicht mehr ungeduldig auf sein Kommen – sondern auf seinen Anruf. Und er ruft immer später an.
Woran liegt es, daß sich diese Spirale des Verrücktmachens immer weiter fortsetzt? Man kann das Vorgefallene auf verschie-

dene Arten beschreiben. Man kann z. B. sagen, die beiderseitige Angst vor Aggressionen bewirke, daß die wahren Gefühle verborgen und auf einem Umweg geäußert werden. Damit ist die Frage jedoch nicht vollständig beantwortet. Diese Antworterklärt noch nicht, warum derjenige, der sich als Opfer einer verrücktmachenden Erfahrung fühlt, gewöhnlich in einer verrücktmachenden Weise reagiert und damit die Entwicklung der Spirale in Gang setzt. Wenn wir die Wurzel des Problems erfassen und verstehen wollen, wie die Spirale abgebrochen werden kann – oder genauer gesagt, wie sie von Anfang an verhindert werden kann – müssen wir eine außerordentlich bedeutsame Wahrheit des Verrücktmachens begreifen, nämlich die Tatsache, daß das Verrücktmachen einen *Stachel* in sich birgt.

Der Stachel des Verrücktmachens entwickelt sich als eine natürliche Folge davon, daß Aggressionen verdrängt werden. Denn wenn wir Aggressionen nicht wirksam äußern können, dann verändert sich häufig das Wesen dieser aggressiven Gefühle.

Diese Veränderung kann man am deutlichsten beobachten, wenn eine Aggression zunächst offen und direkt ist. Stellen Sie sich einmal vor, Ihr Nebensitzer – im Flugzeug, im Theater oder in der Psychologievorlesung – schläft ein. Sein Kopf neigt sich langsam, bis er schließlich ruhig auf Ihrer Schulter liegt.

Sie fühlen sich verstimmt. Jemand ist in Ihren Raum eingedrungen. Sie stoßen ihn ein wenig an, weil Sie hoffen, er werde dann aufwachen und sich zurückziehen. »Hallo«, flüstern Sie und rütteln ein wenig energischer an ihm »Hallo!« Nichts. Er beginnt zu schnarchen und lehnt sich an Sie. Sie schütteln seinen Arm. Immer noch keine Reaktion.

Sie sind frustriert. Sie haben vorsichtig Ihr territoriales Recht behauptet, und nichts ist geschehen. Deshalb werden Sie ärgerlich. Eigentlich sind Sie sogar wütend.

Warum ist das so? Weil Sie grundsätzlich dann Aggressionen entwickeln, wenn Sie wollen, daß sich etwas verändert. Wenn zu dieser Veränderung auch die Mitwirkung einer anderen Person erforderlich ist, kommt eines der grundlegenden Rechte auf geistige Gesundheit mit ins Spiel, nämlich *das Recht auf Impact*; denn bevor der andere mit Ihnen eine Änderung herbeiführen kann, müssen Sie einen Einfluß auf ihn haben. Die von Ihnen geäußerte Forderung nach einer Veränderung muß vom anderen aufgenommen werden. Und Ihre Äußerung muß eine Reaktion hervorrufen.

Was geschieht, wenn Sie keinen Einfluß haben? Wie reagieren Sie gefühls- und verhaltensmäßig, wenn sich der Fremde nicht rührt, der auf Ihrer Schulter eingeschlafen ist, wenn er Ihr Bemühen, mit ihm zu kommunizieren, nicht einmal erkennt? Sie verpassen ihm schließlich einen anständigen Schlag auf die Schulter und sagen ihm vielleicht laut etwas in sein Ohr. Und wenn Sie Ihre Gefühle einmal näher betrachten, stellen Sie fest, daß der feste Schlag mehr ist als nur ein Versuch, Aufmerksamkeit zu erregen. Er hat auch Ihre Feindseligkeit zum Ausdruck gebracht. Sie wollten den anderen schlagen.

Tatsächlich entwickeln wir notgedrungen feindselige Gefühle, wenn eine aggressive Äußerung blockiert und frustriert wird. Frustrierte Aggressionen führen so sicher zu feindseligen Gefühlen wie ein Ball eine schiefe Ebene hinunterrollt.

Aus diesem Grund betrachten wir die Aggression als eine Erscheinung in zwei Phasen, als ein Phänomen mit zwei ziemlich verschiedenen Äußerungsformen. Die eine Form nennen wir den *I-Typ* oder die *Impact-Aggression* (Einfluß-Aggression). Diese Art der Aggression versucht, Einfluß zu nehmen, um dadurch eine Veränderung zu erreichen. Diese Aggression ist so harmlos, wie wenn Sie jemand bitten, Ihnen die Kartoffeln herüberzureichen oder wenn Sie sagen »Entschuldigen Sie bitte«, wenn Sie im Bus nach hinten durchgehen.

Doch die Impact-Aggression kann sich sehr leicht in eine andere Form der Aggression verwandeln. Das geschieht, wenn der Versuch, Einfluß zu nehmen – und damit der Versuch, eine Veränderung in die Wege zu leiten – mißlingt. Das grundlegende aggressive Gefühl ist weiter vorhanden. Und auch sein grundlegendes Ziel bleibt dasselbe. Doch jetzt kommt noch eine zusätzliche Komponente hinzu, da die erlebte Frustration die Impact-Aggression in den *H-Typ* oder die *feindselige Aggression* (hostile aggression) verwandelt hat.

Anders als viele meinen mögen, ist diese Umwandlung der Aggression in den H-Typ nicht auf Fremde beschränkt. Sie geschieht auch bei den uns vertrauten Menschen. Tatsächlich kann es sogar viel leichter passieren, daß unsere Aggressionen von ihnen frustriert werden und wir ihnen gegenüber feindselige Gefühle entwickeln, weil wir, was die Befriedigung unserer Wünsche angeht, von ihnen wahrscheinlich viel stärker abhängig sind.

Das ist nicht widersinnig, vielmehr erklärt es uns der gesunde Menschenverstand. Denn wir glauben, daß die uns nahestehenden Menschen ein größeres Interesse daran haben, uns zu dem zu verhelfen, was wir wollen. Wir erwarten von ihnen, daß sie für unsere Wünsche aufgeschlossen sind, daß sie uns leichter eine Einflußnahme auf sie gewähren. Und wenn dann diese Erwartungen enttäuscht werden, besonders, wenn sie in verrücktmachender Weise enttäuscht werden, dann sind wir um so mehr schockiert, frustriert und feindselig gestimmt.

Die Frustration unserer Aggressionen durch die uns nahestehenden Menschen enthält ein besonders ironisches Moment: Schon die *Möglichkeit* einer solchen Frustration kann uns dazu veranlassen, unsere Aggressionen zu unterdrücken und sie auf einem Umweg zu äußern. Zudem neigen wir sehr stark dazu, sowohl vor uns selbst als auch vor den uns wichtigen anderen Menschen die feindselige Komponente der frustrierten Aggression zu leugnen.

Stellen Sie sich z. B. vor, die Person, die in unseren Raum eindringt, indem sie auf unserer Schulter schläft, sei kein Fremder, sondern ein uns vertrauter Mensch, mit dem wir im selben Bett schlafen. Stellen Sie sich vor, dieser uns vertraute Mensch halte uns wach, weil er immer wieder auf uns rolle. Irrational, aber menschlich, empfinden wir diesen Übergriff als schlimmer. Denn wir werden von jemand verletzt, der das eigentlich nicht tun sollte. Wenn es uns dann nicht gelingt, den anderen sanft zu wecken und unser Territorium wieder zu erhalten, neigen wir dazu, noch mehr frustriert zu sein. Wir entwickeln rascher ein feindseliges Gefühl.

Wenn wir also aus unserer Frustration heraus den anderen heftig und ziemlich feindselig anstoßen, dann wacht der uns vertraute

Mensch auf und sagt ziemlich verschlafen »Au ... Was zum ...« Und schon neigen wir augenblicklich dazu, unsere Feindseligkeit nicht nur vor uns selbst zu verleugnen, sondern sie auch mit einem Zuckerguß zu versehen. »Schlaf, Liebes«, sagen wir zärtlich und besäftigend. »Es ist nichts. Komm, laß dich zudecken, so daß du es schön warm hast.«

Hier sind zwei Faktoren im Spiel, die die Entwicklung der Spirale des Verrücktmachens auslösen könnten, die sie verstärkt in Gang setzen und die sie schlimmer machen, sobald es sich um eine Beziehung zu einem vertrauten Menschen handelt. Wir werden sehen, welche Auswirkungen sie haben.

Zunächst stellen wir fest, daß dem Verrücktmachen immer ein Abblocken des offenen I-Typs der Aggression vorausgeht. Denn man fürchtet sich davor, diese Art der Aggression zum Ausdruck zu bringen und verdrängt sie deshalb, versucht, sie zu verleugnen.

So widersinnig es klingt, in dieser Phase des Verrücktmachens frustrieren wir selbst unsere Aggressionen. In unseren Gefühlen jedoch ist der andere schuld an der Frustration, denn unsere Angst entsteht aus der Angst davor, wie der andere wohl reagieren wird, welche Wirkung die Aggression wohl auf ihn oder sie haben wird. In dieser sehr wichtigen Hinsicht schieben wir also dem anderen die Schuld zu – ohne daß er eine Chance gehabt hätte, selbst zu reagieren. Die Auswirkungen unserer Aggression auf ihn oder sie existieren nur in unserer Vorstellung. Insofern stellt das Verrücktmachen immer eine Form des Gedankenentreißens und Gedankenvergewaltigens dar.

Im Endeffekt handelt es sich also beim Verrücktmachen nicht nur bis zu einem gewissen Grad um eine indirekte, verschleierte Aggression, sondern diese Aggression ist auch von einer Einfluß-Aggression zu einer feindseligen Aggression geworden.

Deshalb trägt das Verrücktmachen einen Stachel in sich. Deshalb trägt es immer ein Element der Feindseligkeit in sich, d. h. es hat nicht nur den Zweck, Aggressionen zum Ausdruck zu bringen, die wir nicht zu äußern wagen, und die deshalb indirekt geäußert werden sollen, sondern es hat auch den aus der erlittenen Frustration geborenen Zweck, den anderen zu verletzen.

Und so bedeutet das Verrücktmachen mehr als die Verwirrung der doppelten Botschaft, mehr als den Schock der frustrierten Hoffnungen auf das Wohlwollen des anderen. Zum Verrücktmachen gehört auch der Schock, den wir empfinden, wenn uns jemand ein Leid zufügt, von dem wir nur Wohlwollen erwarten. Und der Schmerz, der Schock und die Überraschung beruhen noch auf weiteren Faktoren. Denn fast jedesmal kommt die zusätzliche Verwirrung durch den »Zuckerguß«, hinzu, durch den der Verrücktmacher die feindselige Komponente sowohl vor sich selbst als auch vor uns verbirgt.

Wir wollen noch einmal auf das Beispiel von Ben und Phyllis zurückkommen. Unabhängig davon, welche begrabene Aggression in Bens Zuspätkommen zum Ausdruck kommt, ist Phyllis tiefer verletzt und verärgert, weil das letzte, mit dem sie rechnen würde, eine Verletzung ist, die ihr derjenige zufügt, der sie seiner Liebe versichert.

Diese Reaktion hilft uns zu verstehen, warum das Verrücktmachen, vor allem im Umgang mit vertrauten Menschen, neues Verrücktmachen schafft. Denn die Menschen zeigen eine allgemeine und einfache Reaktion auf eine Verletzung durch andere: Sie schlagen zurück.

Deshalb endet Phyllis' verbitterte Reaktion auf Bens verrücktmachende Unpünktlichkeit damit, daß sie ihn ihrerseits verrückt macht. Sie ist nicht nur verletzt, sondern sie ist auch frustriert. Bens doppelte Botschaft, die sie verwirrt, provoziert in ihr den heftigen und aggressiven Wunsch nach einer Veränderung, zumindest nach einer Veränderung, die ihr erklären würde, warum er so handelt, wie er es tut.

Sie verlangt also nicht nur eine Antwort auf das Rätsel, das er ihr aufgibt. Als sie ihre Forderung äußert, verhält sie sich wegen ihrer frustrierten Aggression feindselig. Unbewußt findet sie eine gewisse Befriedigung darin, zu sagen, daß er sie eigentlich anlüge, daß er seine Unpünktlichkeit nicht nur erkläre, sondern sie durch Ausreden zu beeinflussen versuche.

Bens Unpünktlichkeit birgt nämlich wie alles Verrücktmachen den Stachel einer verwirrenden und überraschenden Feindseligkeit in sich. Und Phyllis reagiert nicht nur auf ihre Bestürzung, sondern auch auf die ihr zugefügte Wunde. Sie verlangt nicht einfach eine Erklärung, sondern sie schlägt zurück.

So gesehen steht der Stachel des Verrücktmachens am Beginn der Spirale des Verrücktmachens. Das Bewußtsein, verletzt worden zu sein, gewährleistet die Fortsetzung der Spirale; denn die Reaktionen auf diesen Stachel erschöpfen sich im wesentlichen in zwei verschiedenen Verhaltensweisen, die beide recht destruktiv sind. Die eine von ihnen ist die Vergeltung – in diesem Fall bestätigt die ärgerliche Reaktion nur die Angst, aus der heraus die ursprüngliche Aggression zunächst verborgen und geleugnet wurde. Die zweite Möglichkeit ist der Rückzug – durch den der Verletzte leugnet, daß ein ihm Nahestehender ihm etwas Böses zufügen kann, zufügen will. Es ist jedoch eine traurige Tatsache, daß eine solche Rückzugs-Reaktion die Frustration des ursprünglichen aggressiven Antriebs nur erhöht; denn sie signalisiert, daß immer noch keine Einflußnahme möglich ist. Und ohne Einfluß gibt es keine Veränderung. Deshalb führt dieses Verhalten zu einer weiteren indirekten Äußerung der Aggressionen, diesmal jedoch durch eine zwar immer noch verborgene, aber noch mehr verletzende indirekte Aggression.

Wie kann dieser Teufelskreis durchbrochen werden? Grundsätzlich gelingt es nur unter einer wesentlichen Voraussetzung, das Verrücktmachen zu beenden: *Der zugrundeliegende aggressive Impuls muß erkannt und identifiziert werden.* Er muß eine Wirkung haben können. Und er muß eine Veränderung möglich machen können.

Das Problem dabei ist jedoch, daß diese Aggression verborgen wird. Sie wird durch einen Kode zum Ausdruck gebracht. Die Antwort auf das Verrücktmachen muß also darin bestehen, daß wir einen Weg finden, auf dem die Aggression offen und klar ausgedrückt werden kann, so daß auch auf sie reagiert werden kann.

Dabei gilt es zwei wesentliche Faktoren zu beachten. Zunächst sollten wir nicht auf den Stachel reagieren, als sei er das Wichtigste an der verrücktmachenden Äußerung. Er ist nämlich nur eine Begleiterscheinung, das feindselige Element, das durch die Frustration des aggressiven Impulses hinzugekommen ist.

In dem Beispiel von Ben und Phyllis können wir sehen, was passiert, wenn diesem Erfordernis nicht Genüge getan wird. Der andere wird in einer verschleierten Weise verletzt. Phyllis sagt Ben nicht einfach die Wahrheit, daß sie nämlich zunehmend abhängiger von seinem Interesse an ihr wird und daß sein wiederholtes Zuspätkommen sie befürchten läßt, daß er nicht wirklich an ihr interessiert ist. Und Ben, der die wirklichen Gründe für seine Unpünktlichkeit sogar vor sich selbst verbirgt, kann Phyllis nicht sagen und sagt ihr auch nicht, wie tief er von ihren Äußerungen verletzt worden ist, nach denen er nicht die Wahrheit sagt, wie er sie kennt, und nach denen sie ihm nicht vertraut. Unabhängig davon, was das Wesentliche ihrer Probleme miteinander ist, bleiben ihre wahren beiderseitigen Gefühle verborgen. Statt dessen reagieren beide auf die Verletzungen durch den anderen. Das tun sie mit einem gewissen feindseligen Element, als sie miteinander schlafen, und sie verhalten sich auch nachher so. Ben deutet an, daß Phyllis ein passiver und nicht sehr attraktiver Sexpartner gewesen ist, und Phyllis deutet an, daß sie sich unbehaglich gefühlt hat, wenn sie zusammen geschlafen haben. Frustriert bringt sie Bens Übergewicht zur Sprache und deutet an, daß er dadurch unbeholfen sei und daß sie sich nicht wohl gefühlt hat, wenn sie miteinander geschlafen haben.
Für den Psychologen ist hier wichtig, daß diese Stachel und Gegen-Stachel Auswege sind, die von den wesentlichen Problemen ablenken sollen. Beide brauchen eine Möglichkeit, offen über die Dinge zu sprechen, die sie am meisten bewegen, und ihre Probleme dann zu lösen.
Wie kann der Stachel des Verrücktmachens vermieden werden? Vor allem, indem man seinen Ursprung erkennt – indem man sich bewußt macht, daß diese Feindseligkeit von der frustrierten Äußerung einer Aggression herrührt, daß sie da beginnt, wo ein Wunsch nach Veränderung nicht zum Ausdruck kommen kann. Wenn man das Verrücktmachen versteht, stellt man fest, daß es meistens eine seltsame Art der Rückversicherung darstellt; denn man unterdrückt keine Aggressionen aus Angst, wenn man kein Interesse daran hat, daß sie aufgenommen werden, und man leugnet solche Gefühle gewöhnlich nicht, wenn man nicht fürchtet,

daß eine Beziehung, die einem wichtig ist, dadurch in Gefahr geraten könnte.

Wie wir schon festgestellt haben, gibt es natürlich pathologische Persönlichkeiten, die ihre Befriedigung darin finden, die ihnen vertrauten Menschen verrückt zu machen. Doch diese Menschen sind äußerst selten. Gewöhnlich ist das Verrücktmachen unter einander vertrauten Menschen eine Art seltsamer Beweis dafür, daß ihnen die Beziehung und das Wohlwollen des anderen sehr viel bedeuten.

Eine realistischere Reaktion auf das Verrücktmachen ist deshalb nicht die Reaktion auf seine verletzenden Auswirkungen, sondern der Versuch, klare Informationen über die geäußerte Aggression zu erhalten. Und eine Möglichkeit dazu bietet das Verständnis der Muster, nach denen sich das Verrücktmachen vollzieht.

Denn obschon die spezifischen Taktiken des Verrücktmachens so verschieden sind wie die verrücktmachenden Erfahrungen selbst, folgen sie im allgemeinen doch einer Reihe von relativ begrenzten Verhaltensmustern. Kennt man diese Muster, dann ist es weitaus produktiver, sie zu untersuchen und dann aufgrund seiner Erkenntnisse zu handeln, als einfach auf die Feindseligkeit des Stachels zu reagieren.

Nehmen wir einmal an, Phyllis verstehe diese Verhaltensmuster. In diesem Fall kann sie sich selbst einige grundlegende Fragen zu Bens jeweiligem Zuspätkommen stellen. Sie kann diese Fragen dann auch beantworten – nicht indem sie Bens Gedanken liest, sondern indem sie die objektiven Gegebenheiten der jeweiligen Situation betrachtet und ihre eigenen Reaktionen überprüft.

Diese Fragen können in zwei Gruppen aufgeteilt werden. Und Phyllis kann durch ihre Antworten auf die erste Gruppe rasch einige Feststellungen treffen:

In welchem Bereich entsteht der Konflikt?

Er liegt offensichtkich in der Tatsache begründet, daß Ben nicht pünktlich kommt. Diese Tatsache und ihre Auswirkungen müssen einen Hinweis auf das Problem enthalten, das Ben dazu veranlaßt, sie im Hinblick auf ihre Verabredungen verrückt zu machen. Was bedeutet sein Zuspätkommen? Welche Angelegenheiten müssen aus diesem Kode herausgelesen, offengelegt und besprochen werden?

Ihr Wissen um die Verhaltensmuster des Verrücktmachens sagt Phyllis, daß die Bedeutung des Zuspätkommens meist darin zu suchen ist, daß das Treffen hinausgeschoben werden soll, daß es eine Art Rückzug bedeutet. Phyllis stellt den Zusammenhang her zwischen diesem Rückzug, diesem Widerstreben, und dem verrücktmachenden Muster, das wir *Versteckspielen* genannt haben.

Sie weiß, daß dieses Verhaltensmuster ein Weg ist, sich aus einer Beziehung herauszuhalten. Es bietet die Möglichkeit, zwischen sich und dem anderen eine gewisse Distanz zu schaffen.

Wenn sie sich diese Verhaltensmuster auf diese Weise zunutze macht, kann sie auch einige Antworten auf die zweite Frage finden:

Welche Auswirkungen hat das Verrücktmachen?

Um diese Frage beantworten zu können, beobachtet Phyllis sich selbst, um nicht in die gefährliche Falle des Gedankenlesens zu geraten. Darüber hinaus sollten Sie daran denken, daß das Verrücktmachen immer in einer verschleierten Weise einem bestimmten Zweck dient. Seine Auswirkungen bieten also gute Hinweise darauf, was es zu erreichen versucht.

Phyllis ist sich bewußt, daß sie keinen Rückzug will. Tatsächlich erhofft sie sich eher eine größere Nähe und eine stärkere Verbindlichkeit in ihrer Beziehung. Und hier erkennt sie auch schon, warum Bens Zuspätkommen – wenn es tatsächlich einen Rückzug darstellt – sie so sehr verstimmt.

Sie ist sich bewußt, daß ihre Abhängigkeit von Ben größer geworden ist. Sie fühlt sich ihm verpflichtet, und daher empfindet sie auch das Bedürfnis nach Zeichen seiner Verpflichtung ihr gegenüber. Sein Zuspätkommen läßt sie daran zweifeln, daß er diese Verpflichtung auch empfindet, oder daß sie so stark ist wie die ihre. Es warnt sie davor, daß ihre Abhängigkeit einseitig sein könnte. Es sagt ihr, daß Ben sie zurückstößt, anstatt ihr näherzukommen.

Was Phyllis von den Merkmalen des Versteckspielens weiß, sagt ihr, daß es häufig einen Versuch darstellt, der Abhängigkeit eines anderen aus dem Weg zu gehen. Häufig ist es eine Art Zurückweichen, wenn der andere scheinbar zu schwer auf einem lastet. Daraus erkennt Phyllis außerdem, daß das Zuspätkommen – seiner Wirkung nach – ihr signalisiert, sie solle ihre eigenen aggressiven Gefühle nicht zum Ausdruck bringen. Denn die wichtigsten dieser Gefühle implizieren, daß sie Ben zu einer größeren Verbindlichkeit auffordert.

Könnte sie ihre Forderung offen äußern, dann würde es etwa folgendermaßen klingen: »Du bist für mich sehr wichtig geworden. Ich freue mich darüber. Ich freue mich darüber, daß ich jemand gefunden habe, der mir soviel bedeuten kann. Aber ich muß wissen, ob ich mich auf dich verlassen kann und wie sehr. Ich muß wissen, ob du Vorbehalte hast, die ungesagt bleiben. Letztlich muß ich wissen, wie zentral die Rolle ist, die ich in deinem Leben spiele, bevor ich zulassen kann, daß du in meinem Leben immer zentraler wirst. Ich muß wissen, wieviel ich von mir selbst einbringen kann.«

Und wenn sie ihre aggressiven Gefühle im Hinblick auf Bens Zuspätkommen äußern würde, dann würde sie etwa sagen: »Wenn du immer zu spät kommst, dann habe ich einfach das Gefühl, daß du mir sagen willst, ich könne mich nicht auf dich verlassen, ich müsse vorsichtig sein und mich zurückhalten; denn dein Zuspätkommen gibt mir das Gefühl, daß ich dir nicht so wichtig bin wie du mir. Dein Zuspätkommen sagt mir, daß ich mich nicht auf dich verlassen kann. Und deshalb macht es mich verrückt. Denn du sagst mir gleichzeitig, wie sehr du dich mit mir verbunden fühlst und wie nah du bei mir sein willst. Und meine Annäherung an dich scheinst du niemals zurückzuweisen.«

Mit einem solchen Bewußtsein kann Phyllis die Diskussion mit Ben an die wichtigen, ihrem Konflikt zugrundeliegenden Themen heranführen, anstatt endlos über den Zeitpunkt zu streiten, an dem er kommt. Diese Zankereien waren ohne Nutzen und werden es wohl auch bleiben. Und als sie das dann tut, ist das Ergebnis ziemlich überraschend. Denn Ben lacht, als sie über ihren Wunsch nach einer größeren Verbindlichkeit spricht.

»Mißversteh mich nicht«, sagt er, »eigentlich ist es gar nicht lustig, sondern nur widersinnig. Genau so habe ich über dich gedacht. Du meinst vielleicht, du hättest deine Gefühle offen geäußert. Ich dachte das von mir. Aber jedes Mal, wenn ich z. B. darüber sprach, daß wir zusammenziehen könnten, hast du dich von mir zurückgezogen. Du wechselst das Thema nach drei Sätzen. Du sagst nie ja, nein oder vielleicht. So war es von Anfang an. Um ehrlich zu sein, das macht mich verrückt.«

Phyllis und Ben erfahren, daß sie einander sehr ähnlich sind. Beide haben das Gefühl, sie neigten dazu, von der Liebe und der Nähe des anderen zu sehr abhängig zu werden. Und da beide in dieser Hinsicht schon verletzt worden sind, verhalten sie sich vorsichtig und abwartend, als sie die Zeichen ihrer wachsenden Abhängigkeit voneinander bemerken. Sie halten sich eher zurück und warten darauf, daß der andere seine Verpflichtung deutlich zum Ausdruck bringt, und sie sind selbst dann noch skeptisch, wenn sie die erwarteten Zeichen erhalten. Ihre beiderseitige Furcht vor der Abhängigkeit ist noch ungelöst. Jedenfalls aber haben sie einen ersten Schritt unternommen.

Das Verständnis der Verhaltensmuster des Verrücktmachens kann uns dabei helfen, die groben Umrisse unserer verrücktmachenden Erfahrungen zu erkennen, die zugrundeliegenden, in einem Kode zum Ausdruck gebrachten Aggressionen herauszuarbeiten und unsere eigenen Reaktionen, die sich aus dem Verrücktmachen ergeben, besser zu verstehen. Wir werden sehen, daß diese Abgrenzung der spezifischen Auswirkungen und des spezifisch und offensichtlich Ärgerlichen am Verrücktmachen wichtig ist, wenn wir es verhindern wollen.

Die zweckdienlichen Verhaltensmuster des Verrücktmachens

Wollte man alle möglichen Taktiken des Verrücktmachens erklären, dann müßte man ein Buch schreiben, das so viele Seiten hätte, wie es Menschen in der Welt gibt. Denn tatsächlich lebt kein Mensch, ohne es einmal mit dem Verrücktmachen zu tun zu haben. Und da der Lebensstil und die Lebensumstände eines jeden Menschen einmalig sind, erfindet und verwendet jeder von uns eine maßgearbeitete Form des Verrücktmachens, die unserer ganz spezifischen Umgebung und unseren Beziehungen in einmaliger Weise angepaßt ist.

Zum Glück ist es jedoch in praktischer Hinsicht nicht nötig und noch nicht einmal besonders hilfreich, jede Einzelheit des Verrücktmachens zu verstehen; denn genau wie im Krieg oder in der Politik ist zwar die Taktik einer einzelnen verrücktmachenden Situation höchst spezifisch, aber es gibt nur relativ wenige allgemeine Strategien. Und denken Sie immer daran: Das Ziel, das wir verfolgen, wenn wir lernen wollen, die Muster des Verrücktmachens zu erkennen, besteht *nicht* darin, den anderen zu psychoanalysieren. Vorrangig wollen wir es uns selbst erleichtern, mit unseren eigenen Gefühlen umzugehen, so daß wir in einer psychisch gesunden Weise reagieren und eine endlose Spirale des Verrücktmachens vermeiden können.

Das Begreifen und Erkennen der Verhaltensmuster des Verrücktmachens kann uns dabei helfen, mehr als nur den Bereich des Konflikts zu identifizieren und eine Vorstellung von der Forderung nach Veränderung zu bekommen, die in dem Verrücktmachen enthalten ist. Es kann uns dabei helfen, das Leid geringer zu halten, das uns eine solche Erfahrung zufügt. Aus ersichtlichen Gründen mindert das Verstehen die entstehende Verwirrung. Aber mehr noch, es hilft bis zu einem gewissen Grad dabei, die Angst abzubauen – denn jetzt kann man klarer erkennen, daß das Ziel des Verrücktmachens nicht darin besteht, die Beziehung zu zerstören, sondern einen offenen Konflikt zu vermeiden, der aus einer offenen Aggression entstehen könnte. In dieser und in anderer Hinsicht trägt das Erkennen der Verhaltensmuster dazu bei, die Wirkung des Stachels des Verrücktmachens zu mildern. Und damit wird die Versuchung geringer, mit einem Gegen-Stachel zurückzuschlagen.

Die folgende Liste der verrücktmachenden Verhaltensmuster ist also so ausgewählt, daß jedes einzelne eine umfassende und allgemeine Strategie darstellt. Jedes Muster repräsentiert ein wichtiges verrücktmachendes Thema. Der Leser wird in seinem eige-

nen Leben eine Fülle von Variationen dieser Verhaltensmuster auffinden können.
Sobald diese Verhaltensmuster klar geworden sind, können wir damit beginnen, sie als Leitlinien zu benutzen, die uns zur Auffindung der jeweiligen psychisch gesunden Antwort dienen können.

Dein-Wunsch-ist-mein-Wunsch.

Wie eigentlich alle verrücktmachenden Verhaltensmuster, entsteht auch dieses aus einem üblichen und annehmbaren Verhalten, daher wahrt es häufig den Anschein der Annehmbarkeit, bis die ihm zugrundeliegende verrücktmachende Verzerrung empfunden wird.
In diesem Fall ist die annehmbare Wurzel des Verhaltensmusters die *Anpassung.* Die Anpassung ist im Grunde nichts anderes als die Angleichung der eigenen Interessen in einer Weise, die die Interessen der anderen mitberücksichtigt.
Man paßt sich an, wenn man zwei Kaugummis hat und einen davon seinem Freund gibt, wenn man seinem Begleiter im Theater den besseren Platz anbietet, oder selbst, wenn man an der Tür zu jemand »Nach Ihnen« sagt.
Doch *Dein-Wunsch-ist-mein-Wunsch* ist eine falsche Art der Anpassung. Der sich Anpassende gibt nicht so sehr aus Wohlwollen nach, sondern vielmehr, weil er einen Konflikt fürchtet. Diese erzwungene Nachgiebigkeit erzeugt bei dem sich Anpassenden Streß. Er muß eigentlich einen viel höheren Preis bezahlen als er will, aber er fürchtet, daß der Streß noch viel größer sein wird, wenn er »nein« sagt. Vielleicht entsteht sogar ein offener Kampf, wenn er sein Angebot unterläßt.
Der sich Anpassende wehrt sich also gegen nichts, was von ihm verlangt wird. Oft verlangt der andere noch nicht einmal etwas, und er liest nur aus den Gedanken des anderen, was dieser vielleicht verlangen *könnte.* Dieses Verhalten kann die entstehende Verwirrung weiter vergrößern.
Auf die eine oder andere Weise wird demjenigen, an den sich der andere angepaßt hat, obwohl er es eigentlich gar nicht so meinte,

meist indirekt die wahre Botschaft, die Botschaft von dem zugrundeliegenden Widerstreben vermittelt.
Derjenige, an den sich der andere angepaßt hat, wird dazu gebracht, das großzügige Angebot abzulehnen, das die klare und offene Kommunikation des sich Anpassenden enthält. Oder aber er wird dazu gebracht, später Schuld oder verpflichtende Dankbarkeit zu empfinden, wenn er das Angebot annimmt. Und die verrücktmachende kodierte Botschaft war ihm eine Warnung, in Zukunft nur noch sehr vorsichtig zu entscheiden, um was er fragen oder was er annehmen kann.
Vor allem, wenn die *Dein-Wunsch-ist-mein-Wunsch*-Anpassung das Ziel hat, den anderen niemals zurückzuweisen, dann kommt die Ablehnung schließlich in jedem Fall. Und wenn sie nach dem Vorfall geäußert wird, um den es geht, wenn es zu spät ist, die Bitte zurückzunehmen, wenn die Angelegenheit schon Geschichte ist, dann macht sie einen besonders verrückt.
In einem solchen Fall glaubt derjenige, an den sich der andere angepaßt hat, er handele mit dessen Zustimmung, obwohl es in Wirklichkeit nicht so ist. Er entwickelt falsche Erwartungen. Und wenn dann das wahre »nein« deutlich gemacht wird, wird ihm das Gefühl vermittelt, er habe die Nachgiebigkeit seines Partners erzwungen, er sei selbstsüchtig oder unaufmerksam gewesen.
Es gibt eine unendliche Vielzahl von Variationen des Verhaltensmusters *Dein-Wunsch-ist-mein-Wunsch*. Jenny z. B. sagt: »Heute ist ein wunderbarer Tag, um mit offenem Verdeck zu fahren.« Und Jack ist einverstanden. Doch als die Dunkelheit einbricht, sagt er: »Gott sei Dank geht die Sonne unter, die Gluthitze in diesem offenen Wagen hat meine Kopfschmerzen immer rasender werden lassen.« Natürlich hat er nichts davon gesagt, daß er Kopfschmerzen hatte.
Auch die unaufrichtige Anpassung kann verschiedene Ziele haben. Eine der häufigsten Absichten liegt darin begründet, daß der sich Anpassende »ja« sagt, weil er oder sie sich davor fürchtet, »nein« zu sagen. Folgt ein verrücktmachendes »nein«, dann heißt die wirkliche Botschaft »Stelle keine offenen Forderungen an mich, weil ich sie nicht ablehnen kann. Deshalb mußt du alle

deine Forderungen zensieren. Du mußt versuchen, alle meine Gedanken zu lesen und zu erraten, wozu ich wirklich bereit bin und wozu nicht.«

Man kann leicht erkennen, wie mächtig diese Taktik werden kann und wie sehr sie einen verrücktmachen kann; denn sie endet darin, daß sie dem anderen sein Recht darauf abspricht, seine oder ihre eigenen Wünsche klar zu äußern, und sie nimmt ihm sein Recht auf Einfluß.

Die Taktik des *Dein-Wunsch-ist-mein-Wunsch-Verhaltens* geht häufig über in eine Variante der falschen Anpassung, die wir das *Mitspielen* nennen. Gelegentlich sprechen wir davon auch als dem *Ich-auch-wenn-du-so-willst-Verhalten.*

Grundsätzlich bedeutet dieses Verhalten, daß man sich mit dem abfindet, was der andere vermeintlich will; in Wirklichkeit heißt das meist, daß man so tut, als teile man seinen Spaß an etwas. Wenn dieser Täuschung die Grundlage entzogen ist, kann die Wirkung ganz besonders verrücktmachend sein.

Die Frau z. B. die ihrem Mann zu verstehen gibt, daß sie geneigt ist, mit ihm zu schlafen, obwohl sie in Wirklichkeit kein Interesse daran hat, spielt in gewisser Weise mit. Die Enthüllung eines solchen Mitspielers gehört zu den verheerendsten verrücktmachenden Erfahrungen. Marks Geschäft z. B. ist in Schwierigkeiten geraten. Seit Wochen schon macht er sich Sorgen und verbringt schlaflose Nächte. »Ich habe alles versucht«, sagt er schließlich zu Karen, »aber ich schaffe es nicht. Wir müssen einfach unser Haus verkaufen und etwas Kleineres finden.«

Karen beruhigt ihn. »Das ist schon in Ordnung. Ich habe dieses Haus ohnehin noch nie gemocht. Dir hat es nur so sehr gefallen.«

In einem sehr verwickelten verrücktmachenden Verhaltensmuster kommt sogar das Mitspielen beim Verrücktmachen vor. Wir brauchen uns nur vorzustellen, daß Karen, der das Haus nicht gefällt – was sie aber nicht zu äußern wagt – auf das Verrücktmachen zurückgreift, um diese Botschaft indirekt zu senden. Das erreicht sie, indem sie sich zwar sehr darum bemüht, das Haus in Ordnung zu halten, es aber gewöhnlich trotzdem schafft, eine größere Unordnung zu hinterlassen.

Mark kommt von der Arbeit nach Hause. Sie erwarten Gäste. Im

Wohnzimmer ist ein heilloses Durcheinander. Karen erscheint mit müdem und erschöpftem Blick. »Du wirst mir helfen müssen«, klagt sie. »Ich habe jede Minute damit zugebracht, die Küchenschränke in Ordnung zu bringen und die Geräte zu putzen, die wir selten benutzen. Sie werden so schmierig. Und du weißt ja, wie das ist, wenn Mildred zum Essen kommt. Sie will immer helfen. Und was ist, wenn sie einen dieser gräßlich schmierigen Schränke öffnet und das ganze fettige Zeug sieht, das schon monatelang unberührt darin herumsteht?«

»Ich sehe schon, was du meinst«, antwortet Mark verständnisvoll. Und er eilt durch die Wohnung, räumt im Wohnzimmer auf, saugt Staub, putzt die Gästetoilette und räumt das Küchenpapier aus dem Eßzimmer.

»Sieh mal, sehen die Schränke nicht schön aus?« fragt Karen.

»Doch, wirklich«, antwortet Mark. »Du arbeitest so viel. Du bräuchtest wirklich jemand, der dir hilft. Ich wollte, wir könnten uns eine Haushaltshilfe leisten.«

In Wirklichkeit möchte Mark gereizt so etwas sagen wie: »Wo bleibt dein Sinn für das Angemessene? Natürlich, es ist großartig, daß du die Küchenschränke saubergemacht hast. Aber was ist mit den grundlegenden Dingen, die getan werden mußten? Der Schrank im Eßzimmer ist jetzt voll mit dem Gerümpel, das ich aufräumen mußte. Irgendwie richtest du es immer so ein, daß ich die Hausarbeit für dich erledigen muß.

Es ist tatsächlich so, daß Karen Mark einen Teil der Arbeit im Haushalt überträgt. Mark ist sich jedoch nicht bewußt, daß er, solange er mitspielt, um einen Konflikt zu vermeiden, gezielt Karens endlose indirekte Botschaften ignoriert, die besagen, das Haus sei zu groß, als daß sie die Arbeit im Haushalt allein bewältigen könnte. Marks verrücktmachende Gegenreaktion, die zu seinem Mitspielen gehört, besteht darin, Karen ständig zu versprechen, daß er ihr einen Teil der schweren Arbeit abnimmt und gleichzeitig dieser Arbeit dauernd aus dem Weg zu gehen.

So wird das Haus zum Instrument einer unaufhörlichen Spirale des Verrücktmachens. Weder Mark noch Karen fühlen sich darin wohl. Doch beide sind zu Mitspielern im Spiel des anderen geworden und bleiben dadurch in ihrer Falle gefangen. Mark will nicht sehen, wie unordentlich es in ihrem Haus immer aussieht, gleichgültig, wie sehr sich Karen darum bemüht, ihm das Durcheinander zu zeigen. Und Karen fürchtet sich ihrerseits davor, offen zuzugeben, daß sie die Arbeit im Haushalt nicht allein bewältigen kann. Sie wagt nicht, das Haus abzulehnen, weil Mark es ausgesucht hat, und sie glaubt, es gefalle ihm so sehr; und sie wagt nicht, eine Haushaltshilfe zu verlangen, weil Mark seine Fähigkeiten als Versorger in Frage gestellt sehen könnte.

Man kann leicht erkennen, wie ein immer weiter getriebenes Mitspielen zu einem verrücktmachenden Lebensstil führen kann; denn diese Art der unaufrichtigen Anpassung kann dazu führen, daß ein ganzes Gebäude von falschen »gemeinsamen« Überzeugungen, Träumen und Zielen in einer Beziehung errichtet wird.

Eines der häufigsten Verhaltensmuster aus dem Bereich des Mitspielens findet sich am Beginn vieler Liebesbeziehungen. Wir nennen es gelegentlich den *Liebes-Wahn*. Ebenso gut könnte man es *Ich-liebe-einen-schönen-Traum* nennen.

Die falschen Erwartungen bei dieser Art des Verrücktmachens haben ihren Ursprung eigentlich in unserer Kultur, die uns eine unrealistische Vorstellung von der Liebe vermittelt, besonders aber eine Vorstellung von dem Märchenprinzen oder der Märchenprinzessin, die irgendwie alle unsere Bedürfnisse befriedigen, voller Freude alle unsere Wünsche erfüllen, und mit dem oder der wir fortan glücklich leben bis zu unserem seligen Ende. Nur ist es eine traurige Wahrheit, daß der Mensch nicht in der Lage ist, solchen perfektionistischen Träumen nachzukommen.

Irgendwie scheint es jedoch, als versuche jedes neue Liebespaar sich selbst davon überzeugen zu wollen, daß es die Ausnahme von der Regel sei. Die Verwirklichung dieses Traumes wird sogar oft als Kriterium dafür gebraucht, ob eine Liebesbeziehung tatsächlich vorhanden ist und ob sie tatsächlich die Möglichkeit einer längerfristigen Beziehung in sich birgt.

Leider können diese Kriterien nur erfüllt werden, wenn die Partner zum Mitspielen bereit sind und damit ihre Bedürfnisse verleugnen und sich anpassen. Alle unterschiedlichen Wertvorstellungen, Geschmacksrichtungen und Vorlieben werden ein-

ander angepaßt und unter den emotionalen Teppich gekehrt. Frisch Verliebte neigen oft zum Mitspielen, indem sie jeden Bereich vermeiden, in dem irgendein Konflikt entstehen könnte.
Das Mitspielen im Liebeswahn wird besonders deutlich, wenn eine Beziehung mit dem beginnt, was wir den *Blitzschlag* nennen, d. h., wenn es sich um eine Art Liebe auf den ersten Blick handelt. Ein solches Kennenlernen kann so überwältigend sein und so viele Wunschträume erfüllen, daß keiner der beiden Partner es wagt, eine Aggression zu äußern, die den Traum zerstören könnte.
Nur ist diese Art des Mitspielens sehr anstrengend. Jedes Mal, wenn sie miteinander schlafen, muß die Erde beben. Jedes Mal, wenn ein Wunsch ausgesprochen oder auch nur angedeutet wird, muß er mit Begeisterung erfüllt werden.
Doch irgendwann holt sie die nüchterne Wirklichkeit ein. Und jede einzelne wirkliche Erfahrung – von der Entdeckung, daß sie Schokolade wirklich nicht so gern mag bis zu der Entdeckung, daß er nicht unbedingt eine Erektion bekommt, wenn sie ihren Büstenhalter auszieht – wird zu einer verrücktmachenden Erfahrung; denn das Mitspielen im Liebes-Wahn hat ganz einfach bei beiden falsche Erwartungen an den anderen geschaffen, die nicht weiter erfüllt werden können. Aus diesem Grund enden so viele glühende Liebesaffären mit dem plötzlichen und niederschmetternden Gefühl, vom anderen getäuscht worden zu sein.
Die vielfältigen Verhaltensmuster der verrücktmachenden Anpassung gehören ganz eindeutig zu den häufigsten und am meisten zum Wahnsinn treibenden allgemeinen Strategien des Verrücktmachens. Das Thema und das Verhaltensmuster des Dein-Wunsch-ist-mein-Wunsch-Verhaltens sind leicht zu erkennen, wenn man kodierte Botschaften erhält, die die Aufrichtigkeit der Anpassung leugnen. Das Leid, das wir erfahren, wenn wir verrücktgemacht werden, verringert sich jedoch, sobald wir merken, daß die in der Anpassung enthaltene Täuschung eigentlich gar nicht dazu dienen soll, uns zu betrügen. Sie soll uns festhalten, uns gefallen, unser Wohlwollen gewinnen. Sie entsteht aus der Furcht vor einem Konflikt mit uns. Wenn wir das begriffen haben, tut uns der Stachel nicht so weh, wenn eine in der An-

passung enthaltene Unwahrheit ans Licht kommt. Vor allem jedoch gelingt es uns vielleicht besser, der Versuchung zu widerstehen, die Wirklichkeit einer kodierten, verrücktmachenden, der Anpassung widersprechenden Botschaft zu leugnen.
Denn wie wir gesehen haben, haben sowohl die klaren als auch die kodierten Teile einer doppelten Botschaft einen bestimmten Wirklichkeitsgehalt. Wir müssen beiden Botschaften Glauben schenken, mindestens insofern wir sie verstehen. Und selbst wenn die kodierte Botschaft unklar ist, können wir ihrer Wirkung auf uns Glauben schenken. Wenn uns eine verrücktmachende Erfahrung das Gefühl gibt, eine Anpassung werde geleugnet, dann müssen wir etwas unternehmen, damit die Wahrheit offen ausgedrückt werden kann.

Wenn-du-mich-liebst-kennst-du-mich.

Dieses verrücktmachende Verhaltensmuster, das gelegentlich auch als *Ratespiel* bezeichnet wird, wurzelt in unserer Kindheit. Der Säugling kann nicht sagen, was er will oder braucht, statt dessen hängt er von der Fähigkeit seiner Eltern ab, zu erraten, was er will oder braucht – ob er schwitzt oder friert, ob er naß ist oder trocken. Die einzige Möglichkeit des Babys, sich zu äußern, besteht in einem unspezifischen Schreien. Mama und Papa müssen herausfinden, ob das Schreien durch einen leeren Bauch ausgelöst wurde oder durch eine kneifende Windel.
Wenn-du-mich-liebst-kennst-du-mich hängt mit der allgemeinen Strategie Dein-Wunsch-ist-mein-Wunsch zusammen. Denn wenn man das Verhaltensmuster der unaufrichtigen Anpassung zuläßt, gerät man in eine Lage, in der man erraten muß, was der andere will oder akzeptiert. Erinnern Sie sich daran, daß dieses Verhaltensmuster darauf abzielt, den anderen davon abzuhalten, daß er Forderungen stellt, denen man sich dann *nolens volens* anpaßt; weil man als der sich Anpassende nicht das Risiko auf sich nehmen will, »nein« zu sagen. Man gibt nur Hinweise – die allerdings sehr verwirrend sein können. Und natürlich stehen am Ende die Klagen und das lange Gesicht.
Wenn-du-mich-liebst-kennst-du-mich enthält auch ein Verhal-

tensmuster, das mit der erwarteten Vollkommenheit der Hoffnungen des Liebeswahns zusammenhängt. Denn wenn man vom anderen erwartet, daß er die eigenen Wünsche errät, dann unterstellt man ihm in Wirklichkeit, daß ein wirkliches Interesse und eine wirkliche Zuneigung automatisch die Fähigkeit mit sich bringen müßten, zu wissen, was man will oder was der andere tun soll, ohne daß man es ihm sagt.

Ein solches Verhalten ist eine harte und nervenaufreibende Prüfung. Häufig sind bestimmte, immer wiederkehrende Phrasen ein guter Hinweis darauf, daß man dieser Prüfung unterzogen wird. Zu diesen Phrasen gehören Sätze wie »Du mußt gewußt haben« oder »Du hättest wissen müssen« oder »Jeder andere hätte gewußt«. Und wenn es Ihnen nicht gelingt, die Wünsche dieser Person zu erraten, wenn es Ihnen nicht gelingt zu wissen, was er oder sie meint, daß Sie wissen sollten, dann wird Ihnen das als mangelnde Liebe oder Loyalität ausgelegt.

SIE: Hier ist das neue Hemd, das ich dir kaufen sollte, Liebes.

ER (entsetzt): Ein grünes!

SIE: Ja, ich habe in deiner Schublade nachgesehen, um nicht eines zu kaufen, das du schon hast, und ich habe kein grünes gefunden.

ER: Ja, dann mußt du doch gemerkt haben, daß ich keine grünen Hemden mag.

Obwohl die Vorstellung weit verbreitet ist, daß diejenigen, die uns lieben und die zu uns passen, in der Lage sind, unsere Wünsche schon im voraus zu kennen oder sie zu erraten, ist diese Vorstellung einfach nicht richtig. Und wenn man sich in einer Beziehung von diesem falschen Glauben überzeugen läßt, dann hat man am Ende ein sehr starkes Gefühl der eigenen Unzulänglichkeit. Man hat zwar nicht versagt, aber man ist dazu überredet worden, sein Recht auf klare Informationen preiszugeben.

Der Partner, der vom anderen erwartet, daß er seine Wünsche errät, wird vom anderen wahrscheinlich dauernd enttäuscht sein. Er oder sie überläßt dem anderen ständig kleine Angelegenheiten, kleine Entscheidungen mit der Bemerkung »Du *weißt* schon, was ich will«. Doch die Übertragung seiner Entscheidungen erweist sich als eine verrücktmachende Falle. Dennoch klammert er oder sie sich an den Glauben, daß der andere immer richtig raten würde, wenn er sich nur die Mühe machen würde. Und wenn es diesem dann nicht gelingt, richtig zu raten, ihm eine Freude zu machen, dann wird dieses Versagen als ein gezielter Angriff aufgefaßt. Der Gesichtsausdruck des Mißverstandenen zeigt verdrossene Niedergeschlagenheit, oder er fühlt sich sogar verraten. Denken Sie an den Gesichtsausdruck eines Kindes, wenn der Löffel, den ihm seine Mutter anbietet, Arznei enthält.

Wer es schafft, seinen Partner davon zu überzeugen, daß dem Ratespiel eine realistische Erwartung zugrundeliegt, gewinnt eine außerordentlich starke Macht über den anderen. Und die Übernahme dieser Macht, die den anderen immer in die Rolle drängt, daß er versuchen muß zu gefallen, ist eine der wichtigsten Absichten, die mit dem Verhaltensmuster des Ratespiels verfolgt wird.

Es ist vielleicht nicht überraschend zu erfahren, daß häufig diejenigen Menschen auf diese Taktik zurückgreifen, die sich in Wirklichkeit etwa so hilflos fühlen wie ein Säugling. Ein solches Verhalten ist oft das Ergebnis eines starken Gefühls der Abhängigkeit, eines verzweifelten Bedürfnisses nach Liebe, um überleben zu können. Gerade auch im Zusammenhang mit dieser großen Abhängigkeit besteht eine große Angst davor, zurückgewiesen oder verlassen zu werden. Diese Angst kann dazu führen, daß man den anderen ständig auf die Probe stellt, um sich seiner immer wieder zu versichern.

Ich-weiß-was-du-denkst

Einige Aspekte dieses Verhaltensmusters haben wir im Zusammenhang mit der psychologischen Klassifikation des Gedankenlesens untersucht. Und in gewisser Weise handelt es sich hier um ein Spiegelbild des Musters Wenn-du-mich-liebst-kennst-du-mich.

Auch diese Strategie kann auf der Überzeugung beruhen, Nähe oder Interesse bedeute zugleich, daß man wisse, was in den Gedanken des anderen vor sich gehe. Allerdings glaubt das in diesem Fall der Gedankenleser. Sorgfältig angelegte Experimente haben jedoch erwiesen, daß selbst Partner, die in einer sehr engen Beziehung leben und die ernsthaft davon überzeugt sind, daß sie die Gedanken des anderen lesen können, in Wirklichkeit nur sehr niedrige Ergebnisse erzielen, wenn sie versuchen, diese Fähigkeit nachzuweisen.

Wie wir gesehen haben, kann der Versuch, die Gedanken des anderen zu lesen, jedes seiner Rechte auf geistige Gesundheit verletzen. Wenn allerdings keine klaren Informationen zur Verfügung stehen, ist es leicht verständlich, warum wir dazu neigen, die Gedanken des anderen zu erraten. Und es gibt auch viele Situationen, in denen dieses Erraten tatsächlich notwendig ist. Diese Notwendigkeit zeigt sich z. B. in Situationen, in denen einer mit dem anderen konkurriert, also etwa beim Handeln oder beim Tennis- oder Pokerspiel.

Natürlich macht man im allgemeinen auch niemand verrückt, wenn man nur versucht, ein wohlwollendes Interesse dadurch auszudrücken, daß man versucht, sich an eine früher einmal zum Ausdruck gebrachte Vorliebe zu erinnern oder etwas zu erraten, das dem anderen Freude macht. Nur wenige Menschen reagieren verärgert, wenn man sie z. B. fragt »Du trinkst deinen Kaffee schwarz, nicht wahr?«

Doch *Ich-weiß-was-du-denkst* ist etwas ganz anderes. Ein solches Verhalten wird gewöhnlich als ein Versuch empfunden, in den inneren Raum des Betroffenen einzudringen. Und selbst, wenn der Gedankenleser richtig geraten hat – was ohnehin nur selten vorkommt – bereitet sein Schachzug dem anderen ein Gefühl des Unbehagens. Meist reagiert er dann etwa folgendermaßen: »Rate nicht. Frag mich, und dann sage ich es dir – wenn ich will.«

Ein weiterer Grund für das unangenehme Gefühl, das durch das Gedankenlesen hervorgerufen wird, ergibt sich daraus, daß der Versuch zu raten gewöhnlich auf unzureichenden oder auf überhaupt keinen Informationen beruht. Tatsächlich übergeht er in der Regel das, was man gesagt oder getan hat. Und dies vermittelt demjenigen, dessen Gedanken gelesen werden, das Gefühl, daß seine Wirklichkeit kaum einen Einfluß auf den Gedankenle-

ser gehabt hat, daß er nicht so gesehen wird wie er ist, sondern so, wie er in der ganz persönlichen Vorstellung des Gedankenlesers aussieht. Dadurch kann man sich um seine Identität, um seine Individualität betrogen fühlen.
Das Gedankenlesen taucht in so vielen verschiedenen Verhaltensmustern des Verrücktmachens auf, weil das Verrücktmachen ganz einfach immer wieder dazu führt, daß so wenig klare Informationen ausgetauscht werden. Die mangelnde Klarheit der kodierten Botschaft des Verrücktmachens veranlaßt einen leicht dazu, die Gedanken des anderen zu lesen.
Tatsächlich werden wir sehen, daß es gelegentlich auch legitim ist, sozusagen die Gedanken des anderen zu lesen, um auf diese Weise Hypothesen übereinander aufzustellen. Allerdings ist einer der wichtigsten Aspekte dabei die vorherige Erlaubnis des anderen. Unter dieser Bedingung werden die Rechte auf den inneren Raum nicht verletzt. Das Recht jedes einzelnen auf seine privaten Gedanken und Gefühle wird anerkannt und respektiert. Auf diese Weise wird dem Gedankenlesen seine verrücktmachende Wirkung genommen.

Sieh-mal-das-sollst-du-denken

Schon die Benennung dieses Verhaltensmusters zeigt wahrscheinlich, in welcher Weise es die Rechte auf psychische Gesundheit verletzt und wie es mit dem Gedankenlesen zusammenhängt. Dieses Verhaltensmuster verletzt in der Tat fast alle Rechte auf psychische Gesundheit zugleich. Wer von ihm betroffen ist, fühlt sich leicht so, als sei er in einem psychologischen Konzentrationslager gefangen.
Wir haben dieses Phänomen schon früher unter der Benennung Gedankenentreißen behandelt. Meist handelt es sich dabei um Äußerungen einer Person, die einer anderen gegenüber eine starke Machtposition innehat, also wie z. B. im Verhältnis von Eltern und Kindern. Ein Beispiel: »Du willst nicht mit Sally sprechen, Liebes. Du weißt, daß ihre Mami sehr böse zu deiner Mami war. Sie hat sie kürzlich nicht zu der großen Party eingeladen.«

Weil das *Sieh-mal-das-sollst-du-denken* die Rechte auf geistige Gesundheit so offensichtlich verletzt, können wir einige Schlußfolgerungen in bezug auf die Person ziehen, die es zuläßt. Sie muß entweder in einer Situation gefangen sein, in der sie sich völlig hilflos und ohnmächtig fühlt – wie ein Kind, das nicht aus seiner Familie herauskann, oder aber sie muß eine Phobie vor Aggressionen haben.

Auch über die Person, die dieses Verhaltensmuster gebraucht, können wir etwas aussagen; denn der Gedankenvergewaltiger stellt nicht nur seine Macht in einer Beziehung zur Schau und erinnert an seine Machtposition, sondern er fördert durch sein Verhalten auch eine extreme Abhängigkeit des anderen, indem er dem Opfer seine Entscheidungsfreiheit nimmt und es dazu zwingt, sich an den Gedankenvergewaltiger zu wenden, wenn eine Entscheidung getroffen werden muß.

Andererseits besteht eine Taktik des Verrücktmachens darin, bei der Gedankenvergewaltigung mitzuspielen, sie nicht nur als annehmbar, sondern auch als notwendig hinzustellen. Auf diese Weise kann die extreme Abhängigkeit als Waffe eingesetzt werden, als ein widersinniges Mittel, innerhalb einer ungleichgewichtigen Beziehung eine gewisse Macht zu erlangen ... »Ich hoffe, du ärgerst dich nicht über mich, Liebling. Ich weiß, daß du mitten in eurer Jahreshauptversammlung steckst, und es ist mir fürchterlich unangenehm, daß ich dich anrufen muß. Aber du weißt ja, daß die Smiths zum Essen kommen, und du kennst sie am besten, deshalb hielt ich es für besser, dich zu fragen, was ich zum Essen nehmen soll. Du weißt ja, ich will keinen Fehler machen, der dich in Verlegenheit bringen könnte oder so. Und ich dachte, vielleicht fällt dir ein, welchen Wein wir trinken könnten, du weißt immer das Richtige.«

Dieser verrücktmachende Einsatz der extremen Abhängigkeit, den wir auch als eine defensive Form des Konter-Verrücktmachens betrachten könnten, könnte *Kümmere-du-dich-um-mein-kleines-Gehirn* genannt werden. Der Zweck dieses Verhaltens kann leicht festgestellt werden. Es wird als eine mögliche Taktik eingesetzt, um den Gedankenvergewaltiger zurückzudrängen, um eine größere Distanz zu schaffen. Es scheint notwendig zu werden, wenn der Gedankenvergewaltiger offensichtlich eine zu große Macht besitzt, als daß er direkt zurückgewiesen werden könnte. Dieses Ziel kann der extrem Abhängige durch das *Kümmere-du-dich-um-mein-kleines-Gehirn* erreichen, weil der Gedankenvergewaltiger sich zurückzieht, um durch die ständigen Hilferufe nicht immer gestört und geärgert zu werden.

Das Verständnis dieses Verhaltensmusters und seiner Funktion als defensives Konter-Verrücktmachen weist uns darauf hin, wie wir die Auswirkungen des Verrücktmachens für unsere Selbsterkenntnis gebrauchen können. Denn wenn wir sehen, daß unser Partner uns damit verrückt macht, daß er bei jeder Kleinigkeit unseren Rat und unsere Hilfe erbittet, dann können wir davon ausgehen, daß wir seine Gedanken vergewaltigen, ohne uns dessen bewußt zu sein. Und wir können weiterhin annehmen, daß wir in verschiedener Hinsicht eine Wirkung provozieren, die aus unserer überwältigenden Machtposition in der Beziehung resultiert.

In einem solchen Fall täten wir gut daran, uns einmal zu befragen, um festzustellen, ob wir unserem Partner ein Recht streitig machen, das mit seinem Abstand und seiner Unabhängigkeit zusammenhängt.

Übernimm-meinen-Teil

Bei diesem Verhaltensmuster des Verrücktmachens handelt es sich um eine Variante einer größeren Kategorie, einer Strategie, die wir gelegentlich als den *vorprogrammierten Ablauf* bezeichnen.

Durch diese Strategie wird man indirekt dazu aufgefordert oder auch dazu verleitet, etwas zu unternehmen, bei dem man irgendeine Prüfung nicht besteht, sei es im Hinblick auf seine Empfindsamkeit, sein Interesse am anderen oder eine andere Eigenschaft oder Fähigkeit. Der Verrücktmacher ist davon überzeugt, daß der andere versagt, weil er alles unternehmen wird, um den Mißerfolg zu gewährleisten.

Das *Übernimm-meinen-Teil*-Verhalten zielt hauptsächlich darauf ab, die Anstrengungen des anderen in Richtung auf eine größere Unabhängigkeit im Denken und Handeln zu unterbinden. Daher ist es auch nicht schwer zu erkennen, daß es sich hier um die Taktik einer Person handelt, die eine dominierende Rolle spielt und diese Rolle weiterhin braucht. Dieses Verhalten soll der untergeordneten Person ihre untergeordnete Stellung bewußt machen und sie davon überzeugen, daß sie eigentlich nicht bereit oder fähig ist, selbständig zu handeln. Aus diesem Grund ist das Übernimm-meinen-Teil-Verhalten eine häufig von Unternehmern oder Vorgesetzten angewandte Taktik, die ihre Kontrollfunktion und die Notwendigkeit dieser Kontrolle stützen soll. Nicht selten wird sie aber auch von den Menschen angewandt, die sich in einer eher persönlichen Beziehung eindeutig als der beherrschende Teil fühlen müssen.

In dem folgenden Dialog können wir den Gebrauch der *Übernimm-meinen-Teil-Taktik* genau beobachten:

CHEF: Chip, ich muß im Rathaus eine Genehmigung holen. Hättest du Lust, die Westwand heute allein zu streichen? Kommst du damit zurecht?

CHIP (*der darauf brennt, sich aber auch ein wenig davor fürchtet*): Oh ja, Chef, meinen Sie wirklich, ich schaffe es allein?

CHEF: Ich weiß nicht recht, aber du hast jetzt schon ziemlich lange für mich gearbeitet und bist inzwischen auch recht gut. Nicht so gut, wie du denkst, aber auch nicht schlecht. Nach allem, was ich von Joe gehört habe, scheinst du jedenfalls zu meinen, du könntest allein arbeiten. Er hat mir erzählt, daß du zu ihm gesagt hättest, du wolltest an den Wochenenden Malteraufträge annehmen und sie selbständig erledigen.

CHIP (*rasch*): Nur Kleinkram. Nur für ein bißchen Geld nebenbei. Keine Aufträge, die Sie übernehmen würden.

CHEF: Nun ja, das heißt ja wohl, daß du alles weißt, daß du mich nicht mehr brauchst. Jetzt wollen wir mal sehen, ob du weißt, wovon du spricht.

Es ist kaum überraschend, daß der Chef, als er zurückkommt, Chips Arbeit heftig kritisiert. Er schüttelt den Kopf, und seine Klagen nehmen kein Ende. »So, du willst also selbständig Aufträge übernehmen«, sagt er. Und er sagt Chip, die Wand sei so schlecht gestrichen, daß sie am anderen Tag für viel Geld neu gestrichen werden müsse.

Chip fühlt sich gedemütigt und geschlagen. Und er ist wütend. Da er nicht sieht, aus welchem Grund er eigentlich wütend sein sollte, meint er, er ärgere sich über sich selbst, weil er versagt hat. Und sein Chef hat genau das erreicht, was er wollte.
Tatsächlich wurde Chips Ärger wohl durch die verrücktmachende doppelte Botschaft seines Chefs verursacht. Einerseits hat Chip das Gefühl, der Chef habe ihm einen Vertrauensvorschuß gegeben und ihn gleichzeitig auf die Probe gestellt. Andererseits hat er das Gefühl, daß er versagen mußte.
Und Chip hat recht. Auch wenn sein Chef sich unbewußt so verhalten hat, weil er vielleicht fürchtet, daß ein geschätzter Mitarbeiter ihn verlassen und sich selbständig machen will, ist sein Verhalten nicht weniger unredlich; denn ob er es nun bewußt oder unbewußt so gemacht hat, er hat jedenfalls Chip nicht die Anweisungen gegeben, die er befolgen sollte.
Die *Übernimm-meinen-Teil-Taktik* wird angewandt, um verschiedene Machtpositionen zu behaupten. Sie kann dafür eingesetzt werden, ein Territorium abzugrenzen oder eine Distanz aufrechtzuerhalten – aber meistens dient sie dazu, einen anderen in einer untergeordneten Rolle zu halten.
Ihre Botschaft heißt gewöhnlich »Jetzt siehst du, warum *Ich* hier die Entscheidungen treffe, und daß du mich brauchst. Und daraus folgt die Botschaft »Jetzt, wo du siehst, wie schwierig meine Rolle ist, wirst du sie nicht mehr übernehmen wollen.«
Ein grundlegendes Ziel dieser Taktik besteht darin, die Abhängigkeit eines anderen zu verstärken, ihm zu sagen »Du brauchst mich.«
Es gibt einen deutlichen Hinweis darauf, daß wir es mit dieser Taktik zu tun haben: Um diese Taktik handelt es sich, wenn jemand, der seine Machtposition immer wieder betont hat, plötzlich einen Schritt nach hinten macht und sagt »Jetzt übernimm du das Ganze«, ohne jedoch mehr als nur ein Minimum an Informationen darüber zu geben, was er von einem erwartet.
Diese Strategie ähnelt in gewisser Weise der des Karate-Lehrers, der sagt: »Ich stehe hier mit angelegten Händen. Will mich jemand niederschlagen? Er kann so hart zuschlagen wie er will.« Jeder Freiwillige sollte in der Lage sein, den Ausgang des Versuchs abzusehen.

Die *Übernimm-meinen-Teil-Taktik* provoziert den anderen häufig dazu, auf eine List des Konter-Verrücktmachens zurückzugreifen. Diese Taktik nenen wir *Du-bist-doch-der-Stärkste* oder *Ködern.*
Das Ködern ist eine Möglichkeit, durch die ein Stärkerer in eine Lage gebracht wird, in der er sich übernimmt und dann versagt. Es ist eine Verteidigungstaktik für denjenigen, der in der Rolle des Schwächeren und beherrschten Partners festgehalten wird.
Diese Taktik kann man z. B. beobachten, wenn ein kleinerer Junge von einem größeren gezwungen worden ist, sich unterzuordnen. »Meinst du«, sagt er zu einem Freund, »den Baum kommt keiner bis ganz oben hinauf? Ich wette, Mike würde es schaffen.« Er wendet sich dem größeren Jungen zu. »Du könntest es, nicht wahr, Mike?«
Ein grundlegendes Ziel der *Du-bist-doch-der-Stärkste-Taktik* besteht darin, den dominierenden Verrücktmacher für seine Macht bezahlen zu lassen. Dieser Absicht liegt die Hoffnung zugrunde, daß er seine Vorherrschaft dann in Zukunft beschränkt. Bei den beiden Jungen geht es um eine geringfügige Demütigung, aber es kann sich auch um eine schwerer lastende Verantwortung handeln, wie z. B.: »Weißt du noch, Liebling, wie wütend du letztes Mal warst, als ich den Wagen zur Inspektion brachte und sie mich mit all den Dingen hereingelegt haben, von denen ich nichts verstand. Wir müssen ihn jedenfalls wieder zur Inspektion bringen. Und ich könnte schwören, daß sie sich zusammennehmen, wenn du ihn für mich hinbringst. Mit dir können sie nicht so umspringen. Du würdest wissen, was tatsächlich gemacht werden muß und was es kosten darf.«

Der-Himmel-fällt-uns-auf-den-Kopf

Diese Strategie des Verrücktmachens wird eingesetzt, wenn sich jemand übergangen fühlt. Sie kann auch als *Krisenmachen* bezeichnet werden.
Die Taktik *Der-Himmel-fällt-uns-auf-den-Kopf* hat vorrangig die Absicht, den erwünschten Einfluß zu gewinnen, ohne daß der Verrücktmacher dafür verantwortlich zu sein scheint. Wenn man diesen Schachzug hinnimmt – der darauf beruht, daß eine

angespannte, ärgerliche und verwirrende Notfallatmosphäre geschaffen wird – wird man dazu veranlaßt zu glauben, die Krise sei von selbst entstanden, der Partner habe nichts mit ihr zu tun. *Der-Himmel-fällt-uns-auf-den-Kopf* dient auch noch einem anderen Zweck: Ein Notfall erfordert ein bestimmtes Verhalten. Der Einfluß der persönlichen Wünsche oder Äußerungen der anderen kann nicht mehr berücksichtigt werden.

Im politischen Bereich ist diese Strategie ein altbekanntes Mittel, um die persönlichen Rechte außer Kraft zu setzen und auf diese Weise seine Macht zu vergrößern. Diese Strategie wird besonders gern von Tyrannen angewandt, die gewöhnlich den Krieg oder den drohenden Krieg zu einem so ausschließlich wichtigen Thema hochstilisieren, daß alle individuellen Angelegenheiten dahinter zurücktreten müssen. Sie versprechen dann immer, daß die alten Rechte wieder wirksam werden, sobald die Krise vorbei ist. Aber sobald ein Mensch das Krisenmachen einmal dazu benutzt hat, sich Aufmerksamkeit und Macht anzueignen, ist irgendwie immer ein Krisenzustand gegeben.

Das Krisenmachen ist häufig eine von Experten angewandte Strategie; denn oft kann niemand außer ihnen sagen, wie ernsthaft in einem ganz speziellen Bereich eine Krise sein mag. Es ist schwierig, den Arzt zu ignorieren, wenn er unergründlich sagt »Hmmm. Haben Sie schon einmal ein Elektrokardiogramm machen lassen?« Es fällt schwer, den Klempner zu ignorieren, wenn er sagt »Sehen Sie sich den Rost an diesem Luftrohr an. Können Sie sich vorstellen, was passiert, wenn es durchrostet?« Natürlich haben Sie keine Ahnung. Und es fällt Ihnen schwer, ihm nicht die geforderte Aufmerksamkeit zu zollen.

Wir wollen noch ein Beispiel aus dem Familienleben herausgreifen. Ein Mann hilft seiner Frau beim Staubsaugen. »Sieh mal«, sagt er, »das nimmt wirklich nicht viel Zeit in Anspruch. Warum sagt du, du brauchst immer so lange?«

»Natürlich«, antwortet seine Frau, »wenn man es so macht wie *du*. Wenn du den Staubsauger so schnell hinter dir herziehst, dann erfaßt er den tiefsitzenden Schmutz nicht. Und manchmal reißt der Treibriemen, dann muß man erst mal einen neuen finden.«

Bei diesem Wortwechsel dient das Heraufbeschwören einer Krise einer ganzen Reihe von Absichten. Sie soll das Territorium der Frau verteidigen und ihre Bedeutung als Experte im Staubsaugen festlegen. Außerdem erhöht sie die Angst, so daß der Übergriff auf das fremde Territorium zu einer unangenehmen Erfahrung wird, die nicht wiederholt werden dürfte. Väter gebrauchen diese Vorgehensweise oft, wenn sie ihrem Teenager ausführliche Anweisungen voller Warnungen geben, wenn dieser ihren Wagen ausleihen will. Auf diese Weise rufen sie ein Gefühl der Angst hervor, das den Teenager von seinem Vorhaben abhalten kann.
Ein Anzeichen dafür, daß Sie es mit der Taktik *Der-Himmel-fällt-uns-auf-den-Kopf* zu tun haben, erkennen Sie, wenn alltägliche Situationen immer wieder in spannungsgeladene Erfahrungen verwandelt werden, z. B.: »Du nimmst den Fuß oft nicht von der Kupplung, Schätzchen. Weißt du, was es kostet, wenn sie bei einem solchen Sportwagen ausgewechselt werden muß. Denk immer an die Kupplung, wenn du schaltest.« Ein weiteres Zeichen für dieses Verhaltensmuster ist der aufkeimende Ärger, der Ihre Spannung begleitet. Dieser Ärger weist darauf hin, daß Sie die Warnung vor der drohenden Gefahr zwar für legitim halten, daß Sie diese Situation aber immer irgendwie hilflos macht und Sie dazu zwingt, sich auf das Wissen oder das Können der anderen zu verlassen; denn die Krise wird dazu eingesetzt, Sie um Ihre individuellen Rechte zu betrügen.

Laß-mich-dir-helfen-oder-du-wirst-schon-sehen

Hier haben wir es mit einer weiteren und sehr verbreiteten Taktik des Verrücktmachens zu tun, das wir auch die *Rotkreuzschwestern-Taktik* nennen. Diese Taktik besteht im wesentlichen darin, eine Hilfsbedürftigkeit zu schaffen, die – ob sie nun wirklich vorhanden ist oder nicht – nur Sie betrifft. In gewisser Hinsicht ähneln sich die Taktiken Der-Himmel-fällt-uns-auf-den-Kopf und *Laß-mich-dir-helfen-oder-du-wirst-schon-sehen.* Sie unterscheiden sich vor allem durch ihre hauptsächlichen Auswirkungen; denn die Taktik *Der-Himmel-fällt-uns-auf-*

den-Kopf scheint vor allem darauf abzuzielen, den Einfluß des Verrücktmachers zu vergrößern und den seines Partners zu schwächen; während die Taktik Laß-mich-dir-helfen-oder-du-wirst-schon-sehen eher eine größere Abhängigkeit schaffen soll. Übersetzt heißt ihr Kode etwa: »Ich bin sehr davon abhängig, daß ich in deinem Leben eine zentrale Rolle spiele oder spielen werde. Ich will dich zu einem Behinderten machen und dir bei jeder Gelegenheit beweisen, daß du mich dringend brauchst.«
Die offene Seite der doppelten Botschaft dieses Verhaltensmusters ist ein tiefer Beweis der Fürsorge und des Schutzes. Doch die indirekte Botschaft besagt, der andere sei unfähig, deshalb könne es zur Katastrophe kommen, wenn er die abhängige Rolle nicht akzeptiere. »Komm, laß mich das machen, Liebes«, sagt der Ehemann und nimmt seiner Frau den kleinen Nagel und den Hammer aus den Händen. »Diese dünnen Nägel biegen sich leicht, und du kannst dir den Finger damit quetschen.«
Viele Frauen aus der Frauenbewegung reagieren so verärgert, weil so viele Männer das Rotkreuzschwestern-Verhalten zeigen. Denn unter der fürsorglichen Oberfläche versteckt sich die ungebrochene Ansicht, Frauen seien nicht kompetent. Es ist nicht erstaunlich, daß so viele Frauen die Taktik und ihre zugrundeliegende Bedeutung durchschauen; inzwischen haben sie begonnen zu lernen, wie man einen Reifen wechselt, wie man ein Dach deckt und wie man Zement mischt. Es ist auch verständlich, daß viele Frauen in einer solchen Situation besonders defensiv reagieren und dieses falsche Verhätscheln damit beantworten, daß sie die Stacheln zeigen. Wie sagte eine Frau, als ein Oberkellner sich schwitzend darum bemühte, Ihr einen Stuhl zurechtzurücken? »Es ist für uns beide viel leichter, wenn wir der Tatsache ins Auge sehen, daß ich mich ganz allein setzen kann.«
Die Höflichkeit hat ihren sinnvollen Platz. Aber sowohl die guten Manieren als auch die liebevolle Aufmerksamkeit werden zweifelhaft, wenn sie damit enden, daß sie den anderen seiner Rechte auf psychische Gesundheit berauben. Und so widersinnig es klingt, das Rotkreuzschwestern-Verhalten ist für beide Partner destruktiv; denn eine übertriebene Abhängigkeit nimmt

beiden ihre Unabhängigkeit. Der »Patient«, der sich der Taktik unterwirft, fühlt sich hilflos und hoffnungslos an die »Schwester« gebunden. Und die »Schwester« fühlt sich völlig überlastet von der Abhängigkeit, die auf diese Weise geschaffen worden ist; sie zwingt ihn oder sie, sich vor allem mit den möglichen Bedürfnissen des »Patienten« zu beschäftigen und die legitime Beschäftigung mit den eigenen Wünschen und dem eigenen Wohlergehen zu vernachlässigen.

Die Doppelbödigkeit jedes verrücktmachenden Verhaltens ist vor allem bei der Taktik *Laß-mich-dir-helfen-oder-du-wirst-schon-sehen* von Nachteil. Akzeptieren Sie die angebotene Hilfe, dann opfern Sie ihre Fähigkeit, selbständig zu denken und zu handeln. Lehnen Sie die Hilfe ab, dann ist da immer noch das oder-du-wirst-schon-sehen. Diese Botschaft signalisiert einerseits die Warnung vor dem, was passieren kann und andererseits die Abwehr gegen fürsorgliche Gesten des anderen – die verletzte Gefühle, Niedergeschlagenheit und wahrscheinlich ein verletztes Gefühl des Zorns hervorrufen würden.

Auch eine Reihe von verschiedenen Reaktionen des Konter-Verrücktmachens werden durch diese Taktik ausgelöst. Aus Angst vor dem *oder-du-wirst-schon-sehen* akzeptiert der »Patient« die fürsorgliche Hilfe nach außen hin und spielt vielleicht die Rolle des hilflosen kleinen Kindes. Gleichzeitig überträgt er der »Schwester« eine Fülle von Verantwortung, ähnlich wie bei der Taktik Kümmere-du-dich-um-mein-kleines-Gehirn. Oder aber er sendet eine andere kodierte Botschaft, die eine größere Distanz herstellen soll.

Ich-habe-getan-was-du-wolltest-und-jetzt-sieh-nur nennen wir diese Verteidigungshaltung gegen die Rotkreuzschwesterntaktik. Bei dieser Taktik wird die oberflächliche Unterordnung dazu gebracht, die »Schwester« für all das verantwortlich zu machen, was schiefgeht; denn er oder sie hat ja die Anweisungen dazu gegeben. Diese Taktik kann auf Situationen ausgeweitet werden, in denen der Helfer überfordert ist – so daß er sich als ein miserabler Fernsehtechniker, Psychiater, Steuerberater oder was-auch-immer erweist.

Diese Verteidigungstaktiken gegen die Taktik *Laß-mich-dir-*

helfen-oder-du-wirst-schon-sehen enden häufig mit einem *Und-wer-kommt-jetzt-für-den-Schaden-auf?* Das ist nicht schwer zu erraten. Und wenn das Rotkreuzschwestern-Verhalten weit genug getrieben wird, dann versucht die »Schwester« schließlich verzweifelt, den »Patienten« für alle Unglücksfälle des Lebens zu entschädigen.

Ich-erkläre-dich-dir

Dieses Verhaltensmuster, das auch unter der Bezeichnung *Analyse* bekannt ist, bedeutet leider genau, was sein Name sagt: Ein Mensch verleiht sich selbst das Recht – auf der Grundlage der Fürsorge, des Wissens und der Objektivität – die Gefühle, Handlungen und Motive eines ihm vertrauten Menschen zu erklären. Hat er mit seiner Taktik Erfolg, dann erwirbt er eine starke Machtposition.

Es ist klar, wohin es führt, wenn man sich dem *Ich-erkläre-dich-dir* unterwirft. Man vermeidet nicht nur den Konflikt, der entstehen könnte, wenn man sich gegen die Analyse wehrt, sondern der Analysierende findet auch immer einige lobenswerte Eigenschaften bei der Person, die er analysiert. Und es kann einige Schwierigkeiten bereiten, die Streicheleinheiten zurückzuweisen, die wir von den uns wichtigen Menschen erhalten.

Eine eng mit der Analyse verwandte Taktik ist die *Beurteilung*. Hier geht es darum, daß man dem anderen nur nach dem Augenschein bestimmte Motive zuschreibt. In seiner harmlosesten Form kann das bedeuten, daß man in der ersten Begeisterung des Verliebtseins die Eigenschaften des anderen bewertet, wie z. B.: »Du bist ein fantastischer Liebhaber. So rücksichtsvoll.«

Natürlich schmeichelt das dem Ich. Doch von diesem Augenblick an muß man sich sehr anstrengen, um dieser Beurteilung gerecht zu werden. Man muß die Titel Superliebhaber und superrücksichtsvoller Mensch verteidigen. Und im Zusammenhang mit diesen Titeln muß man auch die Analyse der zugrundeliegenden Motive akzeptieren. Ein Beispiel:

»Du willst mich nur nicht heiraten, weil du dich fürchtest ... Du fürchtest dich davor, daß ich dich so behandeln könnte wie deine

Mutter deinen Vater behandelt hat. Du sagst, ich unterdrücke dich. Aber du hast überhaupt keinen Grund für diesen Vorwurf.«

Letztlich sind die Beurteilung und die Taktik *Ich-erkläre-dich-dir* fast dasselbe; denn derjenige, der eines dieser Verhaltensmuster hinnimmt, wird schließlich ähnlich, wie ihm gesagt wird, daß er sei, weil er sich allmählich auch so fühlt. Die beiden Taktiken werden häufig bei Kindern angewandt. Sie brauchen einem Kind nur zu sagen, es sei »lieb, aber ungeschickt«, und bald wird es sich genau so verhalten.

Diese Taktiken vermitteln dem Opfer bald den Eindruck, seine Gefühle seien nicht echt; denn wahrscheinlich entsprechen seine inneren Gefühle nicht ganz zu dem, wie sie beurteilt werden. Oft wird er sich dann in gewisser Weise in sich selbst zurückziehen und dort etwas suchen, das ihm selbst gehört und vom anderen nicht analysiert werden kann. Das mag ein geheimer Traum sein oder eine geheime Liebesaffäre, jedenfalls handelt es sich dabei um einen Raum, der nur ihm gehört.

Zwei Verhaltensmuster dienen der Verteidigung gegen ein solches übergreifendes Verrücktmachen, und beide können selbst wieder den anderen verrückt machen: der *Trumpf-auf-der-Hand* und der *geheime Verbündete.* Beide Taktiken stellen eine Reaktion auf eine Vielzahl von verrücktmachenden Taktiken dar, die einen überwältigen und kontrollieren.

Der Trumpf-auf-der-Hand dient als heimliche psychologische Stütze. Tom gebraucht sie, um seine Ehe mit Nina aufrechtzuerhalten. Er ist sehr abhängig von ihr, aber Nina dringt ständig in seinen Raum ein und kontrolliert ihn. Um die verrücktmachende Kontrolle seiner Frau aushalten zu können, braucht Tom eine Frau aus seinem Büro, Donna.

Wenn Tom Nina versichert, sie sei der Mittelpunkt seines Lebens, dann meint er es auch so. Und dennoch braucht er die Affäre mit Donna, von der er nicht so extrem abhängig ist, und bei der er es deshalb wagen kann, seine Aggressionen auszudrücken. Aus diesem Grund erlebt er seine häufigste und größte sexuelle Befriedigung mit Donna und nicht im Ehebett.

In dieser Situation bleibt jedoch ein anderes psychologisches Bedürfnis unerfüllt, nämlich das Bedürfnis, die tieferen Gefühle mit jemand zu teilen. Denn Tom kann natürlich weder vor seiner Frau noch vor Donna ganz offen sein. Deshalb wählt er seinen Freund Ned als geheimen Verbündeten. Nur Ned weiß, was Tom unter anderem den beiden Frauen gegenüber wirklich empfindet.

In welcher Weise ist ein solches Verhalten ein Verrücktmacher? Sowohl Nina als auch Donna werden in dem Glauben gelassen, sie seien der emotionale Mittelpunkt in Toms Leben. Und dennoch ist beiden bewußt, daß Tom etwas vor ihnen verbirgt. Beide drängen ihn, mehr über seine Gefühle zu erzählen. Und beide werden in einer unangenehmen Unklarheit darüber gelassen, wie wichtig sie wirklich für ihn sind.

Verdinglichen

Dieses endlos modifizierbare verrücktmachende Verhaltensmuster, das wir schon in Kapitel Sieben besprochen haben, kann eine verheerende Wirkung haben; denn es bewirkt, daß sich ein Mensch wie ein Objekt fühlt. Und seine entpersönlichende Wirkung nimmt dem Opfer mit einem Schlag seine sämtlichen Rechte auf seine geistige Gesundheit.

Ein gewisses Maß an Verdinglichung ist in oberflächlichen Beziehungen nicht zu vermeiden und bleibt harmlos. Die Telefonistin und der Anrufer, die Kassiererin und der Kunde, der Autofahrer und der Verkehrspolizist betrachten einander wahrscheinlich eher unter dem Aspekt der Funktion ihrer jeweiligen Rolle, d. h. eher so, wie man eine Maschine betrachtet.

Andererseits kann jederzeit der Fall eintreten, daß einer von ihnen die Notwendigkeit empfindet, als Person anerkannt zu werden. In einem solchen Augenblick erwartet er das auch vom anderen. Wenn z. B. ein Passagier in einem Jumbo zur Stewardess sagt »Fräulein, ich glaube, ich muß mich übergeben«, dann kann er es nicht akzeptieren, daß sie mit einem aufgesetzten und unberührten Lächeln, das sie dem Ding auf Platz 22B zukommen läßt, mechanisch antwortet: »Kaffee, Tee oder Milch?«

Tatsächlich behauptet auch eine Fluggesellschaft, sie sei bei den

Passagieren, die häufig fliegen müssen, am beliebtesten, weil sie ihre Stewardessen daraufhin trainiere, mit jedem Passagier an Bord des Flugzeugs einen persönlichen »Passagier-Kontakt« aufzunehmen. Im allgemeinen empfindet jeder das Bedürfnis, als Individuum und ganzheitlicher Mensch angesehen zu werden. Es kann uns unerträglich verrücktmachen, wenn wir von jemand verdinglicht werden, von dem wir denken, wir seien ihm wichtig. Es kann z. B. außerordentlich beängstigend sein, wenn Ihr Arzt vor der Operation noch einmal zu Ihnen kommt und sich nicht mehr an Ihren Namen erinnern kann.

Kein Grad der Intimität ist eine Garantie gegen das Verdinglichen, besonders nicht gegen diejenige Form, die wir das *Stereotypisieren* nennen. Ein sehr häufiges Beispiel dafür, das viele Frauen zum Wahnsinn treibt, ist ihr Mann, der sie »Mama« nennt. Allein dieses Wort kann eine verrücktmachende doppelte Botschaft enthalten. Zwar bringt es einerseits eine scheinbar liebevolle Haltung zum Ausdruck, aber andererseits stempelt es die Frau auch ab, indem es sie über ihre Rolle definiert. Eine Frau, die für ihren Mann die »Mama« ist, kann sich wohl kaum als seine Geliebte fühlen.

Eine sehr häufige Variante der Verdinglichung ist die *Segmentierung*. Während die Stereotypisierung einen Menschen auf seine Rolle beschränkt und ihn als diese Rolle betrachtet, erzielt die Segmentierung eine ganz ähnliche Wirkung, indem sie ihn als einen *Teilaspekt* seiner selbst betrachtet.

Gary z. B. ist ein guter Student. Er hat auch einen ausgeprägten Sinn für Komik, den er gern zum Zuge kommen läßt. Als er nun eines Tages bei seinem Professor vorspricht, weil er als Psychologe praktisch tätig werden möchte, erhält er eine Antwort, die ihn bestürzt.

Überrascht setzt der Professor seine Brille etwas tiefer. »Ich weiß nicht, Gary.« Er räuspert sich befangen. »Sie wissen ja, daß die Psychologie eine ziemlich ernsthafte Angelegenheit ist, besonders im klinischen Bereich. Sie sind natürlich ein begabter junger Mann, und Sie tun Ihre Arbeit, aber ... Nun ja, es ist mir aufgefallen, daß Sie immer etwas zu lachen haben.«

»Sicher, ein wenig Humor ist doch nicht schlecht.«

»Natürlich. Deshalb frage ich mich, ob Sie nicht einen Begabungstest machen sollten. Ich wette, Sie wären z. B. ein hervorragender Verkäufer, verbindlich und humorvoll. Sie könnten sicher auch ein eigenes Geschäft auf die Beine stellen. Aber Psychologie? Wissen Sie, wir kümmern uns um das Leid des Menschen.«

Gary beißt sich auf die Zunge, aber das Gespräch macht ihn wütend, weil nur ein Teilaspekt von ihm gesehen worden ist. In der Vorstellung seines Professors sind sein Charme und sein Humor *er selbst* geworden. Dies hat zu der grundlosen Vermutung geführt, er sei dem Leid der anderen gegenüber nicht sensibel genug und könne sich nicht in sie hineinversetzen. Und inzwischen hat er aus einigen Bemerkungen seines Lehrers herausgehört, daß er annimmt, diejenigen seiner Kommilitonen, die blaß und ernst aussehen, und denen kein Lächeln zu entlocken ist, hätten mehr Gefühl.

Die verrücktmachende Wirkung jeglicher Art der Verdinglichung demoralisiert einen in extremer Weise. Diese Auswirkungen kann man nicht lange ohne eine ernsthafte Gefährdung seines Ich ertragen.

Der unbeständige Kontakt

Es handelt sich hier um eine große Familie verrücktmachender Taktiken, die von der grundlegenden Forderung aller interpersonaler Beziehungen ausgehen. Diese Forderung verlangt, daß zwischen den Partnern eine *optimale psychologische Distanz* hergestellt wird.

Mit dieser Distanz meinen wir einen Grad an Nähe, der auf verschiedene Weise ausgedrückt werden kann. Jeder von uns wünscht oder toleriert einen anderen Grad an Nähe. Eine Distanz, die für den einen erstickend und aufdringlich ist, empfindet ein anderer vielleicht eher als Absonderung, vielleicht sogar als Rückzug und Verweigerung.

Eben weil eine optimale Distanz in einer Beziehung tatsächlich für jeden so wichtig ist, ist der aggressive Impuls, näherzurücken (der dem anderen vielleicht als ein Übergriff erscheinen mag) oder sich zurückzuziehen (der als Zurückweisung eingeschätzt werden könnte) so stark mit Angst besetzt. Aus diesem Grund ist es leider sehr weit verbreitet, daß man seine Wünsche nach einer kleineren oder einer größeren Distanz indirekt, durch eine Reihe verrücktmachender Taktiken zum Ausdruck bringt. Diese Taktiken unternehmen nach außen hin nichts gegen die Distanz, die der andere wünscht oder vermeintlich wünscht. In Wahrheit jedoch dienen sie dazu, den Partner auf der Distanz zu halten, die derjenige wünscht, der eine dieser Taktiken anwendet. Wir wollen einige dieser Möglichkeiten näher betrachten.

Das Versteckspielen, von dem wir schon gesprochen haben, ist eine Taktik, bei der man handelt, ohne zu handeln, d. h. man behandelt das Problem der Distanz, indem man es *nicht* behandelt. Man zwingt den anderen, sämtliche Äußerungen zu übernehmen. Auf diese Weise bleibt man rätselhaft und kann deshalb auch niemals Schuld an etwas haben oder wegen irgendetwas kritisiert werden. Nur verweigert man damit dem anderen auch sein Recht auf Impact und auf klare Informationen und wird so zum Verrücktmacher. Dieses Nicht-Handeln stößt häufig den anderen zurück. Der Verlauf kann deutlich an einem seiner Varianten, der *Schweige-Behandlung*, beobachtet werden.

Das Schweigen ist ein so wirksames Mittel, um jemand zu veranlassen, daß er eine Einflußnahme auf den anderen versucht und daß er die ganze Verantwortung für die Interaktion auf sich nimmt, daß es zu einer der frühen Methoden der Psychotherapie wurde. Das Schweigen zwingt einen, auf seine eigenen inneren Antriebe zurückzugreifen und so viel von sich selbst offenzulegen.

Beim Verrücktmachen verhindert die Schweige-Behandlung, daß man ein Risiko eingehen muß. Sie nimmt einem die Angst vor Aggressionen, indem man den anderen zum Sprechen bringt und ihm alle Risiken überträgt, die eine offene Äußerung mit sich bringt oder aber, indem man ihn zwingt, keine offenen Forderungen zu stellen.

Ja-und-Nein ist eine Form der Schweige-Behandlung. Eine so knappe Antwort mag zwar einem Cowboy im Film gut anstehen, aber ein vertrauter Mensch wird dadurch nicht liebenswerter. Ein knappes »ja« kann heißen »Ja, ich will«, aber es kann genausogut bedeuten »Wenn es sein muß, dann tue ich es eben«. Alle diese Taktiken zwingen den anderen, die Spannungen zu ertragen, die dadurch entstehen, daß man nach Hinweisen suchen muß. Ein Brummen oder ein unverbindliches »okay« sind die verrücktmachenden Antworten auf eine beliebige Anzahl von Fragen, von der Frage »War es schön für dich, als wir miteinander geschlafen haben?« bis zu der Frage »Ist dein Steak richtig durchgebraten?«

Jetzt-wo-du-mich-siehst-willst-du-nicht-mehr ist eine weitere wichtige Form des Verrücktmachens durch den unbeständigen Kontakt. Es ist ganz einfach so, daß keine Beziehung wirklich dauernd besteht, sondern daß man immer wieder in sie eintritt und aus ihr austritt. Das geschieht allein schon in so alltäglicher Weise, daß wir zur Arbeit gehen und von ihr kommen, daß wir einkaufen gehen und davon zurückkommen und was es da an alltäglichen Dingen mehr gibt.

Die optimale Distanz zwischen verschiedenen Menschen kommt auch durch das Verhältnis von Eintritt und Austritt zum Ausdruck. Wenn eine Beziehung wichtig ist, dann impliziert einer ihrer Faktoren, daß der Partner, gleichgültig, warum er weggeht, auch wiederkommt. In diesem Zusammenhang muß man sich auf die Erneuerung des Kontakts verlassen können. Bestimmte gleichbleibende Verhaltensweisen müssen diese Erwartung stützen.

Wie immer, wenn wir es in einer Beziehung mit einer wichtigen Erwartung zu tun haben, handelt es sich gleichzeitig um einen Boden, auf dem das Verrücktmachen gedeiht. Tatsächlich werden in Bezug auf den Eintritt und den Austritt viele verwirrende doppelte Botschaften gesendet. Wenn man den anderen durch die Unsicherheit über seinen Eintritt und seinen Austritt auf die Folter spannt, hat man ein machtvolles Instrument in der Hand, um ihn wahnsinnig zu machen.

In vieler Hinsicht kann die Beständigkeit des Kontakts ein Maßstab für die Vertrautheit innerhalb einer Beziehung sein. Außerdem bietet sie einen Hinweis auf den *Stil* der Beziehung eines Menschen zu einem anderen. Der Augenblick des Austritts z. B.

wird häufig als ein ungefährlicherer Zeitpunkt gesehen, in dem man starke aggressive Gefühle ausdrücken kann, die man bis dahin verdrängt hat; denn dann kann man entweder bleiben, wenn es sich zeigt, daß man dennoch sicher ist, oder aber man kann schnell die Flucht ergreifen, wenn es sich erweist, daß die Äußerung wohl doch zu gewagt war. Diesen Stil können wir bei demjenigen beobachten, der das ihm wichtigste Thema des Abends dann anschneidet, wenn er schon eine Hand auf der Türklinke hat oder der (die) eine wichtige Information gibt und sich dann möglichst schnell zurückzieht. Eine sehr beängstigende und stark manipulierende Art des Umgangs mit der interpersonalen Distanz zeigen diejenigen Menschen, die uns etwas Verwirrendes sagen, bevor sie gehen und jede Übereinkunft über einen neuen Eintritt in der Zukunft im Unklaren lassen. »Wir essen mal zusammen« oder »Bis zum nächsten Mal« oder »Nächstes Mal müssen wir das wirklich besprechen« sind übliche Floskeln, die wir in eher oberflächlichen Beziehungen gebrauchen und die als solche auch vollkommen zu akzeptieren sind. Aber wenn einer der Partner wirklich von der Beziehung abhängig ist, kann eine solche mangelnde Klarheit, eine solche mangelnde Zuverlässigkeit in bezug auf den zukünftigen Kontakt außerordentlich störend sein. Ärgerliche, angsterregende Austritte und Eintritte sind häufig Anzeichen für den verrücktmachenden Versuch, innerhalb einer Beziehung die Kontrolle über die Distanz ohne Diskussion an sich zu reißen. Eine solche einseitige Kontrolle weist darauf hin, daß einer der Partner den anderen verrückt macht, um sich auf diese Weise den Zugriff auf die Macht zu sichern.

Eine solche Kontrolle vermittelt häufig das Gefühl »Er ist nie da, wenn ich ihn brauche.« Wenn dieses Gefühl zutrifft, dann hat man es wahrscheinlich mit jemand zu tun, der eine ziemlich große Distanz wünscht, aber nicht wagt, es offen zu sagen.

Nach dem berühmten Zauberkünstler *Houdini* nennen wir das extremste aller Manöver, die dazu dienen sollen, eine größere Distanz herzustellen; denn derjenige, der diese Methode anwendet, ist ein Meister im Verschwinden. Wahrscheinlich gelingt es ihm deshalb so gut, weil er nur die größtmögliche Distanz, die sich vielleicht einer Art emotionaler Isolation annähert, will, oder sogar nur diese Distanz ertragen kann. Das Houdini-Verhalten ist typisch für das Verhaltensmuster, das wir den *Kult der Autonomie* nennen, deren Ziel es ist, keine Beziehung einzugehen, deren Intensität irgendeine Kontrolle des eigenen Lebens mit sich bringen würde.

Häufig ist dieser Künstler im verrücktmachenden Verschwinden scheinbar schnell bereit, ein implizites oder direktes Verlangen nach Nähe zu akzeptieren. Er oder sie knüpft rasch eine scheinbar tiefe Beziehung an, die den anderen in dem Glauben läßt, sie sei bedeutend und werde lange dauern. Und dann ist er oder sie ganz plötzlich – mit oder ohne Erklärung – aus der Beziehung verschwunden. Er oder sie geht vielleicht nicht nur, sondern verschwindet wirklich.

Denn anders als die meisten Menschen empfinden die Houdini-Künstler bei ihrem schnellen Austritt nur wenig Leid und wenig Schuld. Sie können deshalb leichten Herzens verschwinden, weil diejenigen, die dieses Verhaltensmuster anwenden, gewöhnlich lieber einen autonomen Lebensstil praktizieren. Aus diesem Grund fällt es ihnen schwer, sich mit jemand zu identifizieren, der darüber entsetzt ist, daß ein anderer Mensch ganz plötzlich aus seinem Leben verschwindet. Wenn Sie ein Verhalten bei einem anderen nicht besonders stört, verstehen Sie auch kaum, warum sich andere davon wahnsinnig machen lassen.

Wenn wir uns mit dem Verrücktmachen von der Art des *unbeständigen Kontakts* befassen, ist es wichtig, eine grundlegende Trennlinie zu ziehen. Wir müssen feststellen, ob die die Distanz vergrößernden Auswirkungen, die Sie empfinden, Versuche darstellen, autonom zu leben oder eine viel größere Distanz innerhalb der Beziehung herzustellen, als für Sie selbst lohnend wäre – oder ob diese Auswirkungen von den Bemühungen herrühren, die der andere anstellt, weil er zwar die Nähe zu Ihnen will, aber die Distanz soweit kontrollieren möchte, daß er sie nach Belieben verändern kann. Im letzteren Fall besteht eine viel bessere Grundlage für den Versuch, durch offene Äußerungen und klare Absprachen eine optimale Distanz festzulegen. Mehr noch, Sie können in einer solchen Situation etwas dazulernen, wenn Sie ehrlich Ihr eigenes Verhalten betrachten, mit dem Sie die Distanz regulieren.

Dann mögen Sie sich fragen, was wohl den indirekten und verrücktmachenden Stil verursacht hat, den Ihr Partner einsetzt, um die Distanz festzulegen. Hängt er vielleicht mit einem unbewußten verrücktmachenden Verhalten Ihrerseits zusammen – verletzen Sie seinen oder ihren Raum, oder verringern oder vergrößern Sie die Distanz je nach Ihren Eingebungen? Denn wie die meisten Verhaltensmuster des Verrücktmachens provozieren auch diejenigen, die mit der Distanz zu tun haben, das Konter-Verrücktmachen, und zwar gewöhnlich innerhalb des gleichen Konfliktbereichs.

Unter-Information und Übertragungs-Falle

Die Kunst der Unterinformation besteht ganz einfach darin, dem anderen zu wenig Informationen zu geben, als daß er dadurch zu einer klaren Entscheidung fähig wäre oder verantwortlich handeln könnte.

Zur Unter-Information gehören eine ganze Reihe anderer verrücktmachender Verhaltensmuster. Das Ratespiel ist eine Taktik der Unter-Information. Auch beim vorprogrammierten Ablauf trägt die Unter-Information dazu bei, daß der Mißerfolg eintritt.

Die Unter-Information trägt häufig die Maske der Lässigkeit, wie z. B., wenn jemand sagt »Geh und hol das Boot allein heraus. Du hast ja gesehen, wie ich es anlasse.« Allerdings verschwindet diese Großzügigkeit, wenn er bei seiner Rückkehr sieht, wie stümperhaft der Amateur-Kapitän im Hafenbecken manövriert.

Eine weitere Form der Unter-Information haben wir mit solchen Distanzierungs- und Rückzugstaktiken wie der Schweige-Behandlung und dem Ja-und-Nein kennengelernt. Diese Taktiken der Verweigerung einer Reaktion können sehr heimtückische verrücktmachende Auswirkungen haben, die sich völlig von denen unterscheiden, die wir schon kennen.

Ein Beispiel ist die *Übertragungs-Falle.* Sie wird häufig angewandt, ohne daß derjenige, der sie gebraucht, überhaupt merkt, warum sie ihm einen Vorteil bringt; denn die Unter-Kommunikation kann einige sehr komplizierte Ergebnisse haben. In den frühen psychologischen Experimenten hat Freud festgestellt, daß seine Patienten ihn als eine Art weißes Blatt behandelten, wenn er nur wenig von sich selbst preisgab und so wenig wie möglich auf die Äußerungen seiner Patienten reagierte. Dieses weiße Blatt füllten sie dann mit den Bildern aus ihrer eigenen Vorstellung.

Genauer gesagt erfuhr er dadurch, daß seine Patienten auf sein schweigendes Bild ihre eigenen geistigen Bilder von den in ihrem Leben wichtigen Menschen, vor allem von ihren Eltern, übertrugen. Heute wissen wir, daß das fortgesetzte Schweigen eines jeden Menschen solche Gefühle hervorrufen kann. Diese Gefühle können für beide Partner ganz besonders kompliziert und unangenehm werden. Anders gesagt, bei dieser Art des Verrücktmachens können Schwierigkeiten entstehen, die keiner der beiden Partner wirklich will und mit denen auch keiner von ihnen umgehen kann.

»Wenn er dann wieder so still ist«, erzählt eine Frau, »fühle ich mich nach einer Weile, als säße ich meiner Mutter gegenüber. Es macht mich unruhig, und ich fühle mich überhaupt nicht mehr wohl. Oft will er dann mit mir schlafen. Und wenn ich dann das Bild meiner Mutter in ihm sehe, habe ich das Gefühl, daß ich es einfach nicht kann. Oder wenn ich nachgebe und mitmache, fühle ich mich ganz schrecklich. Es ist, als sehe meine Mutter zu – wissen Sie, mit ihrem mißbilligendem Blick. Dann muß ich es einfach versuchen und die Zähne zusammenbeißen und an nichts denken, bis er es hinter sich gebracht hat.«

Wenn wir aus diesem unglücklichen und fahrlässig verursachten Ergebnis des Verrücktmachens etwas lernen können, dann ist es die Erkenntnis, daß der Geist und die Seele des Menschen sehr zerbrechlich sind. Wenn man sie durch das Verrücktmachen manipuliert, verhält man sich so riskant, als experimentiere man bei sich zu Hause mit Viren.

Kontextwechsel

Dieses Verhaltensmuster kann als eine Art Ablenkungsmanöver betrachtet werden. Wir sind ihm schon früher in seiner vorrangigen Rolle als einer verrücktmachenden Möglichkeit begegnet, durch die einem anderen die Einflußnahme verweigert werden kann.

Der *Kontextwechsel* wird erreicht, indem man eine Diskussion aus ihrem eigentlichen Bezug, ihrem eigentlichen Zusammenhang herausnimmt und sie auf einen anderen Gegenstand überträgt. Gewöhnlich wird sie angewandt, um einen Streit auf einen weniger schwankenden Boden zu holen. Alicias Mann z. B. ist wütend, weil er entdeckt hat, daß sie mit ihrem Nachbarn eine Affäre hatte. Alicia ist sich der Tatsache bewußt, daß sie die Affäre selbst nicht verteidigen kann. Als nun ihr Mann versucht, über die Angelegenheit zu sprechen, wechselt sie ständig den Kontext. Sie verteidigt sich: »Was willst du denn, solange du die Hälfte der Zeit nicht in der Stadt bist. Ich konnte ja nicht wissen, daß ich einen Mann heiraten würde, der nur die Hälfte der Zeit hier ist. Du sagst immer wieder, du würdest bald weniger Reisen unternehmen. Das hast du jetzt schon jahrelang gesagt. Aber sieh mal unsere Steuererklärung an. Jedes Jahr unternimmst du noch mehr Reisen. Weißt du überhaupt, wieviel Geld du zusätzlich verbrauchst, wenn du verreist – Geld, das du nicht als Spesen abschreiben kannst. Ich meine, ist dir bewußt, wann ich zum letzten Mal ein Kleid gekauft habe, das nicht im Ausverkauf war?«

Und so weiter. Der *Kontextwechsel* bietet häufig die Möglichkeit, von einem Gesprächsthema, das einen verletzen könnte, zu einem anderen zu wechseln, das den Partner verletzt. Und häufig macht er uns so verrückt, weil unsere absolut sichere Erwartung, recht zu haben, enttäuscht wird. Sein Wert als Instrument der Verteidigung beruht häufig darauf, daß die Rollen des Guten und des Bösen vertauscht werden – eine sehr bequeme Lösung; denn in fast jeder Beziehung ist jeder einmal im Unrecht und ein anderes Mal wieder im Recht.

Den-Topf-zum-Überlaufen-bringen

Die Furcht vor Aggressionen führt fast unweigerlich dazu, daß sich der Groll, den man empfindet, in einem anstaut, weil man sich davor fürchtet, ihn direkt zu äußern. Wir haben wiederholt festgestellt, daß starke verdrängte Gefühle schließlich doch zum Ausdruck kommen müssen. Irgendwann müssen all die kleinen, verletzenden Tropfen den Topf zum Überlaufen bringen.

Wie bei dem sprichtwörtlichen steten Tropfen, der den Stein höhlt, kann man kaum vorhersagen, wann ein Ärgernis zuviel den Topf zum Überlaufen bringt und eine Schimpftirade auslöst, die dem Anlaß in keiner Weise angemessen zu sein scheint.

Das Ergebnis ist eine Art verrücktmachender Schock, wie in dem Fall, in dem der Mann explodiert und seine Frau sagt: »Um Himmels willen – ich habe nichts anderes gesagt als ›könntest du Tommy auf deinem Heimweg von der Schule abholen! Er hat eine Theaterprobe.‹ Und plötzlich bekomme ich das ganze Zeug darüber zu hören, wieviel du zu tun hast, und daß ich immer noch von dir erwarte, daß du meine Arbeit auch noch tust. Was ist eigentlich los?«

Dieser Topf kann auch als eine Art »Museum der vergangenen bösen Erfahrungen« dienen, das dann in solchen verrücktmachenden Verhaltensmustern wie dem Kontextwechsel eingesetzt wird. Es kann einem z. B. sehr schwer gemacht werden, über die Höhe des Kontostands zu sprechen, wenn der Topf, der am Anfang des Gesprächs geleert wird, an einen vergessenen Geburtstag vor drei Jahren erinnert, an damals, als der Ausflug zum Strand verschoben werden mußte und an eine obszöne Geste, die man letzten Monat einem Lastwagenfahrer auf der Autobahn gezeigt hat.

Sexuelles Verrücktmachen

Hier handelt es sich weniger um ein Verhaltensmuster des Verrücktmachens als vielmehr um einen sensitiven Bereich, in dem leicht die verschiedensten Taktiken angewandt werden können. Die Schwiergkeiten, die sich ergeben, wenn man die verrücktmachenden Taktiken im sexuellen Bereich herausfinden will, be-

ruhen vor allem darauf, daß die Sexualität ein weiteres Mittel der Interaktion zwischen den Menschen ist.
Allerdings kann die Sexualität ganz besonders leicht von einem verrücktmachenden Stil beeinträchtigt werden, weil sie so viele geteilte Gefühle mit sich bringt, eine so tiefe Trennung zwischen den individuellen Impulsen und den bestehenden Tabus. Deshalb kann das sexuelle Verrücktmachen unter dem Deckmantel eines bestimmten Sexualverhaltens auftreten. Wir sind daran gewöhnt, in diesem Bereich mit emotionalen Konflikten fertigwerden zu müssen. In unserer Sexualität wollen wir zugleich Nähe und Freiheit, sanfte Zärtlichkeit und offene Freimütigkeit, Dazugehörigkeit aber kein Besessenwerden. Mehr als jede andere schmerzliche Ablehnung fürchten wir die Zurückweisung unserer offen geäußerten sexuellen Antriebe.
Daher äußern wir unsere durch Konvention und Tabus gefesselten sexuellen Wünsche nur sehr vorsichtig, oft in einer kodierten Form und häufig nur zögernd. Fast jede Frage über unsere Vorstellungen und Wünsche kann uns in das Messer bestimmter Folgerungen laufen lassen. Dem anderen stehen eine Vielzahl von möglichen Interpretationen offen.
Wir können praktisch davon ausgehen, daß der verrücktmachende Stil, wenn er in einer Beziehung vorhanden ist, sich im sexuellen Bereich entweder durch ein widerstrebendes oder zurückweisendes Verhalten äußert oder aber durch ein Verständnis, das die normale sexuelle Neugier, die normale sexuelle Freude am Erkunden pathologisch werden läßt.

Necken

Ähnlich wie die Sexualität ist das spielerische Necken ein Bestandteil jeder Beziehung. Doch beim Necken muß eine grundlegende Frage beantwortet werden, weil es das Ergebnis einer doppelten Botschaft ist. Diese Frage heißt: Verfolgen die beiden sich widersprechenden Botschaften eine spielerische Absicht oder sind sie ein vom Partner annehmbarer Ersatz für eine offene feindselige Aggression?
Die Antwort finden wir in den inneren Beweggründen desjenigen Partners, der den anderen neckt; diese Motive können und

sollten jedoch nicht erraten werden. Vielmehr muß die Beurteilung von den Gefühlen des Partners ausgehen, der geneckt wird. Wenn es sich so anhört, als solle auf diese Weise eine fragwürdige Wahrheit zum Ausdruck gebracht werden, dann trifft dieser Eindruck wohl auch zu. Wenn z. B. ein Ehemann sagt »Laurie meint, man gibt kein Geld aus, wenn man etwas auf eine Rechnung setzen läßt«, und dieser Satz klingt wie ein Vorwurf, dann handelt es sich wahrscheinlich auch um einen Vorwurf; denn die Wahrheit erkennt man eher aus der eigenen Sicht und nicht aus der eines anderen.

Nur kann man zwar auf diese Weise ein echtes kritisches Feedback erhalten, aber gelegentlich ist man auch davon überzeugt, daß die Aussage nicht gerechtfertigt ist. Dann fehlt wahrscheinlich die klare Information an den anderen, eine klare Botschaft darüber, wie man mit Kreditkonten umgeht. Bevor man ehrlich reagiert, sollte man ehrlich seine eigenen Gefühle befragen.

Wenn das Necken eine Wirklichkeit in den Gefühlen des anderen widerspiegelt, kann es auch eher eine Frage als ein Vorwurf sein. In diesem Fall sollte man sich nicht defensiv verhalten, sondern dem anderen ehrlich seine Gefühle mitteilen. Ein spöttisch vorgetragenes Verlangen nach stichhaltigen Informationen bleibt dennoch ein wirkliches Verlangen. Wenn man es mit seinen wirklich empfundenen Gefühlen beantwortet, erreicht man immer noch mehr, als wenn man ihm mit einer ärgerlichen Abwehr begegnet, und man kann das verrücktmachende Spötteln wahrscheinlich beenden.

Die Tyrannei der trivialen Kleinigkeiten

Wenn wir uns näher mit dem Verrücktmachen beschäftigen, kommen wir an einem bestimmten Punkt nicht mehr um die Feststellung herum, daß wir alle in einer verrücktmachenden Welt leben. Und sicher handelt es sich bei unseren verrücktmachenden Erfahrungen nicht immer um persönliche Erfahrungen. Es hilft uns weiter, und es ist sogar sehr wichtig, zu erkennen, daß ein Teil der verrücktmachenden Erfahrungen einfach dadurch bedingt ist, daß wir in einer komplexen und unvollkommenen Gesellschaft leben.

Denken Sie daran, wie viele triviale verrücktmachende Erfahrungen wir an einem ganz gewöhnlichen Tag erleben. Die Tageszeitung, die uns aus der Welt und den Ereignissen in ihr berichtet, ist voller verrücktmachender Ereignisse – die Verschwendung der Steuergelder durch diejenigen, die uns verantwortlich regieren sollen, das unsinnige Morden der Terroristen, das sinnlose Leiden und die sinnlose Qual.
Oder wir rufen die Auskunft an, um eine Nummer zu erfragen, die nicht im Telefonbuch steht und müssen zuerst einmal dem automatischen Anrufbeantworter zuhören, der uns fragt, ob wir schon im Telefonbuch nachgesehen haben. Auch auf der eher persönlichen Ebene haben wir es mit einer nicht enden wollenden Flut von trivialen verrücktmachenden Vorfällen zu tun, die einfach zum Leben zu gehören scheinen. Jemand hat den Hammer benutzt und ihn nicht an seinen Platz zurückgelegt. Jemand hat den Wagen benutzt und den Schlüssel nicht wieder zurückgelegt. Jemand hat die ganze Nacht den Herd angelassen. Und was uns dabei manchmal ganz besonders verrückt macht, ist die Tatsache, daß dieser Jemand wir selber sein können.
Wir gehen als Nichtraucher in einen Supermarkt und stehen schließlich in einer langen Schlange hinter einem Kettenraucher, der sich nicht um das Schild kümmert, auf dem »Rauchen verboten« steht. Oder wir finden uns als Raucher auf einer Versammlung in einem Schulgebäude wieder, in dem das Rauchen verboten ist. Wir gehen die Straße hinunter und treten auf einen Kaugummi, den jemand direkt neben einem Papierkorb fallengelassen hat. Das neue bügelfreie Hemd kommt als ein verschrumpelter Haufen aus der Wäsche, usw. usw.
Was sollten wir in diesen Fällen unternehmen? Sollten wir versuchen, das System zu ändern oder die Menschen in diesem System? Oder sollten wir versuchen, die Zähne zusammenzubeißen, zu lächeln und zu vergessen?
Was fangen wir mit dem aggressiven oder sogar feindseligen Gefühl an, das ein solches triviales Verrücktmachen in uns hervorruft? Wenn wir jedes Mal darauf reagieren, werden wir kaum noch Zeit oder Kraft für irgend etwas anderes im Leben haben. Grundsätzlich geht die Antwort auf diese Fragen davon aus, daß

uns jede verrücktmachende Erfahrung vor eine Reihe von Entscheidungen stellt. Die wichtigste dieser Entscheidungen betrifft die Frage, wieviel von uns selbst wir in die Bemühung um geistige Gesundheit in all diesem Wahnsinn sinnvollerweise einbringen möchten. Dazu brauchen wir nur ein paar einfache Kriterien anzuwenden. Wir müssen uns fragen, auf welche Wirkung wir überhaupt hoffen können. Wie schwierig wird es wohl werden, vom Verrücktmachen zur psychischen Gesundheit vorzudringen? Und welchen Vorteil haben wir von einer gesunden Beziehung zu diesem Menschen, zu dieser Institution, zu diesem Kaugummi?

Die wichtigste Wahrheit über die trivialen verrücktmachenden Verhaltensmuster ist diejenige, daß es sich bei diesen nervtötenden Vorfällen tatsächlich um Trivialitäten handelt. Die Bedeutung unseres Verständnisses der Verhaltensmuster des Verrücktmachens liegt in der Hoffnung darauf, daß wir eine psychisch gesunde Beziehung zu denjenigen Menschen herstellen können, an denen uns am meisten liegt. In diesen Beziehungen lohnt es sich, um die geistige Gesundheit zu kämpfen.

Der Kampf um die geistige Gesundheit

Die Verhaltensmuster und Taktiken des Verrücktmachens sind zwar einerseits unendlich verschieden – jede Taktik ist einmalig, je nachdem, von wem sie angewandt wird, in welcher Beziehung sie vorkommt und wie die jeweilige Situation in dieser Beziehung gerade aussieht – andererseits sind sie immer wieder gleich. Und in dieser Übereinstimmung finden wir den letzten Schlüssel, den wir brauchen, um den verwirrenden Verrücktmacher-Kode zu knacken.

Dieser Schlüssel liegt in der grundlegenden Absicht verborgen, die jede verrücktmachende Taktik verfolgt. Er liefert uns die Antwort auf die Frage, was das Verrücktmachen eigentlich erreichen will.

Wenn wir uns noch einmal an all die verrücktmachenden Manöver erinnern, die wir untersucht haben, stellen wir fest, daß sie unter ihrer oberflächlichen Erscheinung alle miteinander das gleiche grundsätzliche Ziel anstreben.

Dieses Ziel ist die Veränderung.

Unter dem Aspekt der Absicht gesehen, die es verfolgt, ist beinahe jedes verrücktmachende Verhalten ein indirekter Versuch, eine Veränderung zu fordern. Und sobald wir verstehen, welche Veränderung von uns verlangt wird, haben wir auch ein Mittel in der Hand, um die wahnsinnigmachenden Auswirkungen zu vermeiden.

Denn an dem Wunsch nach einer Veränderung ist natürlich an sich noch nichts, das uns wahnsinnig machen würde. Das ganze Leben unterliegt einem ständigen Prozeß der Veränderung. Und wir können auch dadurch überleben, daß wir in der Lage sind, uns an diese Veränderungen anzupassen – sowohl an diejenigen in uns selbst als auch an diejenigen in unseren Beziehungen zu anderen Menschen und zu unserer Umwelt.

Nur akzeptieren wir zwar im allgemeinen, daß es Veränderungen geben muß – ob sie nun daher rühren, daß die Temperatur plötzlich fällt, daß die Batterie ausfällt oder daß ein Baby geboren wird – aber der Mensch neigt auch dazu, sich gegen diese Notwendigkeit zu wehren und sie sogar zu leugnen. Wir neigen dazu, den bequemeren Status quo aufrechtzuerhalten.

Das gilt besonders für die Aussicht auf Veränderungen in einer wichtigen Beziehung. Die Angst ist weit verbreitet, daß es nur eine Änderung zum Schlechten geben kann und daß das Verlangen nach einer Änderung bedeutet, daß man mit der ganzen Beziehung nicht zufrieden ist.

Die typische Reaktion auf eine Äußerung wie »Ich möchte, daß sich in unserer Beziehung etwas ändert« ist Angst. Gewöhnlich versetzt sie den Partner in einen Alarmzustand. Die erste Reaktion ist dann wahrscheinlich »Was habe ich falsch gemacht?« oder »Was ist los mit dir?« oder »Ist unsere Beziehung in Gefahr?«

Je enger eine Beziehung ist, und je mehr wir in jeder Hinsicht von ihr abhängen, desto heftiger werden diese Reaktionen wahrscheinlich sein. Und je ungenauer, je unklarer die Information

ist, die wir darüber geben, welcher Art die Veränderung sein soll und warum wir sie wollen, desto eher bringen wir unseren Partner durch unsere Forderung aus der Fassung.
Dies ist ein wichtiger Grund dafür, daß es so störend sein kann, wenn jemand seinen Wunsch nach Veränderung in der verwirrenden und widersprüchlichen doppelten Botschaft des Verrücktmachens zum Ausdruck bringt.
Tatsächlich hat das Verrücktmachen – auch wenn es unbewußt geschieht – das Ziel, eine Veränderung zu bewirken, ohne daß man zugeben müßte, daß man sie auch nur wollte. Die meisten verrücktmachenden Äußerungen scheinen nach außen hin sogar den Wunsch nach einer Veränderung zu *leugnen,* selbst wenn sie diese Veränderung herbeizuführen oder zu erzwingen versuchen.
Sehr vereinfacht sieht die typische doppelte Botschaft des Verrücktmachers im Hinblick auf sein Ziel folgendermaßen aus:
Kodierte Botschaft: Ich fühle mich nicht wohl. Um mich wohl zu fühlen, brauche ich eine Veränderung. Aber dazu müßtest du dich verändern.
Offene Botschaft: Ich fühle mich bestens in unserer Beziehung, so wie sie jetzt ist. Deshalb will ich genau so bleiben, wie ich bin. Und dazu müßtest du genau so bleiben.
Die Widersprüchlichkeit dieser beiden gleichzeitigen, in einer Äußerung enthaltenen Botschaften zeigt ganz deutlich, warum das Verrücktmachen uns so sehr zum Wahnsinn treiben kann. Wie sollte man ernsthaft darauf hoffen können, beiden Anforderungen zu genügen? Wie kann man sich verändern und gleichzeitig so bleiben, wie man ist?
Die Intensität des Verrücktmachens nimmt mit der Bedeutung einer Beziehung zu. Die doppelte Bindung wird stärker, je mehr wir uns aufrichtig für den anderen interessieren und je mehr wir wollen, daß auch er sich für uns interessiert. In sehr engen Beziehungen kann das Gefühl Ich-kann-machen-was-ich-will-es-ist-nie-das-Richtige ganz besonders bedrückend werden.
Dagegen ist es nicht schwer zu erkennen, daß die doppelte Bindung aufgelöst ist, sobald der Wunsch ans Licht gebracht, zugegeben und erklärt worden ist. Unser Ziel im Hinblick auf das

Verrücktmachen besteht also darin, Möglichkeiten zu finden, wie dieser Wunsch geäußert werden kann, wie er möglichst genau formuliert werden kann, und wie wir verhindern, daß er geleugnet wird.

Dazu brauchen wir ein bestimmtes Wissen, eine bestimmte Vorgehensweise. Wir werden jedoch feststellen, daß wir einen Teil dieses Wissens schon bei unserer früheren Beschäftigung mit den Ursprüngen des Verrücktmachens erworben haben, als wir untersuchten, welche Auswirkungen es hat und welche Bedeutung seinen Taktiken zugrundeliegt. Wir werden auch sehen, daß wir schon recht viel über die Widerstände wissen, auf die wir wahrscheinlich stoßen werden, wenn wir uns bemühen, die Botschaften klar und verständlich zu machen.

Wir brauchen nur noch ein wenig dazulernen und das, was wir über das Ziel des Verrücktmachens, nämlich die Veränderung, erfahren haben, mit unserem eigenen Ziel in Verbindung zu bringen, das darin besteht, herauszufinden, welche Art der Veränderung eigentlich gemeint ist. Wir wollen uns also noch einmal kurz vor Augen halten, was wir schon wissen und was wir noch erfahren müssen, indem wir einen typischen verrücktmachenden Vorfall unter einem etwas andersgearteten Aspekt betrachten.

Fast während ihrer ganzen Ehe ist Marian Burns ziemlich stark an das Haus und an ihre Kinder gebunden gewesen. Inzwischen sind es vier Kinder, das jüngste von ihnen ist noch ein Säugling. Clay, ihrem Ehemann, gefällt dieser Zustand. Denn er spielt zwar eine ziemliche dominierende Rolle in ihrer Ehe, aber eigentlich ist er ziemlich stark von Marian abhängig, und er fühlt sich wohler, wenn sie ein wenig isoliert und von ihm abhängig bleibt. Er war es, der darauf gedrängt hat, mehr Kinder zu haben. Er wollte das große Haus, um Marian eine Beschäftigung zu geben.

Clay verhält sich außerdem häufig nach der Rotkreuzschwestern-Taktik. Als erfolgreicher junger Bankkaufmann nimmt er in der Familie die Position ein, daß nur er sich in der Welt auskennt, vor allem, sobald es um Geld geht.

Natürlich versteht er etwas von Geldangelegenheiten. Doch er benutzt sein größeres Wissen, um Marian zu kontrollieren und um ihre Abhängigkeit zu verstärken. Er greift also immer dann ein, wenn für irgend etwas Geld ausgegeben wird. Welchen Staubsauger oder welche Waschmaschine Marian auch ausgesucht hat – er hinterfragt ihre Wahl immer noch einmal. Er geht mit ihr in das Geschäft für Haushaltsgegenstände, auch wenn sie nur Geschirr oder einen Toaster kaufen will, um dort mit seinem in finanziellen Dingen geübten Auge über alle Geschäfte zu wachen und um Marian davor zu bewahren, daß sie getäuscht oder betrogen wird. Irgendwie macht sie immer etwas falsch, was die finanzielle Seite anbetrifft. Selbst wenn sie nur einen Coupon einsendet, um eine Zeitschrift zu bestellen, dann rümpft er gern die Nase und hält ihr einen Vortrag über die hohen Kosten, die dadurch entstehen, daß man auf einen Zeitschriftenwerber hereinfällt.

Wie alle »Patienten« der Rotkreuzschwestern-Taktik ist Marian einfach ein wenig verstimmt über dieses Verrücktmachen, aber sie sagt nichts. Sie fürchtet sich davor, ihren Wunsch nach mehr Unabhängigkeit zu äußern. Doch ihr Stolz veranlaßt sie z. B. dazu, nach günstigen Angeboten zu suchen, die auch Clay überzeugen.

Wir haben früher schon ähnliche Situationen kennengelernt. Dieses Mal jedoch wollen wir sie vor allem unter dem Aspekt des Wunsches nach Veränderung betrachten. Wie so oft, sieht Clays aufgezwungene Hilfe, oberflächlich betrachtet, so aus, als bemühe er sich, den Status quo zu erhalten, d. h. Marians Abhängigkeit zu bewahren und ihr Gefühl für ihre eigenen Fähigkeiten herabzusetzen.

In Wirklichkeit jedoch ist jeder einzelne Schritt dieses Verrücktmachens im finanziellen Bereich eine Forderung nach Veränderung; denn jedes Mal, wenn Marian eine selbständige finanzielle Entscheidung zu treffen versucht, macht Clay sie verrückt, um sie davon abzuhalten und um ihre Selbständigkeit abzustreiten. Die Veränderung, die er jedes Mal will, bedeutet, Marian solle ihre Versuche aufgeben, ohne seine Hilfe zu entscheiden. Jedes Mal bezieht sich sein Wunsch nach Veränderung auf Marians schüchterne Bemühungen, selbständig zu handeln.

Seit kurzem ist nur noch ein Kind noch nicht in der Schule, und

Marian hat zum ersten Mal eine sinnvolle Beschäftigung außerhalb ihres Haushalts und ihrer Ehe gefunden. Sie hat es vor allem Clays Stellung als Bankkaufmann in ihrer Kleinstadt zu verdanken, daß sie gefragt wurde, ob sie nicht dem Spendenkomittee des örtlichen Krankenhauses beitreten wolle, um vor allem bei der Organisation des alljährlichen Festes mitzuhelfen.
Marian hat sich begeistert auf ihre neue Aufgabe gestürzt. Zuerst war sie ein wenig unsicher, ob sie es auch schaffen würde, aber dann stellte sie fest, daß sie durch Clays häusliche Vorträge eigentlich eine ganze Menge über finanzielle Angelegenheiten gelernt hatte. Und jetzt freut sie sich ganz besonders darüber, daß sie sich in der Lage fühlt, außer dem Kochen, dem Putzen und dem Muttersein auch noch andere Aufgaben selbständig wahrzunehmen.
Clay allerdings ärgert sich, wenn er jeden Abend nach Hause kommt und Marian eifrig telefoniert, Eintrittskarten verkauft und Spenden in Empfang nimmt. Er wartet nicht gern auf sein Abendessen, bis sie mit ihren Angelegenheiten fertig ist und ihm dann ein sehr einfaches Mahl vorsetzt. Er hört die Komplimente über ihre Leistungen eigentlich nicht besonders gern.
Schließlich bietet er ihr seine Hilfe an, aber Marian lächelt und sagt, es sei schon alles in Ordnung. Er murmelt etwas von der juristischen Haftung, wenn man mit anderer Leute Geld umgehe, aber sie macht sich keine Sorgen. Aber als er ihr schließlich vorschlägt, mit ihr zu einer der Versammlungen des Komitees zu gehen, kann sie nicht abschlagen. Als sie dann angekommen sind, macht er sich zum Mittelpunkt und drängt Marian in den Hintergrund. Alle hören ihm zu, weil er in finanziellen Angelegenheiten Fachmann ist. Und als der Vorsitzende sagt, wie sehr er es zu schätzen wisse, daß er Marian so viele Ratschläge gebe, korrigiert er ihn nicht.
Hier ist wieder das übliche Verhaltensmuster des Verrücktmachens ins Spiel gekommen. Doch dieses Mal empfindet Marian kein unbestimmtes grollendes Gefühl, sondern sie ist Clay böse. Denn dieses Mal hat sie genau gesehen, daß sie verantwortlich entscheiden kann. Clays Versuche, sie zu beeinflussen, überzeugen sie nicht davon, daß sie seine Fürsorge braucht. Und sie hat

das Gefühl, das Clay sie ernsthaft verletzt hat, als er mit ihr auf die Versammlung ging, als er sich in den Vordergrund gespielt hat, und als er es versäumt hat, den Eindruck richtigzustellen, daß Marians Erfolg eigentlich auf ihn zurückzuführen sei.

Marians Gefühle täuschen nicht; denn dieses Mal hat Clay den Eindruck, daß seine verrücktmachende Forderung nach Veränderung keine Wirkung zeigt. Seine Forderung, sie solle sich verändern und wieder ihre alte isolierte und unfähige Rolle übernehmen, zeigt nicht viel Einfluß auf sie. Und sein mangelnder Einfluß führt zu noch mehr feindseligen Aggressionen, zu einem noch deutlicheren Versuch, ihr die Bestätigung ihres Wertes und ihrer Fähigkeiten durch die anderen zu nehmen.

Vom psychologischen Standpunkt aus gesehen ist es besonders wichtig, daß Clay seinen Wunsch nach Veränderung weder vor sich selbst deutlich zugeben kann, noch ihn seiner Frau gegenüber direkt äußern kann; denn sein wahres Gefühl bedeutet »Ich mag es nicht, daß dir irgendetwas ohne meine Hilfe gelingt. Es gefällt mir nicht, wenn du andere findest, die dir bestätigen, daß du es gut allein schaffst. Ich verliere die Kontrolle über dich, und das beunruhigt mich.«

Marian fürchtet sich ihrerseits davor, von Clay offen eine Veränderung zu verlangen. Sie will ausdrücken »Ich will, daß du mich einmal allein läßt, solange ich etwas tue, bei dem ich das Gefühl habe, ein wertvoller Mensch zu sein. Warum bleibst du nicht bei deinen Bankgeschäften und läßt mir diese eine Sache?«

Statt dessen versucht Marian ein paar Tage lang, Clay mit verrücktmachenden Forderungen nach Distanz zurückzustoßen. Dabei greift sie auf eine Form des Konter-Verrücktmachens zurück, die wir schon früher kennengelernt haben, nämlich auf die Taktik Kümmere-du-dich-um-mich. Wiederholt ruft sie Clay im Büro an und fragt an, wie sie sich bei den auftauchenden Problemen verhalten solle. Als er nach Hause kommt, berichtet sie ihm von jeder kleinen Einzelheit, die sie unternommen hat, um Spenden zu erhalten. Und in ihrer Buchführung unterlaufen ihr ärgerliche kleine Fehler, und sie bittet Clay, sie auszubügeln.

Das ist ihre doppelte Botschaft:

Offene Botschaft: Da du soviel Interesse zeigst und dich in diesen

Dingen so gut auskennst, möchte ich, daß du mir hilfst, so wie du mir immer geholfen hast. Ich will, daß du dich in Geldangelegenheiten so verhältst, wie du es immer getan hast.
Kodierte Botschaft: Wenn du weiterhin in meine einzige persönliche Angelegenheit eingreifst, dann wirst du damit bezahlen müssen, daß ich dich ständig störe. Ich will, daß du mich diesmal allein läßt, daß du das alte Verhaltensmuster änderst.
Doch Marians Konter-Verrücktmachen reicht nicht aus, um Clay von weiteren Eingriffen abzuhalten. Er spricht von neuen Vorschlägen, die er dem Komitee unterbreiten will. Für Marian wird es immer schwerer, ihren Groll zu unterdrücken. Sie wendet sich mit immer mehr Problemen an Clay, und er gibt ihr immer mehr kritische Ratschläge, und so entwickelt sich zwischen ihnen rasch eine Spirale des Verrücktmachens.
Ihr beiderseitiges Verrücktmachen ist auf einem Höhepunkt angelangt, als Marian eines Tages am späten Nachmittag in Clays Büro anruft.
MARIAN: Ich habe mich gerade gefragt, ob du wohl heute abend lange im Büro bleiben mußt.
CLAY: Nein, es ist überhaupt nichts los. Ich würde es auch gar nicht zulassen. Heute gibt es doch Football im Fernsehen, erinnerst du dich nicht mehr? Du weiß ja, daß ich mir das nie entgehen lasse.
MARIAN: Ach, ich fürchte, das habe ich auch vergessen.
CLAY (*mißtrauisch. Er hört auf, als er sieht, daß sein allwöchentliches Football-Ritual gefährdet sein könnte)*: Auch? Was meinst du damit? Was ist los?
MARIAN: Na ja, ich weiß nicht, wie mir das passieren konnte, aber ich habe völlig vergessen, daß heute abend die Versammlung des Spendenkomitees stattfindet, sie treffen sich zum Essen in Charlie‘s Inn. Und ich kann keinen Babysitter bekommen. Deshalb wirst du wohl ohne mich gehen müssen.
CLAY: Aber was soll *ich* denn dort? (*Er ist verwirrt*). Schließlich ist es dein Komitee, nicht meines. Und du weißt, daß ich es hasse, wenn ich das Football-Spiel nicht sehen kann. Verdammt …
MARIAN: Es tut mir wirklich leid. Es ist alles meine Schuld. Ich habe wieder alles durcheinandergebracht, wie immer. Ich weiß,

daß du mir immer wieder sagst, ich solle alles in einen Terminkalender eintragen, aber ich habe so wenig aufzuschreiben, daß ich mich gewöhnlich daran erinnere.
CLAY (*unterdrückt seinen Ärger*): Da kann man jetzt nichts mehr ändern. Aber ich verstehe immer noch nicht, warum ich zu der Versammlung gehen soll.
MARIAN: Du weißt doch ganz genau, daß du dich letztes Mal darum gekümmert hast, und jeder hat dir zugehört, und jeder war einverstanden mit dem, was du gesagt hast. Ich kann sicher nicht über Abschreibungen für Spenden und solche Dinge sprechen. Und du hast gesagt, du würdest dabei helfen.
CLAY: Zum Teufel damit. Und auch noch gerade, wenn die Cowboys gegen die Steelers spielen. (*Er macht eine Pause*). Sieh mal, eigentlich solltest du gehen. Es ist deine Angelegenheit. Ich bin da überflüssig.
MARIAN: Aber wenn man einmal davon absieht, daß ich über Geld nicht soviel weiß wie du, weiß ich immer noch nicht, was ich mit den Kindern machen soll. Du weißt, wie ungern du dich stören läßt, wenn du einem Spiel zusiehst. Wahrscheinlich müssen Ginnys Windeln gerade dann gewechselt werden, wenn ein Tor fällt, und dann fängt sie an zu weinen. Und Craig und Jimmy werden sich sicher wieder streiten oder ständig etwas wissen wollen.
CLAY (*gereizt*): Ich weiß, aber ich will das Spiel lieber so sehen als überhaupt nicht. Und überhaupt, die Krankenhaus-Sache ist wirklich deine Angelegenheit und nicht meine.
Wir wollen uns noch einmal ansehen, was hier geschehen ist, und dabei den motivierenden Wunsch nach einer Veränderung besonders im Auge behalten. Wie immer beim Verrücktmachen beginnt die Episode mit einer gefürchteten Aggression. Diese Aggression ist in diesem Fall Marians Wunsch, daß Clay nicht mehr zu ihrem Treffen gehen und sie allein gehen lassen möge. Diesen Wunsch hat sie schon seit dem vergangenen Treffen gehegt. Doch sie hat sich davor gefürchtet, ihn offen auszudrükken.
Wir sollten zwei wichtige Beobachtungen im Zusammenhang darüber festhalten, daß wir die Aggression in dieser Weise iden-

tifizieren. Bei der ersten handelt es sich um ein Prinzip. Dieses Prinzip besagt, daß die Aggression, die zum Verrücktmachen führt, fast immer ein Wunsch nach Veränderung ist. Meist fürchtet man sich davor, diesen Wunsch auszudrücken, eine direkte Forderung nach einer Veränderung zu stellen.

Bei der zweiten handelt es sich um einen wichtigen Faktor, an den wir uns erinnern sollten, wenn wir es mit dem Verrücktmachen zu tun haben. Sie betrifft die Festlegung des Wunsches, der den Vorfall ausgelöst hat.

Der aufmerksame Leser mag sich fragen, ob hinter Marians Verrücktmachen nicht einige tieferliegende Wünsche verborgen sind. Diese Wünsche gibt es sicher, Clays zehn Jahre dauerndes Rotkreuzschwestern-Verhalten z. B. verstärkt Marians Wunsch sicherlich. Außerdem sind da in der jüngeren Vergangenheit die ganzen subtilen und komplizierten großen und kleinen Übergriffe von Clay auf Marians Krankenhaus-Vorhaben und das umfassendere Problem, daß Clay Marians neugefundene Selbstverwirklichung in ihrer Arbeit als freiwillige Helferin sabotiert. Doch solche »Museen der Frustration« zu öffnen, heißt ein heilloses Durcheinander anrichten. Es gibt darin einfach zu viele verschiedene Probleme, als daß man sie effektiv lösen könnte. Außerdem betreffen viele von ihnen vergangene Sünden, die nicht mehr geändert werden können. Unsere Erfahrung mit Tausenden von Beziehungen hat gezeigt, daß man zunächst eine klare und spezifische Forderung herausnehmen muß, wenn man eine sinnvolle Änderung erreichen will. Nur soviel kann man auf einmal bewältigen. Im Anschluß tauchen dann wohl auch die tiefergelegenen Probleme auf, aber dann kann man mit ihnen umgehen, weil man es nicht mehr mit einem überlaufenden Topf zu tun hat, in dem sich der Groll vieler Jahre angesammelt hat.

Darauf sollten wir besonders achten, wenn wir es mit den verwirrenden Taktiken des Verrücktmachens zu tun haben. Das Verlangen nach einer Veränderung, das wir abgrenzen wollen, ist das Verlangen nach einer sofortigen und ganz spezifischen Veränderung, die das verrücktmachende Verhalten erreichen will – in diesem Fall also, daß Clay zu Hause bleibt und Marian zu dem Treffen geht.

Wie immer äußert sich diese Forderung, die zunächst unterdrückt und geleugnet wurde, in Form einer doppelten Botschaft. Diese Botschaft wird durch Marians unbewußt herbeigeführtes »Vergessen« vervollständigt. Sie selbst kann kaum glauben, daß sie die Verabredung vergessen hat. Sie erinnert sich, daß sie kurz, nachdem der Termin festgelegt worden war, Clay darüber informieren und sich um einen Babysitter kümmern wollte. Aber irgendwie hatte sie alles wieder vergessen. Sie fühlt sich noch unbehaglicher, weil der Vorsitzende sie gefragt hatte, an welchem Abend Clay wieder kommen könne. Und sie hatte den Abend des Football-Spiels angegeben. »ohne etwas dabei zu denken.« Sie hatte einfach einen von den Abenden ausgesucht, an dem er keinen Termin hatte.

Dieses »Vergessen« hat eine doppelte Wirkung. Zunächst ermöglicht es eine Situation, in der die folgende doppelte Botschaft gesendet werden kann:

Offene Botschaft: Ich will, daß du zu dem Treffen gehst, auch wenn ich zu Hause bleibe. Du kennst dich in diesen Dingen viel besser aus. Ich hoffe, daß du dich darum kümmerst und mir und den anderen sagst, was wir zu tun haben. Ich billige deinen Status quo.

Kodierte Botschaft: Ich werde dich um jeden Preis davon abhalten, zu der Versammlung zu gehen. Das ist meine Angelegenheit, und ich will, daß du dich heraushält. Ich will, daß du deine Übergriffe in dieser Angelegenheit einstellst und mir nicht das Selbstvertrauen und die Streicheleinheiten nimmst, die ich von den anderen bekomme.

Beachten Sie, daß die offene Botschaft ziemlich dick mit einem Zuckerguß überzogen ist; denn nachdem Marian der Fehler unterlaufen ist, sagt sie, sie wolle zu Hause bleiben, weil Clay kompetenter sei. In anderen Worten: Unbewußt bemüht sie sich darum, nicht an Clays Bild von ihr und ihrer Beziehung zu rütteln.

Die zweite Wirkung von Marians »Vergeßlichkeit« kodiert eine weitere Absicht; denn ihr Schachzug gelingt ihr dadurch, daß sie gerade den Abend gewählt hat, an dem das Football-Spiel gesendet wird. So konnte sie ruhig anbieten, zu Hause zu bleiben,

ohne wirklich befürchten zu müssen, daß Clay dieses Angebot auch annehmen würde. Ihr Angebot enthält allerdings auch noch einen Stachel.
Er ist nicht nur eine Reaktion auf die Frustration, die sie erleidet, weil sie das Krankenhaus nicht offen als ihr Territorium zu erkennen geben kann, sondern auch eine Reaktion auf Clays Eindringen in dieses Territorium und auf seinen Stachel – die Tatsache, daß er ihre Fähigkeiten herabmindert und sabotiert. Ihr Stachel sind die vier Kinder, die dabei sein werden, wenn Clay das Spiel der Cowboys gegen die Steelers ansieht.
Tatsächlich könnten alle ihre Manipulationen und Konter-Manipulationen und sogar ihre Feindseligkeiten ebenso gut ihrem Wachstum und ihrer psychischen Gesundheit dienen. Wir müssen nur feststellen, welche Barrieren sie daran hindern, offen eine Änderung zu verlangen, und wir müssen lernen, auf welche Weise diese zum Verrücktmachen führenden Kommunikationshindernisse überwunden werden können, damit die Möglichkeit geschaffen ist, sich gesund zu äußern und zu reagieren.

Die Ablehnungsbarriere

Die dringlichste Frage, die sich Marians und Clays Fall – eigentlich sogar in jedem Fall des Verrücktmachens – aufdrängt, heißt: Warum können sie einander nicht einfach sagen, was sie wollen? Warum können sie es einander nicht direkt sagen und benutzen statt dessen einen Kode, warum können sie es nicht offen sagen und greifen statt dessen auf indirekte Verhaltensweisen zurück? Auf den einfachsten Nenner gebracht, wenn sie sich vor Aggressionen fürchten, wenn sie sich davor fürchten, die Veränderungen zu verlangen, die sie als notwendig empfinden, wovor fürchten sie sich dann eigentlich?
Es ist wichtig, daß wir die Antwort auf diese Fragen kennen; denn wenn das Verrücktmachen grundsätzlich dadurch beendet werden kann, daß die Forderungen nach einer Veränderung offengelegt werden, dann müssen wir feststellen, aus welchem Grund wir uns nicht von vornherein in dieser Weise verhalten. Wenn wir jemand fragen, wovor er sich in einer solchen Situa-

tion fürchtet, dann erhalten wir keine besonders aufschlußreiche Antwort. Nehmen wir einmal an, wir würden Marian fragen ...
»Ich weiß eigentlich nicht, warum ich Clay diese Dinge nicht einfach sagen kann. Aber ich glaube, ich habe stark das Gefühl, daß ich es nicht tun kann, daß es ihm nicht gefallen würde.«
Und wie würde Clay reagieren, wenn ihm ihre Äußerung nicht gefallen würde?
»Na ja ... Er würde wohl ärgerlich werden.«
Ist Clays Ärger besonders schlimm? Könnte er die Kontrolle über sich selbst verlieren, um sich schlagen, mit Gegenständen werfen? Würde er vielleicht aus dem Haus stürzen und die Scheidung verlangen?
»Meinen Sie«, würde Marian zurückfragen, »nur weil ich ihm gesagt hätte, ich wolle allein auf die Versammlung gehen, und er solle zu Hause bleiben? Nein, das wäre einfach lächerlich. Das wäre der Situation nicht angemessen. Und gewalttätig ist Clay überhaupt nicht. Er ist ein verständiger und vernünftiger Mann.«
Wovor fürchtet sich Marian dann so sehr, daß sie den Wunsch nicht äußern kann, an dem ihr soviel liegt?
»Vielleicht«, rätselt sie herum, »will ich seine Gefühle nicht verletzen.« Sie macht eine kleine Pause. »Aber darum geht es eigentlich nicht. Wenn ich es mir überlege, wenn ich versuche, meine eigenen Gefühle zu verstehen, dann muß ich sagen, daß ich mich nicht von einer Furcht vor ihm, sondern von einer Furcht in mir davon abhalten lasse.«
Das vage aber sehr heftige Gefühl, das hier bestimmend ist, das die Aggressionen unterdrückt und einen dazu zwingt, sie zu leugnen, sie nur in der indirekten Sprache des Verrücktmachens zu äußern, geht in der Tat auf weit tieferliegende Ursachen zurück. Es handelt sich hierbei um die universale menschliche Furcht davor, abgelehnt zu werden.
Diese Ängste entstehen in der frühen Kindheit; denn schon in den ersten Tagen seines Lebens macht der Säugling die Erfahrung, daß er völlig von seiner Mutter abhängig ist. Ohne ihre Pflege und ihren Schutz wäre er dem Verderben preisgegeben. Und bald repräsentieren Pflege und Schutz ihre Liebe.

In einer späteren Phase wird dann die Gestalt des Vaters in ähnlicher Weise gesehen. Hier ist es wenig sinnvoll, im einzelnen auf die komplizierte Dynamik der Eltern-Kind-Beziehung einzugehen, aber es wird dennoch deutlich, wie die elterliche Liebe und Anerkennung mit dem Überleben gleichgesetzt wird. Und die Drohung, die von einer Zurückweisung ausgeht, wird gleichbedeutend mit der Gefährdung des Überlebens.

Man kann sich schwerlich eine stärkere psychologische Kraft vorstellen. Das Ausmaß und die Art der Gefühle, die der einzelne im Fall einer Zurückweisung empfindet, können unendlich verschieden sein. Sie hängen von vielerlei Erfahrungen ab, die der Säugling und später das Kind erlebt. Ihre Art hängt größtenteils von den verschiedenen Reaktionsweisen und Bedingungen ab, unter denen die Eltern dem Kind Liebe geben oder sie zurückhalten – von der Art und Weise, in der sie Zurückweisung und Annahme als Strafe oder Belohnung einsetzen. Im allgemeinen legen diese Erfahrungen fest, welches Maß an Ablehnung der einzelne ertragen oder riskieren kann. Es gibt sicher Menschen, die auf eine Ablehnung sensibler reagieren und die sich mehr davor fürchten als andere. Und sicher sind auch diejenigen noch verletzbar und haben einige wunde Punkte, die auf eine Zurückweisung am wenigsten sensibel reagieren.

Unabhängig vom Ausmaß und der Art der Angst vor einer Ablehnung ist kein psychologisch normaler Mensch so gefühllos oder autonom, daß er diese Angst nicht bis zu einem beträchtlichen Ausmaß in der Interaktion mit den in seinem Leben wichtigen Menschen erfährt. Sobald sich diese Angst zeigt, entsteht tatsächlich das Gefühl, es sei gefährlich, eine direkte Aggression zu wagen. Diese Angst birgt immer noch die bedrohliche Kraft der Gefühle des Kindes in sich. Man fühlt sich viel sicherer, wenn man die Aggression verdrängt und den Wunsch nach einer Änderung unterdrückt, statt daß man so waghalsig wäre, ihn zum Ausdruck zu bringen.

An dieser Stelle sollte angemerkt werden, daß Eltern oft unbewußt zu Tyrannen werden, was die Angst vor Ablehnung ihrer Kinder angeht. Durch die Manipulation dieser Angst können sie eine fast unbegrenzte Macht in der Beziehung zu ihren Kindern

an sich reißen; denn dadurch, daß das Kind sie nicht bestrafen kann, haben die Eltern die Möglichkeit, in seine sämtlichen Rechte auf psychische Gesundheit einzugreifen. Um nicht abgelehnt zu werden, muß das Kind sich unterordnen.
In ganz ähnlicher Weise lehren Eltern, die selbst sensibel auf eine Zurückweisung reagieren, ihr Kind, sich vor der Ablehnung durch andere zu fürchten, sich davor zu fürchten, »nein« zu sagen; denn ein solches Kind lernt, daß es selbst zurückgewiesen wird, wenn es andere zurückweist.
Billy z. B. sagt offen: »Nein, ich will nicht mit euch zu Oma. Dort kann man überhaupt nichts spielen, und ihr schimpft mit mir, wenn ich etwas falsch mache. Ich will lieber zu Hause bleiben und mit Larry Raumschiff spielen.« Viele Eltern fühlen sich durch eine solche direkte Äußerung und den darin enthaltenen Rückzug abgelehnt.
Der Rückzug ist eine der zwei vorrangigen Zufluchtsmöglichkeiten für Kinder (und später für die Erwachsenen), wenn sie häufig von Ablehnungs-Spielen manipuliert werden. Häufiger nehmen sie jedoch zu der zweiten Möglichkeit, dem Verrücktmachen, Zuflucht; dabei lernt das Kind, wie es sich nach außen hin den Eltern unterordnen und sie gleichzeitig so manipulieren kann, daß sie tun, was es will.
In diesem Augenblick entwickeln sich in einem Kind die ersten Fähigkeiten, die es ihm erlauben, sich anzupassen oder mitzuspielen. Wie das Verrücktmachen selbst sind auch diese Fähigkeiten universale Phänomene. Und sie führen uns in die Falle, die zu einer zweiten wichtigen Barriere wird, die uns daran hindert, unseren Wunsch nach einer Veränderung offen zu äußern.

Die Falle des falschen Bildes

In den ersten Phasen einer Beziehung spielt die sensitive Reaktion auf eine Ablehnung eine besonders große Rolle. Deshalb neigen wir dazu, uns in einem möglichst günstigen Licht darzustellen, um neuen Beziehungen eine Chance zu geben. Wir versuchen häufig zu erraten, was der andere – ein Freund, ein geliebter Mensch, ein Angestellter, ja sogar ein Bürstenverkäufer –

will, und passen uns dann an, um diesem Bild gerecht zu werden. Nur begründet dieses Bild sehr starke Erwartungen in unserem Gegenüber. Man gerät in eine Falle, ist gefesselt an die Anpassung, zu der man bereit war, um eine Zurückweisung zu vermeiden. Die Bedeutung einer solchen Selbstdarstellung kann verschieden groß sein, aber sie kann auf jeder Ebene verhindern, daß man später seine Wünsche offen äußert, wenn sie in Widerspruch zu dem Bild geraten, das man geschaffen hat.

Priscilla geht zu einem Einstellungsgespräch. Als zukünftige Empfangsdame zieht sie sich konservativ und hochgeschlossen an und schminkt sich sehr dezent, weil sie in einer Anwaltskanzlei arbeiten will.

Während des Gesprächs juckt ihre Nase. Doch sie beißt ihre Zähne zusammen und behält ihre Hände im Schoß. Als sie aus dem Bus ausstieg, riß ihr Strumpf, deshalb verbirgt sie ihre Laufmasche vor ihrem Gesprächspartner.

Als sie gerade wieder gehen will und das Gefühl hat, die Stelle sei ihr sicher, fragt er sie: »Übrigens, Sie schreiben doch auch kleinere Diktate, oder nicht? ... Falls Sie einmal einspringen müßten.«

Sie kann es nicht. Andererseits hat er praktisch gesagt, sie brauche diese Fähigkeit. Vielleicht kann sie so tun, als könne sie es, wenn sie Abkürzungen gebraucht und schnell schreibt. Schließlich antwortet sie: »Ich habe Steno gelernt«, ohne allerdings darauf hinzuweisen, daß sie nur drei Wochen lang an dem Kurs teilgenommen hat.

Der Personalchef will genauer nachfragen, aber er bemerkt, daß Priscilla gezögert hat. Alles andere an ihr hat ihm gefallen, deshalb spielt er mit. »Wenn nötig, können Sie Ihre Kenntnisse ja immer wieder auffrischen«, sagt er schließlich. Sie gehen über das Thema hinweg.

Das Ergebnis davon ist allerdings ein – wie wir es nennen könnten – gespaltenes Bild. Priscilla meint, daß ihr gesagt worden sei, man erwarte nicht wirklich von ihr, daß sie Diktate aufnehme. Der Personalchef meint, man könne in einem Notfall mit ihr rechnen. Und so ist die Saat für das Verrücktmachen im Büro gelegt.

Anschließend geht Priscilla mit ihrem Freund in ein Restaurant. Sie denkt nicht mehr an ihre Laufmasche. Sie legt ihre Jacke ab, öffnet zwei Knöpfe an ihrer Bluse und reibt heftig an ihrer Nase. Sie redet viel weniger hochgestochen und gebraucht eine ganze Reihe von schmutzigen Ausdrücken.

Inwiefern unterscheidet sich ihr Verhalten? Es hängt zunächst einmal von dem Bild ab, das sie bei den beiden Männern jeweils von sich entworfen hat. Und zweitens bedingt die Einstellungs-Situation als neue Beziehung eine sogenannte *niedrige Ablehnungsschwelle*, d. h., da die Beziehung so gut wie keine Grundlage hatte, keine Bindung irgendwelcher Art, hätte Priscilla leicht und aus recht oberflächlichen Gründen abgelehnt werden können.

Die Beziehung zwischen Priscilla und Dennis enthält mehr wichtige und bindende Elemente. Sie haben schon viel Zeit miteinander verbracht und schon oft miteinander geschlafen. Ihre Ablehnungsschwelle ist ziemlich hoch. Ein geringfügiger Anlaß kann nicht zur Ursache für eine Zurückweisung werden. Schließlich hat Priscilla in Dennis Anwesenheit schon mehr als ihre Nase gekratzt.

Beim Essen sagt Dennis: »Meine Mutter ist sehr gern mit dir zusammengewesen, als sie hier war. Sie hat mich gefragt, ob wir nicht an Weihnachten ein verlängertes Wochenende bei ihr verbringen wollen.«

Priscilla freut sich nicht besonders über diesen Vorschlag. Es hat ihr nicht gefallen, wie Dennis' Mutter ihn in Besitz nahm und sie wie einen Außenseiter behandelte. Aber Dennis hängt offensichtlich an seiner Mutter, und kürzlich hat er im Bett von Heirat gesprochen. Priscilla unterdrückt ihren Wunsch nach Veränderung. »Wie nett von ihr«, antwortet sie. »Es wäre schön.«

Die starke Tendenz, sich dem anderen in seinem persönlichen Bild anzupassen, verhindert die spätere Äußerung von Aggressionen, weil dieses Bild auch eine bestimmte Erwartung schafft.

Teilweise Ablehnung und völlige Ablehnung

Ein drittes Hindernis für die offene Äußerung des Wunsches nach Veränderung entsteht aus den beiden zuerst genannten, vor allem aus der übertriebenen Angst vor einer Ablehnung. Aber auch, wenn es sich nur um eine abgeleitete Form handelt, ist es hilfreich, sie als eine getrennte Einheit zu verstehen.

Diese Erscheinung wurzelt in den Schwierigkeiten des Kindes, den Unterschied zwischen einer teilweisen und einer völligen Zurückweisung zu verstehen. Ein Säugling, der gestillt wird, beißt z. B. in die Brust seiner Mutter. »Au!« ruft sie erschreckt und überrascht, und wird ein wenig dadurch verrücktgemacht, daß ihre Erwartungen an ein passives und harmloses Kind durch den unerwarteten Biß zerstört werden. Sie hält das Baby von sich weg und sagt »Nein! Nein!« zu ihm. Die verärgerte und überraschte Reaktion erschreckt das Baby. Es beginnt, verzweifelt und untröstlich zu weinen. Das Baby in diesem Fall kann nicht verstehen, welches spezifische Verhalten seinerseits abgelehnt worden ist. Es ist nicht völlig abgelehnt worden.

Wir mögen uns einer solchen naiven und übersteigerten Reaktion, einem so simplen Verständnis von Ablehnung und Anerkennung gegenüber ziemlich überlegen fühlen. Und doch gibt es viele Erwachsene, die Schwierigkeiten haben, ähnliche Unterscheidungen zu treffen.

Wir können leichter mit dieser Schwierigkeit und mit freimütigen, offenen Äußerungen umgehen, wenn wir uns dieses Problem einfach bewußt machen. Dabei ist wichtig, daß man in einer festen Beziehung mit grundsätzlichen starken Bindungen sein Bild kaum zerstören wird oder daß man kaum abgelehnt wird, auch wenn es sich zeigt, daß der andere den Wunsch nach Veränderung nicht akzeptiert.

Wir stellen also fest, daß man ganz einfach bereit sein muß, ein gewisses Risiko im Hinblick auf eine Ablehnung auf sich zu nehmen, wenn man entweder seine eigenen Wünsche nach einer Veränderung offen ausdrücken können will oder aber in der Lage sein will, die Wünsche des anderen zu erkennen. Doch wenn man sich an die hier gegebenen Anweisungen hält, und wenn die Beziehung wirklich irgendwie gefestigt ist oder auch nur irgendeine Grundlage hat, dann besteht kaum die Gefahr, daß die Ablehnung mehr als nur eine teilweise Ablehnung ist. Denken Sie daran, daß eine teilweise Ablehnung nur bedeutet, daß eine Vorstellung, eine Äußerung, ein Wunsch nach Veränderung zurückgewiesen wird. Sie bedeutet nicht, daß eine Person völlig abgelehnt wird.

In ähnlicher Weise müssen wir Klarheit über unsere gelegentlich vorhandenen eigenen Bedürfnisse, die Wünsche oder Aggressionen anderer zurückweisen, Klarheit gewinnen. Solange nur die Anerkennung als mögliche Reaktion betrachtet wird, machen wir einander unweigerlich ständig verrückt; denn ein solches Verhalten bedeutet in Wirklichkeit, daß keiner der beiden Partner klare Informationen vom anderen erhält, daß keiner weiß, wann er wirklich Einfluß auf den anderen hat, keiner weiß, wo der andere steht oder was er fühlt, und keiner weiß, wann er auf das Territorium des anderen übergreift.

Die mangelnde Bereitschaft, das Risiko einer Ablehnung einzugehen oder einen Wunsch des anderen abzulehnen bedeutet, daß man einander die Rechte auf geistige Gesundheit abspricht. Aggressionen werden gezwungenermaßen unterdrückt, und eine gesunde Kommunikation wird unmöglich gemacht.

Die Überwindung der Ablehnungssperre

Nachdem wir wissen, woher die Ablehnungssperre kommt, verstehen wir auch, wie wir sie überwinden können. Wir erkennen, wie wir die hinter dem Verrücktmachen versteckten Wünsche nach einer Veränderung an die Oberfläche bringen können.

Es ist gewöhnlich nicht besonders schwer, diese Sperre zu überwinden. Dazu müssen wir allerdings nicht nur die von uns untersuchte Dynamik, die Schlüssel zur geistigen Gesundheit verstehen, die wir gefunden haben, sondern wir müssen auch erkennen, in welcher Weise sie miteinander verbunden sind.

Denn wir sind, wie bei jedem Aspekt des Verrücktmachens, mit der Maske der Verwirrung und der Komplexität konfrontiert, die jedes einfache innere Element verbirgt. Wir haben jedes dieser Elemente vor allem in einer Art Reinkultur betrachtet; wir haben versucht, jedes von ihnen zu isolieren, um es deutlicher darstellen zu können. Doch im alltäglichen Umgang der Menschen miteinander sind sie gewöhnlich nicht so klar unterscheidbar angeordnet, sondern eher ineinander verwoben. Und besonders, wenn man gerade eine emotional verrücktmachende Erfahrung erlebt, kann es schwierig sein, den Knoten ohne irgendeine Hilfe zu entwirren.

Aus diesem Grund haben wir eine Reihe von einzelnen Schritten entwickelt, mit deren Hilfe die verrücktmachende Maskierung aufgedeckt werden soll. Zwar soll dieses System und seine Abfolge nicht unbedingt streng eingehalten werden; denn sobald man die Technik beherrscht, mit der man die verrücktmachenden Interaktionen demaskieren kann, kann man sie auch flexibel einsetzen, aber am Anfang ist es wirklich am besten, man richtet sich nach diesen Schritten so systematisch, wie man sich an Weihnachten an die Anleitungen zum Zusammenbauen eines Spielzeugs hält.

Denn man kann in Schwierigkeiten geraten, wenn man eines der Prinzipien oder eine der Vorsichtsmaßnahmen außer Acht läßt. Denken Sie immer daran, daß man in jeder verrücktmachenden Situation einer unbewußten Versuchung erliegen kann: Man kann jede Reaktion zu einer Taktik des Konter-Verrücktmachens verzerren. Man unterliegt der Versuchung, Stachel für Stachel, Verwirrung für Verwirrung zurückzugeben. Deshalb muß man sich immer vor Augen halten, daß es in dieser Situation nicht einen Schurken und ein Opfer gibt, vor allem dann nicht, wenn das Verrücktmachen schon zum Stil einer Beziehung geworden ist. In einer solchen Beziehung müssen wir realistisch genug sein zu erkennen, daß der verrücktmachende Stil bei der Äußerung von Aggressionen von beiden Partnern gemeinsam entwickelt worden ist.

Im Kampf um die geistige Gesundheit ist die Hoffnung auf den Sieg nicht eine Hoffnung auf den Triumph über den anderen. Und es geht sicher nicht um eine Genugtuung für die in der Vergangenheit durch das Verrücktmachen erlittenen Wunden. Denn es besteht eine hohe Wahrscheinlichkeit, daß man bewußt oder unbewußt dem anderen ebenso viele Wunden zugefügt hat, wie man selbst erlitten hat. Unser Feind ist das Verrücktmachen selbst – und nicht etwa der Mensch, der uns nahesteht.

Ohne eine solche realistische Einsicht und Methode ist man von vornherein dazu verurteilt, Schiffbruch zu erleiden; denn wir sind feindseligen Reaktionen gegenüber unglaublich empfindlich.

Und wenn das Verrücktmachen lange genug die vorherrschende Kommunikationsform war, dann sind beide Partner seinem Stachel gegenüber noch empfindlicher. Wenn die Bemühung um eine gesunde Form der Kommunikation in Wirklichkeit nur die verschleierte Forderung an den *anderen* ist, offen zu kommunizieren, während man selbst seine Wünsche weiterhin indirekt, durch Manipulationen und doppelte Botschaften zum Ausdruck bringt, dann macht sich das unweigerlich bemerkbar.

Wie wir gesehen haben, können wir nicht umhin, die Regel zu beachten, daß die Verdrängung und die Leugnung aggressiver Gefühle dazu führt, daß sie unbewußt auftauchen. Sie äußern sich in der Form doppelter Botschaften und haben deshalb mit Sicherheit eine verrücktmachende Wirkung. Keine noch so große Klugheit hilft uns, diese Wirkung zu vermeiden, denn sie gehört zum Wesen dieses Phänomens, das eine klassische Erscheinung ist, durch die sich das Unbewußte äußert.

Wenn wir die Ablehnungssperre überwinden und dem gegenseitigen Verrücktmachen ein Ende setzen wollen, dann müssen wir unserem eigenen Verrücktmachen gegenüber wachsam sein. Eine gesunde Kommunikation ist keine einseitige Angelegenheit. Jedes Anzeichen für eine verrücktmachende Kommunikation wird die Ablehnungssperre des anderen eher heraufsetzen; denn die doppelte Botschaft wird in jedem Fall als ein Stachel empfunden, der nur bewirkt, daß der andere seinen Wunsch nach einer Veränderung in defensiver und indirekter Weise äußert – und daß er noch ein wenig feindseliger reagiert und so die Spirale des Verrücktmachens in Gang setzt.

Mit diesen Vorsichtsmaßnahmen im Bewußtsein wollen wir versuchen, die Schlüssel zur geistigen Gesundheit auf eine verrücktmachende Episode anzuwenden. Wir wollen mit dem Vorfall beginnen, den wir zu Anfang dieses Kapitels beschrieben haben.

Erinnern Sie sich daran, daß es im wesentlichen darum geht, daß

Clay, der Bankkaufmann, und Marian, seine Frau, sich wegen Marians Wunsch nach größerer Unabhängigkeit streiten. Marian hat versucht, diese Unabhängigkeit auf indirektem Weg zu erreichen. So einfach wie möglich ausgedrückt, kämpft sie um ihr psychisch gesundes Recht auf Raum. Gleichzeitig setzt Clay das Verrücktmachen ein, um für seinen Wunsch nach einer Beschränkung ihres Raumes zu kämpfen, um sie weiterhin von sich abhängig zu halten. Damit seine Rotkreuzschwestern-Taktik erfolgreich ist, muß er ihr in gewisser Hinsicht das Gefühl vermitteln, daß sie unfähig sei. Sie muß das Gefühl haben, sein Eingreifen, seine wiederholte Hilfeleistung sei notwendig. Wir haben also vor allem eine Form des Kampfes um die optimale Distanz beobachtet.

Marian hat ihre Vorstellungen von der idealen Distanz, Clay hat die seinen. Beide fürchten sich davor, diese Vorstellungen offen zu äußern. Sie fürchten, daß sie dann abgelehnt werden könnten. Und da ihre Vorstellungen nicht miteinander in Einklang zu bringen sind, haben sie einen Kampf begonnen, in dem jeweils der eine den anderen verrückt macht – und beide verfolgen die Absicht, dem anderen seine oder ihre Wünsche aufzuzwingen, ohne ihn um sein Einverständnis zu bitten und sogar ohne einzugestehen, was sie wirklich wollen.

Der gesunde Menschenverstand sagt uns, daß hier Verhandlungen angebracht wären. Aber wie soll man etwas aushandeln, wenn keiner der beiden Partner auch nur sagt, was er eigentlich will?

Wie wir gesehen haben, verfolgt diese Taktik das Ziel, sich der Verantwortung zu entheben. Man tut so, als zwängen einen die äußeren Umstände zu einem ganz bestimmten Verhalten. Die Ansprüche, die von der Arbeit und von den finanziellen Notwendigkeiten ausgehen, gehören zu den häufigsten und einflußreichsten äußeren Umständen.Doch es gibt auch noch viele andere. Marian versteckte sich hinter den Anforderungen der Wohltätigkeit, der Verantwortung innerhalb der Gemeinde. Ebenso leicht kann man die Anforderungen der Pflicht, der Ehre, der Heimatliebe und des Mitleids vorschieben.

Wir alle kennen die Grundlinien einer solchen verrücktmachenden Taktik. Und – was uns dabei verrückt macht – häufig sind sie auch noch völlig gerechtfertigt. »Ich kann Mutter nicht hängenlassen.« »Das Team rechnet mit mir.« »Aber Gerry träumt seit zwei Wochen nur noch vom Zirkus.« »Wenn du sagst, wir können nicht gehen, dann gehen wir eben nicht – aber du weißt ja, daß dieses Jahr Großvaters letztes Weihnachten sein könnte.« Wenn diese Äußerungen in einer verrücktmachenden Kommunikation eingesetzt werden, dann heißt ihre wirkliche Botschaft »Das einzige, was wir eigentlich nur tun können, ist genau das, was ich tun will.«

Wie wir gezeigt haben, können wir die problematischen Bereiche und die jeweiligen unmittelbaren Wünsche erhellen, wenn wir die Taktiken des Verrücktmachens begreifen, aber wir sollten uns nicht als Amateur-Psychotherapeuten versuchen. Wenn wir versuchen, die Ablehnungssperre mit Hilfe einer solchen Analyse oder mit Hilfe der sich daraus ergebenden Taktiken des Gedankenlesens, der Gedankenvergewaltigung, der Beurteilung und ähnlicher Taktiken zu durchbrechen, enden wir unweigerlich beim Verrücktmachen. Diese Taktiken bringen doppelte Botschaften hervor. Sie nehmen dem anderen seine Rechte auf seine geistige Gesundheit. Und jede von ihnen stachelt den anderen potentiell dazu an, auf die gleiche Weise zurückzuschlagen, eine Spirale des Verrücktmachens auszulösen.

Was also tun? Wie können wir unsere Schlüssel zur geistigen Gesundheit benutzen, um das Schloß des Verrücktmachens aufzuschließen? Nachdem wir nun einige grundlegende Risiken betrachtet haben, wollen wir sehen, wie wir unsere geistige Gesundheit auf einem sicheren Weg erreichen können, wie wir die Ablehnungssperre überwinden können, um uns selbst von den schmerzlichen und verwirrenden Erfahrungen zu befreien.

1. Halten Sie ein, schauen, hören und fühlen Sie

Die Verteidigung gegen das Verrücktmachen beginnt eindeutig in dem Augenblick, in dem wir den Schmerz fühlen, den sein charakteristischer Stachel in uns auslöst. Wir haben das plötzliche Gefühl der Verwirrung und des Unglaubens, der widersprüchlichen Gefühle, der gespaltenen Motivation beschrieben, die das Verrücktmachen mit sich bringt. Das Auftauchen solcher Gefühle sollte ein Warnzeichen für uns sein.

Aber es soll uns nicht dazu veranlassen, uns auf einen Kampf einzurichten und die Gewehre zu schultern; denn es handelt sich vor allem um ein Zeichen, das uns dazu veranlassen soll, nachzudenken und nicht gleich zu reagieren.

Denn was wir gefühlt haben, ist der Schmerz des Verrücktmachens. Wenn man reagiert, ohne vorher nachzudenken, neigt man dazu, diesen Schmerz einfach zurückzugeben. Und der eigentliche Wunsch nach Veränderung wird nur noch tiefer begraben werden. Wie kann man diesen Schmerz ertragen und ihn zugleich beheben?

Zunächst einmal, indem wir uns bewußt machen, daß es sich um eine verrücktmachende Erfahrung handelt – indem wir der Tatsache ins Auge sehen, daß der nur unscharf zu erkennende Kode der versteckten Botschaft Wirklichkeit ist, daß er bedeutsam ist, auch wenn wir ihn nicht entziffern können.

Zweitens müssen wir das Gelernte anwenden und uns bewußt machen, daß es nicht nur sinnlos ist, eine von unserem Verständnis ausgehende Dekodierung zu versuchen, sondern daß ein solcher Versuch auch die Ursache des Konter-Verrücktmachens darstellt. Wir müssen begreifen, daß nur ein Mensch die wirkliche Bedeutung der verrücktmachenden doppelten Botschaft verstehen kann – nämlich derjenige, der sie sendet.

Warum sollen wir nicht zurückschlagen? Weil wir die grundlegendste Bedeutung der Äußerung erkennen sollten, die uns so sehr verletzt.

Dazu gehört zunächst, daß ihr ganz sicher nicht der wirkliche Wunsch zugrundeliegt, den anderen zu verletzen, sondern vielmehr ein Wunsch nach Veränderung, den der Verrücktmacher nicht offen zu äußern wagt. Warum handelt er so? Weil er höchstwahrscheinlich fürchtet, daß er zurückgewiesen wird, wenn er seinen Wunsch offen äußert – daß er von Ihnen zurückgewiesen wird. Und warum sollte er sich vor einer Zurückweisung fürchten? Weil er oder sie befürchtet, daß sie das Ende der Beziehung bedeuten würde.

In anderen Worten: Eine der ersten Beobachtungen, die man in bezug auf die Erklärung des Verrücktmachens machen kann, zeigt uns, daß es tatsächlich einen Versuch darstellt, eine Änderung herbeizuführen, ohne Sie zu vertreiben. So gesehen bestätigen die verrücktmachenden Verhaltensweisen der Ihnen nahestehenden Menschen nur, daß ihnen etwas an Ihnen liegt, daß sie sich davor fürchten, Ihre Liebe oder Ihre Freundschaft zu verlieren.

So widersinnig es scheinen mag, in Wahrheit greift man im allgemeinen dann auf das Verrücktmachen zurück, wenn man die Beziehung zu einem anderen Menschen aufrechterhalten will. Nur wenn man befürchtet, daß eine Beziehung zerstört werden könnte, bemüht man sich, seine Forderungen zu verschleiern.

Ein solches Verständnis hilft uns dabei, den ersten Schock des Verrücktmachens leichter zu ertragen. Es hilft uns, nicht etwa zu fragen, wie kann ich jetzt zurückschlagen, sondern zu fragen, was wird von mir gefordert? Es trägt dazu bei, daß unser Interesse und unsere Reaktion darauf abzielen, den Wunsch nach einer Veränderung aufzudecken.

Aus diesem Grund dürfen wir zunächst nicht die Gefühle und Absichten des anderen erraten, sondern wir müssen einhalten und unsere eigenen Gefühle näher bestimmen. Denn wie wir schon festgestellt haben, dienen unsere eigenen Gefühle nicht nur dazu, uns auf das Verrücktmachen einzuschießen, sondern sie sind auch ein Hinweis darauf, daß die *Bedingungen für das Verrücktmachen* tatsächlich vorhanden sind. Und genau diese Bedingungen führen zu der Fortsetzung des verrücktmachenden Wortwechsels zwischen Marian und Clay.

2. *Machen Sie sich die Bedingungen des Verrücktmachens bewußt*

Diese Bedingungen sind eher subjektiver als objektiver Art. Diese Tatsache mag die Situation noch verwirrender erscheinen lassen, aber in Wirklichkeit trägt sie dazu bei, sie zu klären. Denn wieder braucht man weder die Gefühle des anderen zu erraten noch irgendwelche Vermutungen über sie anzustellen, sondern es genügt, wenn man seine eigenen Gefühle untersucht. Ein gutes Beispiel für diese Bedingungen bieten Clay und Marian am Morgen nach ihrem verrücktmachenden Wortwechsel, der damit endete, daß Clay in der Bank Überstunden machte und Marian nicht zu der Versammlung des Spendenkomitees gehen konnte. Wenn wir die Vorbedingungen des Verrücktmachens betrachten, erkennen wir auch sofort, warum es so kommen mußte:

Zunächst einmal *kommt es wahrscheinlich zu verrücktmachenden Erfahrungen, wenn jemand die offene Äußerung des Wunsches nach einer Veränderung verwehrt wird.*

Sicher war Marian nicht in der Lage zu sagen, sie wolle sich stärker fühlen, sie wolle in einem höheren Maß und unabhängig von Clay und den Kindern eine Identifikation als Individuum finden. Und sicher war Clay nicht in der Lage zu sagen, es gefalle ihm nicht, wenn Marian eine Identität außerhalb ihrer Rollen als Hausfrau und Mutter finde.

An dem Abend, an dem das Treffen stattfinden sollte, versuchte Marian, Clay aus dem Weg zu halten; sie hoffte, es liege ihm mehr daran, sein übliches Football-Spiel zu sehen als in ihrer Arbeit im Spendenkomitee einzugreifen. Clay reagierte darauf nicht mit seinen wirklichen Gefühlen, sondern mit der Ausrede, er müsse im Büro bleiben.

Als Folge davon sind beide in einer angespannten Stimmung. Beiden ist bewußt, daß sie nicht ihren wirklichen Wunsch zum Ausdruck gebracht haben, sondern statt dessen versucht haben, den anderen dazu zu zwingen, ihren Wünschen Folge zu leisten. Ob diese Manipulationsversuche erfolgreich waren oder nicht, ist nicht so wichtig, wie man meinen könnte. Denn auf diese Weise haben sie in jedem Fall nur versucht, eine augenblickliche Erleichterung zu schaffen; sie haben nicht deutlich zum Ausdruck gebracht, was sie wollten.

Zweitens *verstärkt sich das Verrücktmachen meist, wenn die Betroffenen ein Gefühl der Ohnmacht empfinden.*

Erstaunlicherweise taucht dieses Gefühl sehr häufig auf, wenn man sich nicht in der Lage fühlt, einen Wunsch offen zu äußern, und zwar völlig unabhängig davon, ob man nun objektiv der

Mächtigere oder der Ohnmächtigere ist. Wichtig ist vor allem, daß die Unfähigkeit, seine Forderungen offen zu äußern, mit einem Gefühl der Ohnmacht einhergeht.

Marian fühlt sich von Clays Macht, von ihrer Abhängigkeit von Clay als dem Ernährer der Familie und dem Familienoberhaupt, unterdrückt. Doch Clay fühlt sich ebenso ohnmächtig, weil er, obwohl er diese Macht innehat, Marian nicht direkt sagen kann, sie solle zu Hause und von ihm abhängig bleiben.

Drittens *potenziert sich das Verrücktmachen, wenn man das Gefühl hat, die offene Äußerung des Wunsches nach einer Veränderung könne zur völligen Ablehnung führen.*

Wieder haben wir den eigentlich widersinnigen Fall, daß Clay sich in Wirklichkeit vor einer Zurückweisung ebenso fürchtet wie Marian. Die tiefere Bedeutung dieser Tatsache liegt darin, daß die tatsächliche Macht beim Verrücktmachen eine nur geringe Bedeutung haben kann. Generaldirektoren können, um ihre Macht zu behaupten, ebenso zum Verrücktmachen neigen wie der jüngste Botenjunge. Dies ist ein weiterer Beweis dafür, daß die Sensibilität für Ablehnungen eher eine Funktion des inneren Gefühls als der äußeren Macht und des äußeren Einflusses ist. Deshalb kann der Mächtige ebenso das Verrücktmachen dafür einsetzen, seinen Status zu behaupten, anstatt ihn offen zu verteidigen, wie derjenige auf das Verrücktmachen zurückgreift, der sich ohnmächtig fühlt, um dadurch zu äußern, daß er zwar nur eine geringe äußere Macht besitzt, daß er aber dennoch eine Bedeutung und eine persönliche Identität hat, daß auch er wichtig ist.

Clay kann ebenso wenig sagen »Füge dich oder du wirst schon sehen« wie Marian sagen kann »Mische dich nicht in meine Angelegenheiten ein, solange ich meinen Wert als eine selbständige Persönlichkeit bestätige.«

Eine vierte Bedingung für das Verrücktmachen findet sich in der Tatsache, daß *man nicht als derjenige gelten will, der die Veränderung herbeigeführt hat.* Hier handelt es sich in Wirklichkeit um eine Konsequenz aus dem Gefühl, daß man die Forderung nach einer Veränderung nicht als seinen eigenen Wunsch äußern will – sondern sich sicherer fühlt, wenn man eine Veränderung

bewirken kann, ohne die Verantwortung dafür auf sich nehmen zu müssen, daß man sie gewollt hat.
Das bedeutet im Grunde nichts anderes, als daß man – unabhängig davon, wer der Mächtigere ist – nicht für das Ergebnis der Veränderung verantwortlich sein will. Wieder fürchtet man, daß man als der Verursacher abgelehnt werden könnte, wenn die Änderung herbeigeführt wird und nichts Gutes bringt.
Es gibt zwar noch andere möglichen Bedingungen für das Verrücktmachen, aber die vier genannten Voraussetzungen sind, im Zusammenhang mit einem fünften Faktor, der nicht übersehen werden sollte, die wichtigsten.
Die fünfte Bedingung für das Verrücktmachen wollen wir die *Kontinuität des Verrücktmachens* nennen, d. h. wenn das Verrücktmachen einmal zum Stil einer Beziehung gehört, können die einzelnen Vorfälle nicht mehr voneinander getrennt werden. Jeder einzelne von ihnen löst einen anderen aus.
Es gibt verschiedene Arten der Verbindung zwischen den einzelnen Episoden des Verrücktmachens. Wie wir gesehen haben, bedeutet die mangelnde Fähigkeit, seinen Wunsch nach einer Veränderung offen zum Ausdruck zu bringen, daß die zugrundeliegenden Probleme niemals wirklich gelöst werden können. Und unter den oberflächlichen Äußerungen schwelt ein beständiger Groll.
Darüber hinaus können wir, nachdem wir uns die natürlichen Gesetze des Verrücktmachens bewußt gemacht haben, leicht erkennen, daß das Versäumnis einer wirklichen Lösung, der Mangel an einem vollständigen und deutlichen Einfluß, das Gefühl der aggressiven Frustration erhöhen. Auch wenn es so aussieht, als könne man diese fortgesetzte Verdrängung und Verleugnung ertragen, sammelt sich unser Groll immer weiter an, bis wir zu einer weiteren verrücktmachenden Erfahrung kommen.

Schließlich wird die Kontinuität des Verrücktmachens durch ein weiteres grundlegendes Gesetz dieser Art der Interaktion gewährleistet. Denn wie wir wissen, enthält jede einzelne verrücktmachende Erfahrung einen schmerzhaften Stachel. Und jeder Stachel provoziert einen Gegen-Stachel.

Die Frustrationen, die mangelnde Lösung der Probleme oder die mangelnde Anerkennung durch den anderen, die durch den Stachel verursachte Verletzung summieren sich bis zu einer gereizten und abwehrenden Haltung. Und die jeweilige Auffassung dieser Haltung des anderen erhöht eher die Angst der Partner vor einer Ablehnung.

Alle diese Bedingungen schaffen eine Situation, die eine Fortsetzung des Verrücktmachens von Clay und Marian begünstigen, nachdem sie versucht haben, ihr Verhalten in bezug auf die Versammlung zu manipulieren. Tatsächlich ist ihr Topf voller Groll und Frustrationen kurz davor, überzulaufen.

Jetzt könnten wir unsere beiden ersten Regeln für den Umgang mit verrücktmachenden Erfahrungen anwenden. Am Morgen nach dem Abend, an dem die strittige Versammlung stattgefunden hat, frühstücken Clay und Marian. Die Kinder, außer der zweijährigen Ginny, sind in der Schule. Clay bereitet sich darauf vor, zur Arbeit zu gehen.

Das Folgende mag für denjenigen trivial erscheinen, der nicht versteht, welchen Regeln das Verrücktmachen folgt. Aber wie wir wissen, tauchen die ernsthaftesten Aggressionen des Verrücktmachens häufig in der Gestalt von geringfügigen Ärgernissen, von kleinen Versprechern oder versehentlichen Handlungen auf.

CLAY: Sieh nur, wie spät es ist. Ich habe einen schweren Tag vor mir. Ich gehe jetzt wohl besser ins Büro. Ich trinke nur noch eine halbe Tasse und beeile mich dann. (*Clay beobachtet Marian eine Sekunde lang, um zu sehen, ob sie ihm eine Tasse Kaffee einschenkt, wie sie es häufig tut. Er stellt sie auf die Probe. Er weiß genau, daß sie ihm wegen des vergangenen Abends noch böse sein muß, auch wenn sie es nicht äußert*).

MARIAN (*sieht nicht von ihrer Zeitung auf*): Okay, Liebling.

CLAY (*schenkt sich seinen Kaffee selbst ein und nimmt wieder seine Zeitung. Er fühlt sich unbehaglich, weil er nicht weiß, woran er mit Marian ist. Aber er fürchtet sich auch davor, die Angelegenheit noch einmal zur Sprache zu bringen. Deshalb schweigt er einfach und liest seine Zeitung*).

MARIAN: Weißt du eigentlich ...

CLAY (*schaut rasch auf, weil er leicht angespannt ist. Er wartet innerlich darauf, daß Marian darauf reagiert, daß er am vergangenen Abend länger gearbeitet hat. Doch Marian sagt nichts*): Was ist?

MARIAN (*abwesend*): Was hast du gesagt, Liebling?

CLAY (*unterdrückt seine Gereiztheit*): Ich habe gefragt, was los ist.

MARIAN (*unschuldig*): Was meinst du, was los ist?

CLAY (*gereizt*): Du hast gefragt, weißt du eigentlich?

MARIAN: Ach, das ... nichts Besonderes. Ich habe nur laut gedacht. (*Sie nimmt wieder ihre Zeitung*).

Hier wird die Spirale des Verrücktmachens wieder in Gang gesetzt. Wenn wir unsere Schlüssel benutzen und die Regeln, nach denen sie angewandt werden, sehen wir, daß die Spirale schon an drei Punkten hätte durchbrochen werden können.

Punkt Eins. Clay hätte sich seine eigenen Gefühle bewußt machen und die Gereiztheit und Anspannung erkennen können, die so häufig dem Verrücktmachen vorausgehen, die ein Warnzeichen dafür sind, daß eine Voraussetzung für das Verrücktmachen gegeben ist.

Was hätte er in diesem Fall unternehmen können? Er hätte einfach sagen können, was er empfand, anstatt seine Gefühle zu verdrängen. Statt dessen hofft er, daß Marian als Erste etwas sagen wird. Seine Ankündigung, daß er ins Büro gehen muß, ist eine Art Köder, ein zögernder Versuch, sie zu einer offenen Reaktion zu veranlassen.

Punkt Zwei. Marian befindet sich in der gleichen Situation. Sie ist verstimmt. Sie fühlt sich verletzt und will den Stachel zurückgeben. Doch sie will keine Verantwortung für eine feindselige Reaktion übernehmen. Und sie will ihre Forderung nach einer Veränderung in bezug auf ihre Unabhängigkeit immer noch nicht offen äußern.

Aus diesem Grund übernimmt Marian ziemlich unbewußt eine verrücktmachende Taktik, anstatt direkt zu kommunizieren. Ihre mangelnde Fähigkeit, ihren frustrierten Gefühlen entsprechend zu reagieren, ihre Abwehr dagegen, offen anzuerkennen, daß sie beide das dringende Bedürfnis nach einer Veränderung haben, setzt die Spirale von neuem in Gang.

Solche Gefühle müssen sorgfältig betrachtet und beachtet werden. Wenn wir das tun, können wir in der sich entwickelnden Situation die Ansätze dessen erkennen, was im Folgenden geschehen wird. Wir können erkennen, daß Marian durch den Vorfall des vorhergegangenen Abends das Gefühl der Ohnmacht vermittelt wurde. Also wird sie wahrscheinlich die Machtverhältnisse wieder ausgleichen und ihre Bedeutung auf eine verdeckte Weise wieder bestätigen wollen.

Als sie Clays Aufmerksamkeit auf sich zieht und ihn dann frustriert, erkennen wir ein frühes Anzeichen für ihre Absicht. Und wenn wir feststellen, daß dies genau in dem Augenblick geschieht, als Clay gesagt hat, er wolle zur Arbeit gehen, können wir sogar darauf schließen, daß Marian das Verrücktmachen dazu gebrauchen will, ihn an seinem Vorhaben zu hindern. Denn wir sollten uns daran erinnern, daß Clay sie mit Hilfe seiner Macht als Ernährer der Familie manipuliert hat, daß er einen eine Kontrolle ausübenden äußeren Umstand dafür gebraucht hat, daß er keine Verantwortung übernehmen muß. Innerhalb der Logik des Verrücktmachens ist es folgerichtig, daß Marian jetzt kodiert zum Ausdruck bringt, daß sie wichtiger ist als Clays Bank.

Punkt Drei ist der Augenblick, als Marian wie zum Spott Clays Aufmerksamkeit auf sich zieht und dann abstreitet, daß sie sie gewollt hat. Wieder hätte er in Anbetracht seiner Gefühle, die eine potentiell verrücktmachende Situation ankündigen, und in Anbetracht der Information, über die er verfügt, daß nämlich der Konflikt vom vorherigen Abend nicht wirklich ausgeräumt ist, die Falle des Verrücktmachens vermeiden können.

Wir wollen sehen, wie leicht solche Eröffnungs-Schachzüge verhindert werden können; denn in ihrem Verlauf werden wir einige andere Regeln für den Umgang mit dem Verrücktmachen herausfinden. Zunächst wollen wir beobachten, wie der Wortwechsel unkontrolliert fortgesetzt wird. Wir kehren zu dem Punkt des Gesprächs zurück, an dem Marian abstreitet, daß sie Clays Aufmerksamkeit auf sich lenken wollte.

CLAY: Was wolltest du denn nun sagen?

MARIAN: Ich habe nur auf etwas reagiert, das ist alles. Ich habe

gesprochen, bevor ich nachgedacht habe, und dann habe ich entschieden, daß es sich nicht lohnt, darüber zu sprechen.
CLAY (*beharrt weiter; er fühlt eine gewisse Anspannung*): Sieh mal, Schätzchen, du weißt ganz genau, daß du mir etwas sagen wolltest.
MARIAN: Ja schon, aber ich habe es mir anders überlegt. Ich wollte nichts Größeres besprechen, wenn du gleich gehen mußt.
CLAY (*dem es wie immer nicht möglich ist, der Versuchung zu widerstehen, in Marians inneres Territorium einzudringen, und der auch durch den Hinweis aufmerksam geworden ist, daß Marian die Angelegenheit für wichtig hält*): Was meinst du damit, etwas Größeres besprechen? Wenn es wirklich so wichtig ist, dann solltest du es mir sagen.
MARIAN: Es ist nichts Wichtiges. Eigentlich nicht. Eigentlich wollte ich sie gar nicht kaufen. Aber wenn ich darüber gesprochen hätte, hättest du bestimmt ein Staatsangelegenheit daraus gemacht. Können wir es nicht einfach vergessen?
CLAY: *Was kaufen?*
MARIAN: Siehst du, ich wußte, daß es so sein würde, sobald es sich um Geld handelt, besonders um etwas so Albernes ... Ich meine, du brauchst doch nur zu sehen, wie du mir den Kopf herunterreißt. Ich hatte einfach keine Lust, den Tag mit einem Vortrag über das Geldverschwenden zu beginnen, vor allem, nachdem ich noch nicht einmal etwas ausgeben wollte. Ich bemühe mich wirklich, dein Geld nicht zu verschwenden.
CLAY: Es ist auch dein Geld. Es ist dein Geld. Um Himmels willen, Marian, habe ich nicht immer versucht, dir alles zu geben, was du wolltest – alles, was wir uns leisten konnten?
MARIAN: Ja, aber du entscheidest immer, was wir uns leisten können. Schließlich weißt du alles über Geld, und du triffst die Entscheidungen. Das ist auch richtig so. Aber ich hasse es, daß du immer denkst, ich würde das Geld verschwenden. Ich weiß ganz genau, was du zu der Bluse gesagt hättest.
CLAY: Zu welcher Bluse?
MARIAN: Zu der aus der Anzeige, von der ich dir erzählen wollte.
CLAY: Und darüber streiten wir? Über eine lausige Bluse? (*Er*

hat eine Möglichkeit entdeckt, wie er der Gefahr einer Fortsetzung des Konflikts und dem Verrücktmachen, das er erlebt, entgehen könnte). Sieh mal, jetzt kauf dir die Bluse doch einfach. Ich muß jetzt zur Bank, okay?
MARIAN: Ich wollte sie gar nicht kaufen. Sie war auch zum Sonderpreis zu teuer. Es stimmt schon, daß sie mir gleich gefallen hat, als ich sie entdeckte. Aber sie ist ohnehin zu elegant. Wo sollte ich sie auch tragen – auf dem Markt oder im Elternbeirat oder bei dem Football-Spiel am Montagabend? Ich weiß nicht einmal, wofür ich sie kaufen sollte.
CLAY (*versucht, diese zusätzlichen Stachel zu ignorieren und die Situation herunterzuspielen, er legt seinen Arm um sie*): Einfach, weil du mein Mädchen ist und ich will, daß du etwas Schönes hast, das ist alles.
MARIAN: Das ist schön von dir. Aber ich will sie nicht kaufen. Ich habe sie niemals gewollt.
CLAY: Jetzt komm schon, Schätzchen. Ich will dir nur zeigen, daß ich dich liebe.
MARIAN: So?
CLAY: Was meinst du damit?
MARIAN: Wenn du mich wirklich so sehr liebst, woher kommt es dann, daß du mich seit zwei Wochen nicht mehr angefaßt hast?

Und schon sind sie mitten in einem erbitterten sexuellen Streit und führen einen lauten und offenen Kampf. Wie ist das möglich, nachdem sich beide so sehr davor fürchten, abgelehnt zu werden und nachdem sie so wenig dazu bereit sind, ihre Aggressionen offen zu äußern? Die Antwort auf diese Frage ist einfach und doch zugleich wichtig. Der sexuelle Bereich ist für beide ein sicherer Bereich. Beide fühlen sich sexuell genügend anerkannt. Zwar haben sie in letzter Zeit, begründet durch die Ermüdung, die Marians Unabhängigkeitsstreben mit sich gebracht hat, eine gewisse körperliche Distanz gewahrt, aber sie können dennoch relativ offen über sexuelle Angelegenheiten sprechen, weil diese kein Streitpunkt sind.
Was wir gesehen haben, war eine ständige Aufwärtsentwicklung

der Spirale des Verrücktmachens, in der die Diskussion allmählich von einem trivialen Gesprächsgegenstand zum Thema Geld übergeht, das zum Symbol ihres Kernproblems, nämlich der Unabhängigkeit Marians, geworden ist. Das Geld ist Clays wichtigstes Kontrollinstrument gewesen.
Aber als sich das Gespräch über Geld allzu sehr dem wirklichen Thema nähert, d. h. der Frage, wer bei ihnen die Macht besitzt, Entscheidungen zu treffen, veranlaßt sie die Furcht vor einer Ablehnung wieder zu einem Kontextwechsel. Clays Versuch, die Situation zu beruhigen, gibt ihnen die Möglichkeit, ihre Emotionen zu äußern, allerdings nur auf eine ungefährliche Weise. Tatsächlich schlafen sie zehn Minuten später miteinander, nachdem sie einen Teil ihrer Spannungen entladen konnten – nicht nur, indem sie offen über ein sicheres Thema gestritten haben, bei dem keiner eine Ablehnung riskierte, sondern auch, indem sich ihre sexuelle Spannung gelöst hat.
Nur wird der Krieg auch nach dieser Schlacht weitergehen. Das Kernproblem wird, weil es ungelöst geblieben ist, immer wieder in verrücktmachenden Erfahrungen auftauchen.
Marians und Clays Wortwechsel hätte nicht nur aufgebrochen werden können, und beiden hätte nicht nur das Unbehagen des Verrücktmachens erspart werden können, sondern die Auseinandersetzung hätte auch, wie im Fall fast aller wichtigen verrücktmachenden Episoden, der Ausgangspunkt für das Wachstum und die Verbesserung ihrer Beziehung sein können.
Auf der einfachsten Ebene hätte der Vorfall mit Marians ursprünglichem, scheinbar trivialem Gesprächsbeitrag beendet werden können, wenn Clay, als sie seine Aufmerksamkeit auf sich lenkte und dann abstritt, daß sie es gewollt hatte, eine dritte Regel gegen das Verrücktmachen befolgt hätte.

3. *Reagieren Sie nicht blind auf einen schmerzhaften Stachel*

Clay fühlt sich ein wenig verletzt, als Marian sich weigerte, ihm zu sagen, was sie in der Zeitung gelesen und was ihren Ausruf provoziert hatte. Er reagierte, indem er sie dazu aufforderte, es ihm zu sagen und indem er darauf bestand, daß es sich um etwas

Wichtiges handelte, obwohl sie sagte, es sei nichts Bedeutendes. Hätte Clay ihre Äußerung als eine verrücktmachende Taktik erkannt und gewußt, was sich hinter solchen Schachzügen verbirgt, dann wäre er darauf gefaßt gewesen, daß Marian einen Wunsch nach Veränderung ausdrücken wollte, und er hätte dann Schritte unternehmen können, um den Wunsch ans Tageslicht zu holen.

Statt dessen übertritt Clay eine andere grundlegende Regel für den Umgang mit verrücktmachenden Erfahrungen.

4. *Respektieren Sie die Rechte auf geistige Gesundheit anderer*

Diese Regel schützt einen vielleicht mehr als alle anderen Regeln davor, daß die eigenen Rechte auf psychische Gesundheit geschützt werden, und sie verhindert solche wahnsinnigmachenden Erfahrungen vielleicht am ehesten. Clay verletzt diese Regel, als er selbst eine verrücktmachende Taktik ergreift. Als Marian sagt, sie habe beschlossen, nicht über die Angelegenheit zu sprechen, die ihre Aufmerksamkeit auf sich gezogen hatte, respektiert Clay ihre Entscheidung nicht.

Statt dessen liest er ihre Gedanken, indem er sagt: »Du weißt ganz genau, daß du mir etwas sagen willst.«

Die Beharrlichkeit, mit der er auf Marians inneren Raum übergreift, in Verbindung mit dem Stachel, den sein Gedankenlesen beinhaltet, veranlassen Marian bald dazu, *ihm* zu sagen, was *er* denkt.

Hätte Clay Marians Rechte auf ihre geistige Gesundheit respektiert, dann hätte der Anfang des Gesprächs etwa folgendermaßen ausgesehen:

MARIAN: Ach, das ... Nichts Besonderes. Ich habe nur laut gedacht. (*Sie sieht wieder in ihre Zeitung*).

CLAY: Wie du meinst. (*Er nimmt wieder seine Zeitung*).

Obwohl es sich hier nur um ein sehr einfaches Beispiel handelt, gilt das angewendete Prinzip eigentlich für alle verrücktmachenden Situationen. Wenn Clay nicht auf den Stachel selbst reagiert und Marians Rechte nicht verletzt, schafft er eine Situation, die nicht mehr zu einer verrücktmachenden Kommunikation auffordert. Er macht deutlich, daß er nur auf eine offene Äußerung reagieren wird.

Es geschieht auch noch etwas anderes, wenn Clay nur auf das reagiert, was Marian offen zum Ausdruck bringt und wenn er ihre Rechte auf geistige Gesundheit nicht verletzt, indem er versucht, ihre Gedanken zu lesen. Eine solche Reaktion zeigt nämlich dem anderen, daß er akzeptiert wird, weil sie eine Einflußnahme zuläßt. Als Folge davon wird die Angst vor einer Ablehnung geringer.

Unter einem ein wenig andersartigen Aspekt gesehen, zeigt Clay außerdem, daß er auch einen widersprüchlichen Wunsch akzeptieren kann, indem er akzeptiert, daß Marian das Thema beendet. Dies ist ein weiteres wichtiges Element im Hinblick darauf, daß Marian dazu ermuntert werden soll, ihre Aggression offen auszudrücken.

Wir haben es hier mit einer Art psychologischem Gleichgewicht zu tun. Die Dringlichkeit eines aggressiven Gefühls wird aufgewogen gegen die Angst vor seiner direkten Äußerung. Wir wollen versuchen, die Waage so anzutippen, daß die Aggression das Übergewicht erhält. Zu diesem Zweck müssen wir die Furcht verringern.

Der aufmerksame Leser wird einen grundlegenden Mangel in der Reaktion feststellen, mit der Clay das akute Verrücktmachen beendet; denn sie verhindert zwar die Fortsetzung der Spirale des Verrücktmachens, aber es gelingt ihr nicht, Marians wirklichen Wunsch nach Veränderung nach außen zu holen.

Eine solche Kritik trifft in gewisser Weise zu. Aber wir nehmen an, daß nur Marians geringfügige verrücktmachende Taktik abgeblockt worden ist. Ihre tiefergelegenen Aggressionen müssen irgendwann wieder auftauchen. Und wir hoffen, daß sie dann in einer klareren Form zum Ausdruck kommen, so daß man mit ihnen umgehen kann.

Andererseits sind Clay seine Gefühle und die Situation bewußt, er hat gemerkt, daß die Bedingungen des Verrücktmachens fortbestehen. Er fühlt sich immer noch angespannt. Und Marians angefangenes und dann wieder abgebrochenes Gespräch hat ihn noch angespannter gemacht. Wenn er versucht, diese Gefühle zu

leugnen, dann werden sie, wie wir gesehen haben, wahrscheinlich in der Form eines Konter-Verrücktmachens herausbrechen.
Wenn Clay sich selbst befragt, wird er feststellen, daß er sich deshalb unbehaglich fühlt, weil er nicht weiß, ob Marian wirklich nicht mehr über das Thema sprechen will oder ob sie ihn nur ködern will. Die nächste Regel für eine gesunde Kommunikation bietet eine einfache Lösung an.

5. *Im Zweifelsfall fragen Sie nach der klaren Information, die Sie wollen*

Wir wollen sehen, wie diese Regel in unserem Fall angewandt werden kann. Clay hat zwar den ersten Schachzug abgefangen, aber er läßt ihm keine Ruhe. Wenn er aufsieht, merkt er auch, daß Marian ihn aus dem Augenwinkel zu beobachten scheint. Deshalb fragt er:
CLAY: Marian, ich will dich etwas fragen.
MARIAN (*ein wenig vorsichtig*): Was denn?
CLAY: Ich will dich nicht bedrängen. Aber vor einer Weile wolltest du etwas sagen und hast dann wieder einen Rückzieher gemacht. Wenn du wirklich nicht darüber sprechen wolltest, ist es in Ordnung. Aber wenn du es willst, und nur aus irgendeinem Grund zögerst, dann möchte ich hören, was es ist. Es interessiert mich.
MARIAN (*Diese offene Annäherung zeigt, daß sie akzeptiert wird. Aber Marian widerstrebt es immer noch, davon zu reden. Sie fürchtet immer noch, daß er sie kritisieren könnte):* Mach dir kein Gedanken; es war wirklich nichts.
Unter bestimmten Umständen hätte diese Antwort genügt, um eine bestehende Spannung zu lösen. Aber in Anbetracht der verrücktmachenden Bedingungen der Situation ist Clay weiterhin beunruhigt, und er kann nur die Informationen erhalten, die er erfragen kann und die er zu erhalten erhofft.
Denn Marian hat abgestritten, daß die Angelegenheit irgendeine Bedeutung hat. Wenn Clay sagt »Ich will wissen, was du wirklich denkst« oder wenn er fragt »Worum geht es denn nun eigentlich?«, dann wird er ihre Rechte auf geistige Gesundheit

wieder verletzten. Die Grenzen seiner Forderungen nach Informationen werden durch eine sechste Regel abgesteckt.

6. *Wenn Sie um klare Informationen bitten, beschränken Sie sich auf Dinge, die in diesem Augenblick offen zutage treten*

Clay befragt sich also wieder selbst. Und er stellt fest, daß er die einzige klare Information, die Marian ihm in dieser Situation gegeben hat, bereits verwendet hat. Ist das alles, was er genau über die aktuelle Situation weiß? Nein; denn er kennt auch seine eigenen Reaktionen.

Wäre es klug zu sagen, was er empfindet? Es wäre ganz sicher klug.

7. *Wenn Sie klare Informationen über die Gefühle des anderen erhalten wollen, dann teilen Sie ihm die ihren mit*

Denken Sie daran, daß die Furcht vor Ablehnung dadurch verstärkt wird, daß man nicht weiß, woran man mit dem anderen ist, was er denkt und fühlt. Wenn wir das Risiko eingehen, unsere eigenen Gefühle offenzulegen, verringern wir für den anderen die Gefahren, die eine solche Offenlegung in sich birgt. Wenn wir unsere Gefühle aufdecken, machen wir uns in gewisser Weise verletzbar, und ein verletzbarer Mensch wirkt gewöhnlich nicht so bedrohlich.

Tatsächlich tut man gut daran, auch die eigene Angst vor einer Zurückweisung offen zu äußern, wenn man seine Gefühle offenlegt. Nehmen wir einmal an, Clay bittet auf diese Weise um Informationen:

CLAY: Schätzchen, ich muß jetzt zur Arbeit gehen. Aber es läßt mir immer noch keine Ruhe, was du mir sagen wolltest. Ich will dich nicht drängen, aber bist du sicher, daß es nicht irgendetwas gibt, das du mir sagen wolltest?

MARIAN: Ich wollte es wirklich lieber auf sich beruhen lassen. Warum machst du dir Gedanken darüber?

CLAY: Ich glaube, ich habe immer noch ein schlechtes Gewissen wegen gestern abend. Ich weiß, daß diese Versammlung

wichtig für dich war. Ich fürchte, du ärgerst dich über mich und darüber, daß du nicht hingehen konntest. Und ich frage mich, ob du daran gedacht hast.
MARIAN: Ich habe mich wegen dem Treffen wohl schon geärgert. Aber es war meine eigene Schuld. Ich hätte daran denken können und es dir früher sagen und einen Babysitter besorgen können. Dann hätte es nichts ausgemacht, daß du zu tun hattest. Aber jedenfalls wollte ich nicht darüber sprechen. Mir ist nur die Anzeige wegen der Bluse aufgefallen.
Beachten Sie, daß Clay wirklich auf das Thema zu sprechen kommt, an dem ihm gelegen ist, als er Marian seine Gefühle mitteilt. Jetzt braucht er keine Schachzüge mehr. Er kann entweder um weitere Informationen über die Anzeige bitten oder aber nichts weiter unternehmen. Sein weiteres Vorgehen ist emotional nicht mehr so stark belastet.
Indem er freiwillig etwas über seine Gefühle und seine eigene Angst vor einer Zurückweisung mitteilt, ermöglicht er es Marian außerdem, etwas über ihre Reaktionen auf den vorausgegangenen Abend zu äußern. Dadurch wird das Verrücktmachen in wünschenswerter Weise ausgeglichen; denn Marian weiß jetzt, daß ihm ihre Gefühle wichtig sind, und daß er ein gewisses Maß an Verärgerung und sogar Verstimmung akzeptiert, die sie wegen des Vorfalls empfindet. Sein Verhalten zeigt ihr außerdem, daß er die Situation gern ins Reine bringen möchte. Und das wiederum erleichtert es, darüber zu sprechen, wie in Zukunft ähnliche Vorfälle vermieden werden könnten. Kurz, hier tauchen die Elemente der Bereitschaft zu einer Änderung auf, die Elemente einer Veränderung, wie sie sich Marian so sehnlich wünscht.
Wenn man die Wünsche an die Oberfläche bringen will, die der andere nicht zu äußern wagt, gilt es, einen weiteren grundlegenden Schritt zu beachten, den wir in unsere achte Regel aufgenommen haben:

8. *Es ist nicht zu vermeiden, daß wir bestimmte Vermutungen über die Gedanken und Gefühle des anderen anstellen*

Stellen Sie also fest, ob diese Vermutungen zutreffen – aber nur mit der Erlaubnis des anderen. Verhalten Sie sich nicht, als seien Ihre Vermutungen erwiesene Tatsachen.

Ein solches Vorgehen bezeichnen wir gelegentlich als *Gedankenlesen mit Erlaubnis.* Einer der Vorteile dieses Vorgehens liegt darin, daß man, wenn man seine Gefühle über die vermeintlichen Gedanken und Gefühle des anderen äußert, zeigt, daß man bereit ist, und daß man diese Bereitschaft auch in die Praxis umsetzt, etwas in Erwägung zu ziehen, von dem der andere glaubt, man sei nicht bereit dazu. Ein weiterer Vorteil liegt darin, daß man feststellen kann, woran man mit dem anderen ist; denn gewöhnlich hat man viele unbegründete Befürchtungen und Zweifel, vor allem im Hinblick darauf, was der andere von einem verlangen könnte und was man ihm geben könnte.

Aus diesen Gründen kann man mit Hilfe des Gedankenlesens mit Erlaubnis viele wirkliche Gefühle aufdecken, viele Wünsche, die sonst verborgen geblieben wären und das Verrücktmachen begünstigt hätten. Wir wollen sehen, wie das geschieht.

Obwohl Clay und Marian einen Teil ihrer Gefühle voreinander offengelegt haben, haben sie bis jetzt den Kernpunkt ihrer Manöver, den Kampf um Unabhängigkeit oder Abhängigkeit, ausgeklammert. Als sie etwa eine Woche später im Bett gerade die Spätnachrichten ansehen, kommt Marian wieder auf das Thema zu sprechen.

MARIAN: Bevor ich es vergesse, das nächste Treffen des Spendenkomitees ist am neunzehnten abends. Paßt dir das auch?
CLAY: Am neunzehnten ... (*Er überlegt*). Aber das ist wieder montags, oder nicht? Da kommt doch wieder ein Football-Spiel.
MARIAN: Nein, sowas. Jetzt habe ich das wieder vergessen. Und jetzt läßt es sich nicht mehr ändern.
CLAY: Verdammt ... (*Er will auf den Stachel reagieren, auf die in diesem Manöver enthaltene doppelte Bindung, auf die Gefahr, daß er nicht wie üblich die Sportsendung ansehen kann. Doch dann fängt er sich wieder*). Sieh mal, Marian. Ich würde euch bei

dem Treffen wirklich gern helfen, ich meine, jeder rechnet wahrscheinlich damit; sie müssen ja ihre Steuern berechnen.
MARIAN: Ich weiß schon. Joan Porters Mann hat natürlich auch seine Hilfe zugesagt. Er ist Buchhalter ...
CLAY (*versucht wieder, seine Gefühle mitzuteilen*): Sieh mal, ich will dich nicht hängenlassen, und ich weiß, daß es im Vergleich zu der Sache mit dem Krankenhaus ziemlich unwichtig erscheinen mag, aber die Spiele bedeuten mir wirklich etwas. Ich freue mich jedesmal darauf. Und diese ganze Situation macht mir langsam ein ziemlich unbehagliches Gefühl.
MARIAN (*aufmerksam*): Was für ein Gefühl?
CLAY: Macht es dir etwas aus, wenn ich es dir sage? Ich habe eine bestimmte Vorstellung darüber, was in dir vorgeht, und ich würde gern von dir wissen, ob das, was ich meine, richtig ist.
MARIAN: Gut ... fang an.
CLAY: Ich habe das Gefühl, daß irgend etwas zwischen uns beiden falsch gelaufen ist. Ich weiß nicht genau, was es ist, aber ich habe das Gefühl, daß dich etwas geärgert hat, daß du mir böse bist, und daß du versuchst, auf Distanz zu gehen.
MARIAN: Nein, wirklich, ich bin dir nicht böse.
CLAY: So sieht es aber aus. Die Sache mit dem Krankenhaus scheint mir eine Möglichkeit zu sein, durch die du mir aus dem Weg gehen kannst ... Ich meine, weil du jeden Abend herumtelefonierst und Berichte schreibst, solange ich allein hier sitze. Und dann sieht es für mich auch so aus, als würdest du absichtlich immer den Montagabend für die Besprechungen aussuchen, so daß ich das Football-Spiel nicht ansehen kann. Außerdem scheinst du mir seit mehr als einem Monat auszuweichen, wenn ich dich anfassen will.
MARIAN: Ich habe nicht »nein« gesagt.
CLAY: Ja, aber ich habe das Gefühl, vor einer Wand zu stehen. Ich weiß auch nicht, aber ich habe einfach das Gefühl, ich sei unerwünscht ... in jeder Beziehung. Deshalb habe ich den Eindruck, daß du mir böse bist. Ist das so?
MARIAN: Nein, Clay, es ist ganz anders. In Wahrheit habe *ich* das Gefühl, *du* seist mir böse. Ich meine, ich habe das Gefühl, daß du dich darüber ärgerst, daß ich die Sache mit dem Kranken-

haus angefangen habe, daß du willst, daß ich damit aufhöre. An diesem Punkt droht das Bemühen um eine gesunde Art der Kommunikation in eine Sackgasse zu geraten, weil allzu viele Gedanken und Vorwürfe in die Auseinandersetzung eingebracht werden. Nehmen wir einmal an, Clay bemerke diese Gefahr, und er erinnere sich an die Regel, nach der man sich besser auf ein spezifisches und aktuelles Thema konzentriert, auf einen einzigen Punkt, über den man seine Gefühle ausdrückt und versucht, Informationen zu erhalten.
CLAY: Können wir einmal nur von diesem einen Treffen sprechen? Wenn du mir erlaubst, deine Gedanken zu lesen (*Marian nickt*), ich habe das Gefühl, daß du die Dinge so arrangiert hast, daß ich lieber zu Hause bleiben möchte. Stimmt das?
MARIAN (*Sie ist versucht, Clays Frage einfach zu verneinen, weil sie sich davor fürchtet, daß er sich zurückgestoßen fühlen könnte. Aber dadurch, daß er dieses Thema offen angesprochen hat, hat er bereits deutlich gemacht, daß er sich schon jetzt völlig abgelehnt fühlt. Die Waage des Verrücktmachens senkt sich in die andere Richtung. Es ist jetzt sicherer, die Wahrheit ans Tageslicht zu holen – eine geringfügige Ablehnung seinerseits zu riskieren, bevor er sich vollständig abgelehnt fühlt. Deshalb holt sie tief Luft):* Clay, ich bin dir nicht böse. Und ich habe auch nicht absichtlich versucht, dir dein Football-Spiel oder sonst etwas zu verderben. Aber ich glaube, ich würde lieber allein zu der Versammlung gehen.
CLAY: Also bist du mir *doch* böse. Warum? Was habe ich falsch gemacht?
MARIAN: Nein, es geht nicht darum, daß ich dir böse bin. Mir liegt nur so viel an dem Spendenkomitee. Irgendwie gibt mir die Sache das Gefühl, daß es sich hier um meine eigene Angelegenheit handelt. Ich habe das Gefühl, ich sei ... wichtig. Die anderen hören auf mich und verlassen sich auf mich, und das gefällt mir einfach. Aber du bist so viel stärker als ich, und du weißt viel mehr über finanzielle Angelegenheiten. Und wenn du dich dann einmischst, habe ich das Gefühl, du nimmst mir etwas weg.
CLAY (*protestiert*): Aber ich will dir doch nur helfen. Ich meine, du bittest mich doch darum.

MARIAN: Das stimmt schon. Aber manchmal habe ich das Gefühl, ich tue es nur, weil du es von mir erwartest ... aus Gewohnheit vielleicht. Und dann ... es fällt mir schwer, das auszudrücken, aber du hilfst zuviel. Das gibt mir das Gefühl, ich könne nichts allein unternehmen.

Clay und Marian haben einen Anfang gemacht, einen Anfang in die Richtung einer gesunden Kommunikation. Der durch das Verrücktmachen hervorgerufene Streß und ihr beiderseitiges Unbehagen hatten einen Punkt erreicht, an dem diese Gefühle stärker waren als ihre Angst vor einer Ablehnung. Der alte Stil ihrer Beziehung war vor allem durch Marians Gefühl für ihre Unabhängigkeit, für ihre Fähigkeiten, die sie unabhängig von Clay besaß, überfällig geworden.

Zunächst hatte Marian versucht, die Bedürfnisse ihrer neu entdeckten Individualität mit Hilfe der alten Methoden der indirekten Aggression zu befriedigen. Doch als ihre aggressiven Gefühle und ihr Wunsch nach einer Veränderung stärker wurden, spielte auch das Verrücktmachen eine immer größere Rolle. Die alte Anpassung und das alte Mitspielen mußten immer häufiger eingesetzt werden, um den neueren Bedürfnissen nach einer Veränderung gerecht zu werden und gingen deshalb zu weit. Sowohl Marian als auch Clay fühlten sich dadurch allzu unbehaglich.

Dieses neue Gefühl des Unbehagens erleichterte es beiden, neue Wege der offenen Äußerung einzuschlagen. Und das Verständnis der verschiedenen Möglichkeiten des Umgangs mit den verrücktmachenden Manipulationen bot beiden die Chance, ihre Angst vor einer Veränderung teilweise zu besiegen, d. h. sie überwanden die Angst, daß eine offene Aggression, die offene Äußerung des Wunsches nach einer Veränderung das zerstören könnte, was sie besaßen, daß sie ein zu großes Risiko eingehen könnten.

Clay und Marian haben noch einen langen Weg vor sich, bevor sie wirklich einen gesunden Kommunikationsstil entwickelt haben werden. Aber sie erkennen allmählich seinen Wert. Sie werden ein um das andere Mal eher dazu in der Lage sein, in einer gesunden Weise mit verrücktmachenden Vorfällen umzugehen.

Wenn sie die Regeln der gesunden Kommunikation befolgen, werden sie entdecken, was sie dadurch gewinnen, daß jeder die Rechte auf geistige Gesundheit des anderen anerkennt. Sie werden sehen, daß das, was sie durch eine klare und offene Kommunikation gewinnen – die ihnen eine wirkliche Entscheidungsfreiheit verleiht und sie nicht mehr unter Zwang setzt – wertvoller ist als das, was sie durch die leidvolle und vieldeutige verrücktmachende Kommunikation gewinnen können. Sie werden lernen, daß sie nur eine teilweise Ablehnung riskieren, d. h. die Ablehnung eines bestimmten Gefühls oder einer Verhaltensweise, und nicht die völlige Ablehnung durch den anderen.
Deshalb wollen wir die Schlüssel zur geistigen Gesundheit noch einmal zusammenfassend aufzählen:

1. *Halten Sie ein, schauen, hören und fühlen Sie.*
2. *Machen Sie sich die Bedingungen des Verrücktmachens bewußt.*
3. *Reagieren Sie nicht blind auf einen schmerzhaften Stachel.*
4. *Respektieren Sie die Rechte auf geistige Gesundheit der anderen.*
5. *Im Zweifelsfall fragen Sie nach der klaren Information, die Sie wollen.*
6. *Wenn Sie um klare Informationen bitten, beschränken Sie sich auf Dinge, die in diesem Augenblick offen zutage treten.*
7. *Wenn Sie klare Informationen über die Gefühle des anderen erhalten wollen, dann teilen Sie ihm die Ihren mit.*
8. *Es ist nicht zu vermeiden, daß wir bestimmte Vermutungen über die Gedanken und Gefühle des anderen anstellen. Stellen Sie also fest, ob diese Vermutungen zutreffen – aber nur mit der Erlaubnis des anderen. Verhalten Sie sich nicht, als seien Ihre Vermutungen erwiesene Tatsachen.*

Innerhalb all dieser Regeln ist Raum für eine endlose Vielfalt verschiedener Möglichkeiten; denn wie wir festgestellt haben, gibt es niemals zwei gleiche verrücktmachende Erfahrungen. Die Bedingungen zweier verrücktmachender Situationen sind niemals ganz gleich.
Im Folgenden werden wir jedoch sehen, daß uns über diese

Möglichkeiten hinaus noch andere zur Verfügung stehen, die wir in Betracht ziehen sollten, bevor wir überhaupt irgendwelche Schritte gegen das Verrücktmachen unternehmen.

Wege zur geistigen Gesundheit

Nicht jede verrücktmachende Situation kann mit Hilfe der Regeln gemeistert werden, die wir im vorigen Kapitel untersucht haben; denn diese Regeln sollen insbesondere auf die wichtigsten Fälle des Verrücktmachens angewandt werden, d. h. auf die Fälle, in denen unsere Vertrautheit mit einem anderen Menschen auf dem Spiel steht und in denen wir ein unbegrenztes Wachstum wünschen.

Wir haben es jedoch in den verschiedensten Beziehungen mit dem Verrücktmachen zu tun; und während manche Regeln der gesunden Kommunikation in allen Fällen des Verrücktmachens wertvoll und bedeutsam sind, wollen wir mit der Frau z. B., die sich im Supermarkt vor uns in die Schlange drängt, wahrscheinlich nicht besonders vertraut werden. Wir werden kaum den Wunsch oder die Hoffnung auf Wachstum in der Beziehung mit dem Mann hegen, der die Anweisungen für die Einkommensteuererklärung schreibt.

Und doch können uns alle diese Menschen und viele andere – von unserem Chef im Büro bis zu dem Teenager, der seinen Kaugummi auf den Gehweg wirft – verrücktmachen. Um unsere geistige Gesundheit im Kleinen wie im Großen bewahren zu können, müssen wir begreifen, wie wir mit allen Formen des Verrücktmachens in unserem Leben umgehen können. Wir müssen wissen, wie wir auf alle Formen des Verrücktmachens in einer gesunden Weise reagieren können.

Wir haben gesehen, daß wir im Idealfall natürlich danach streben, die kodierten Botschaften des Verrücktmachens zu verstehen; denn da es sich im allgemeinen um eine Forderung an uns handelt, uns zu verändern, erfordert es unsere geistige Gesundheit, daß wir erkennen, welche Veränderung von uns verlangt wird. Und wir möchten dann die Freiheit besitzen zu entscheiden, ob wir die Veränderung auch wollen oder nicht, oder wir wollen vielleicht einen Kompromiß zwischen unseren Wünschen und denen der anderen aushandeln.

Nur stehen uns leider die nötigen Informationen häufig nicht zur Verfügung. Und noch schlimmer: Auch wenn wir die nötigen Informationen über die erwünschte Veränderung erhalten können, haben wir oft keine Entscheidungsfreiheit. Und in manchen Situationen, in denen es möglich wäre, klare Informationen zu erhalten und dann zu entscheiden, ist es sogar unrealistisch, das eine oder das andere zu versuchen. Es mag klüger sein, die durch das Verrücktmachen maskierten Aggressionen – sowohl unsere eigenen als auch die der anderen – im Verborgenen zu lassen.

Wir wollen im Folgenden die umfassenden Möglichkeiten der gesunden Reaktionsweisen betrachten und feststellen, wie wir unsere verrücktmachenden Erfahrungen beurteilen können, um zu erkennen, was wir unternehmen wollen und was wir vernünftigerweise unternehmen.

Die in vieler Hinsicht einfachsten Formen des Verrücktmachens, mit denen wir es zu tun haben, diejenigen, in denen wir uns am eindeutigsten für eine bestimmte Reaktion entscheiden können, sind die Fälle, die wir als *beiläufiges Verrücktmachen* bezeichnen wollen. Hier handelt es sich um Vorfälle in der Beziehung mit völlig fremden Menschen, mit bestimmten Institutionen und mit Menschen, die wir zwar kennen, die aber in unserem Leben eine im wesentlichen funktionale Rolle spielen. Wenn diese Menschen oder Institutionen eine verrücktmachende Wirkung auf uns haben, stehen uns drei einfache Möglichkeiten offen.

1. Völlige Ablehnung

Häufig handelt es sich bei einem Fall des beiläufigen Verrücktmachens einfach darum, daß eine Person oder eine Institution die Erwartungen nicht erfüllt, die sie in uns begründet hat. Sie haben z. B. ein gewisses Interesse daran, daß Sie die regionale Wochenzeitschrift erhalten. Doch der Junge, der sie austrägt, geht häufig an Ihrem Haus vorbei. Und wenn er Ihnen die Zeitung doch bringt, dann wirft er sie in den Schmutz oder in ein dorniges Gebüsch. Die völlige Ablehnung ist eine einfache Lösungsmöglichkeit für verrücktmachende Probleme dieser Art. Sie bestellen die Zeitung einfach ab.

Ein wichtiges Prinzip ist in diesen Fällen die Wiederholung. Über eine einzige fehlende Ausgabe oder einen Versuch, die Zeitung aus den Dornen zu angeln, können Sie hinweggehen. Aber sobald sich diese Vorfälle wiederholen, können Sie mit einem verrücktmachenden Stil der Beziehung rechnen.

Ein weiteres Kriterium dafür, wie Sie reagieren sollten, ergibt sich darauf, ob das Verrücktmachen persönlicher oder unpersönlicher Art ist; denn daraus können Sie ableiten, was Sie unternehmen könnten, um einem bestimmten Verhalten ein Ende zu setzen. Sie können dem Zeitungsjungen oder seinem Arbeitgeber z. B. sagen, daß Sie die Zeitung abbestellen, wenn sie nicht vernünftig ausgetragen wird. Sie können Ihren Wunsch nach einer Veränderung äußern, ohne dadurch in eine Spirale des Verrücktmachens zu geraten. Die Situation ist klar und eindeutig. Entweder bekommen Sie die Zeitung so, wie Sie es wollen, oder Sie bestellen sie ab.

So widersinnig es auch klingen mag, müssen wir doch sehen, daß es Menschen gibt, die das Verrücktmachen benutzen, um eine engere Beziehung herzustellen. Das Verrücktmachen kann eine seltsam wirkungsvolle Methode zur Herstellung einer Beziehung sein, wo keine zu bestehen braucht. Es kann der Entwicklung eines Abhängigkeitsverhältnisses dienen. Doch das gelingt nur, wenn Sie bereit sind, mitzuspielen.

2. Toleranz

Wie wir bei unserer Beurteilung des beiläufigen Verrücktmachens schon festgestellt haben, können wir mit manchen uns wahnsinnig machenden Fällen in unserem Leben nur umgehen, indem wir sie tolerieren. Das ist z. B. der Fall, wenn der Zeitungsjunge die einzige gute Morgenzeitung austrägt.

Sie könnten damit drohen, daß Sie Ihr Abonnement aufkündigen, aber wären Sie wirklich bereit dazu? Wenn Sie nicht dazu bereit sind, kann die Drohung nur zu einem verrücktmachenden Spiel ohne Ende führen. Sie lesen Ihre Morgenzeitung gern beim Frühstück. Deshalb wollen Sie nicht in die Stadt fahren, um eine zu kaufen. Natürlich ist es vernünftig, den Jungen oder seinen Arbeitgeber um eine Änderung zu bitten, aber wenn Sie damit nichts ausrichten, bleibt Ihnen nichts anderes übrig, als das Verhalten zu tolerieren.

Aber verschwenden Sie ihre Zeit und Ihre Energie nicht damit, daß Sie jedesmal murren und verärgert sind, wenn Sie die Zeitung unter einem Auto hervorholen müssen. Wenn Sie eine Veränderung verlangt und trotzdem keinen Einfluß gehabt haben, dann bleiben Ihnen nur zwei realistische Möglichkeiten. Sie können die Zeitung abbestellen oder sich mit der Art ihrer Auslieferung abfinden. Wenn Sie die Situation wirklich nicht ertragen können, ohne sich dauernd darüber zu ärgern, dann können Sie wieder nur sich selbst die Schuld an der fortgesetzten verrücktmachenden Wirkung geben, denn sie lassen ja zu, daß sie kein Ende nimmt.

Wir alle brauchen eine gewisse Toleranz gegenüber verrücktmachenden Erfahrungen. Wir können lernen, die Werbung für einen Instant-Kuchen zu sehen, der so schmecken soll wie Mutters Kuchen, und dennoch zu wissen, daß diese Behauptung nicht zutrifft. Wir können sogar ein Fertiggericht aus der Tiefkühltruhe kaufen, auf dessen Packung steht »Gutbürgerliche Küche aus Ihrem Tiefkühlgerät« und dennoch wissen, daß wir gleich ein völlig geschmackloses Gericht aus der Fernsehwerbung essen werden. Wir mögen zwar den Kopf schütteln, aber eine solche Erfahrung braucht uns nicht verrückt zu machen.

Worin liegt nun das Geheimnis bei solchen alltäglichen oder beiläufigen Fällen des Verrücktmachens? Im wesentlichen geht es darum, daß wir uns nicht verrückt machen lassen, wenn wir uns nicht falschen Erwartungen hingeben, wenn wir die offene Botschaft des Verrücktmachens nicht hinnehmen. Wenn wir das erste Mal ein Gericht aus der Tiefkühltruhe kaufen, erhoffen wir vielleicht wirklich mehr, wenn wir auf der Packung das Bild des Meisterkochs betrachten, der in einem Topf über dem Feuer rührt. Aber ein Blick, ein Löffel voll sagt uns, daß unsere Erwartungen nicht der Wirklichkeit entsprechen. Und wenn wir das Gericht dann wieder kaufen, dann ist es unsere eigene Entscheidung, und es gibt keinen Grund dafür, daß die falsche Erwartung wieder auftaucht.

Viele alltägliche verrücktmachende Situationen sind ähnlich gelagert. Wenn wir realistisch sein wollen, müssen wir wissen, daß wir immer wieder eine verrücktmachende Situation erleben, wenn wir z. B. Auto fahren, einen Platz im Flugzeug buchen, auf die Einrichtung des Telefons oder auf den Klempner warten. Wir wissen, daß es nicht nötig ist, daß der Kaugummi auf dem Gehweg liegt, daß es sinnlose Kriege gibt, und daß es in einer komplex strukturierten Welt ziemlich viele Fälle des alltäglichen oder beiläufigen Verrücktmachens geben muß; denn in einer modernen Zivilisation sind wir unendlich abhängig von anderen Menschen, die die Güter und Dienstleistungen zur Verfügung stellen, die wir brauchen, oder von den Menschen, die einfach mit uns in einer Massengesellschaft leben.

Das soll natürlich nicht heißen, daß wir alle Fälle des alltäglichen oder beiläufigen Verrücktmachens, jeden Verstoß gegen die Regeln, die Wahrheit, das gute Benehmen oder die Vernunft tolerieren sollten. Doch wir müssen unterscheiden, ob wir etwas ganz oder teilweise verändern oder nicht verändern können. Den Rest müssen wir als einen Teil der menschlichen Komödie oder der menschlichen Tragödie ertragen lernen.

Wenn wir unser Wissen um die Dynamik des Verrücktmachens anwenden wollen, müssen wir daran denken, daß die Aggression, wenn sie erfolgreich sein soll, einen Einfluß ausüben können muß. Wenn unsere Aggressionen immer wieder auf ein Ziel gerichtet sind, das keine oder wahrscheinlich keine Einflußnahme zuläßt, dann sind wir die Vermittler unseres eigenen Verrücktmachens.

Allerdings kann es schwieriger werden, Toleranz walten zu lassen, wenn ein stärkeres Abhängigkeitsverhältnis besteht. Stellen Sie sich z. B. einmal vor, Sie hätten schon jahrelang an derselben Tankstelle getankt. Als Sie von zu Hause wegfahren, stellen Sie fest, daß in einem Reifen nur ein geringer Luftdruck zu sein

scheint. Sie fahren zu der Tankstelle, deren Stammkunde Sie sind. Dort sehen Sie einen neuen Tankwart.
»Ich scheine zu wenig Luft in einem Reifen zu haben«, sagen Sie.
»Würden Sie bitte den Luftdruck kontrollieren?«
»Wollen Sie tanken?«
»Ich habe erst vor ein paar Stunden getankt. Ich tanke immer hier, schon jahrelang.«
»Sie sehen ja, daß hier bedient wird ... daß wir Kunden haben. Ich habe etwas Besseres zu tun, als jedem den Luftdruck zu kontrollieren.«
Diese Situation ist zum Verrücktwerden, aber auch hier müssen Sie wieder vernünftig abwägen, wie groß die Chancen für eine Veränderung sind. Sie können bitten. Sie können fordern. Sie können sogar drohen. Doch darüber hinaus gibt es vernünftige Grenzen, die wiederum von der zu erwartenden Effektivität bestimmt werden. Natürlich wollen Sie, daß sich der Tankwart so verhält, wie Sie es inzwischen von den Angestellten in dieser Tankstelle erwarten. Doch die Veränderung, auf die es ankommt, bedeutet nicht, daß Ihre Erwartungen erfüllt werden, sondern daß Ihr Reifen gefüllt wird. Und auch hier wieder erfordert die Situation, daß Sie das Verrücktmachen in ihrem eigenen Interesse tolerieren. Ist es besser, den Tankwart noch einmal höflich zu bitten und ihm eventuell ein Trinkgeld hinzuhalten, oder ist es besser, seiner Frustration freien Lauf zu lassen und dann die Straße hinabzuhinken?

3. Eingeschränkte Toleranz

Zwischen der vollständigen Ablehnung und der vollständigen Toleranz gibt es noch eine unendliche Vielfalt von möglichen Kombinationen, die eine begrenzte Tolerierung der verrücktmachenden Situation erfordern.
Es kann z. B. selbst in einer wichtigen Beziehung verrücktmachende Elemente geben, denen nicht beizukommen ist, die aber auch nicht so sehr stören, daß sie eine wirkliche Ablehnung hervorrufen würden. Er schnarcht und wälzt sich im Bett ständig

unruhig hin und her, aber wenn er wacht, ist er ein guter Freund und zärtlicher Liebhaber. Sie scheint es bei aller Anstrengung nicht vermeiden zu können, daß immer im letzten Augenblick ein Problem auftaucht – von dem vergessenen Fleck auf dem Kleid, das sie tragen wollte, bis zum leeren Benzintank.

Es gibt eine unendliche Vielzahl solcher wahnsinnigmachender Faktoren, die nicht unbedingt beabsichtigt sind, aber die uns dennoch wirklich verrücktmachen. Unter diesen Umständen brauchen wir nicht, wenn man so sagen will, den Partner mit dem Verrücktmachen ausschütten; denn das Verrücktmachen muß nicht das Ergebnis frustrierter Aggressionen in der Beziehung sein, sondern es kann auch von den wesensmäßigen Persönlichkeits- oder Charakterproblemen eines Menschen herrühren, also von inneren Schwierigkeiten und nicht von indirekten Aggressionen.

Doch auch in Fällen, in denen das wiederholte Verrücktmachen nicht als integrierter Faktor einer Persönlichkeit, sondern als eine indirekte Aggression zu werten ist, kann die Entscheidung für die Toleranz die sinnvollere Entscheidung sein. Man kann z. B. eine ausgezeichnete Stellung haben und für einen Chef arbeiten, der eigentlich sehr fair ist, der sich aber seiner eigenen Macht nicht sicher fühlt, der sich davor fürchtet, sie direkt zu behaupten, und sie statt dessen immer wieder in der Form des Verrücktmachens behauptet.

Es ist wesentlich, daß man keine Vermutungen über die zugrundeliegenden Motive anstellen sollte, wenn man von einem Aspekt des Verhaltens eines wichtigen anderen Menschen verrücktgemacht wird. Wie wir wissen, bedeutet ein solches Verhalten, daß man sich selbst als Verrücktmacher betätigt. Es ist besser, eine klare Information zu verlangen, klare Informationen zu geben, seine Gefühle mitzuteilen. Doch wenn alle diese Bemühungen keine Wirkung zeigen, muß man das Verrrücktmachen entweder tolerieren oder aber, je nachdem, wie zerstörerisch es ist, man muß die Beziehung ablehnen.

Janet z. B. ist ganz zufrieden damit, für Harvey arbeiten zu können. Es gibt nur einen Mangel. Er kann nicht der Versuchung widerstehen, kleine Sex-Spielchen mit ihr zu treiben, die sie ärgern.

Sie weiß, daß Harvey sie nicht nur deshalb behält, weil sie so attraktiv ist. Er ist ein erfolgreicher Verkaufsmanager und duldet nur erstklassige Arbeit. Im geschäftlichen Bereich behandelt er sie einfach wie eine sehr fähige Sachbearbeiterin. Doch von Zeit zu Zeit und unter gewissen Umständen, vor allem, wenn sie mit ihm allein ist, scheint er mit ihr flirten zu müssen oder sexuelle Anspielungen machen zu müssen.

Janet findet schließlich den Mut, ihm zu sagen, daß sie sich darüber ärgert, daß sie sich fragt, ob sie ihre Stelle wirklich wegen ihrer Fähigkeiten hat. Harvey beeilt sich, es ihr zu versichern. Aber als sie dann wieder auf einer Geschäftsreise sind, unternimmt er wieder Annäherungsversuche. Und nachdem sie stundenlang miteinander gearbeitet haben, scheint er kleine Gesten der Zuneigung, beiläufige Äußerungen darüber, wie attraktiv sie ist, wie schön es wäre, sie halten zu können, wieviel besser als jede andere Frau sie ihn versteht, nicht vermeiden zu können.

Was sollte Janet unternehmen, wenn Harvey nicht aufgibt? Sie hat ja wirklich alles getan, was in ihrer Macht lag, als sie ihm sagte, sie wolle in ihrer Beziehung keinen Sex. Und vor allem hat sie die Situation schon häufig auf die Probe gestellt, als sie ihn verschiedentlich zurückgewiesen hat.

Ihre Offenheit ist Janets Versicherung gegen Harveys leicht verrücktmachendes Verhalten; denn sie hat ihn auf die Probe gestellt und gesehen, daß er sie nicht zurückweist, wenn sie ihn sexuell ablehnt. Seine fortgesetzte gespielte sexuelle Nähe zu ihr hat sich als eine Bedrohung ohne Wirklichkeitsgehalt erwiesen. Warum ist das so? Weil durch dieses Spiel keine wirkliche Veränderung in ihrer Beziehung erreicht werden sollte. Wie immer hängt die Realität des Verrücktmachens von der Realität der implizierten Forderung nach einer Veränderung ab.

Dadurch, daß Janet es gewagt hat, klare Informationen zu geben, hat sie gelernt, daß sie den anderen zurückweisen kann, ohne selbst zurückgewiesen zu werden. Harveys Annäherungsversuche und Anspielungen machen sie zwar in gewisser Weise wahnsinnig, aber durch ihre offenen Äußerungen weiß sie, daß sie es nicht mit einer wirklichen doppelten Bindung zu tun hat, daß sie keine sexuellen Konzessionen machen muß, um nicht völlig abgelehnt zu werden.

So kann man bis zu einem gewissen Grad tolerant sein, ohne deshalb seine Rechte auf geistige Gesundheit zu opfern, wenn man eine Situation mit offenen Forderungen nach einer Veränderung prüfen kann. Diesen Forderungen muß nicht unbedingt entsprochen werden. Sie dürfen nur keine wirkliche Zurückweisung zur Folge haben; denn nur wenn man sich wirklich vor einer Ablehnung fürchtet, wenn man scheinbar nur die Wahl hat, sich unterzuordnen oder aber zurückgestoßen zu werden, kann das Verrücktmachen einen wirklichen Einfluß ausüben.

4. *Teilweise Distanzierung*

Im Leben eines jeden gibt es Beziehungen, die weder wirklich vertraute Beziehungen sind oder jemals werden können, die aber ebenso wenig als beiläufige Beziehungen bezeichnet werden können. Wenn auf diese Beziehungen der Schatten des Verrücktmachens fällt, erhebt sich gelegentlich eine schwer zu lösende Frage.

Einerseits handelt es sich um eine enge Beziehung, die man schätzt und von der man in gewisser Hinsicht vielleicht sogar abhängig ist, und deshalb stört einen das Verrücktmachen so sehr, daß man es nicht tolerieren kann; andererseits würde man die Auflösung der Beziehungen als einen wirklichen Verlust empfinden, oder es ist einem unter gewissen Umständen überhaupt nicht möglich, sie zu beenden.

Denn ein solches Verrücktmachen unter halb-vertrauten Menschen ereignet sich z. B. mit einem geschätzten Freund, mit einem Schwager oder einer Schwägerin, einem Kollegen oder einem wichtigen Kunden. In solchen Fällen bietet sich die teilweise Distanzierung als Lösung an.

Dieser Begriff leitet sich aus der Teil- oder segmentierten Beziehung ab. Eine solche Beziehung ist wichtig, notwendig und geschätzt – aber sie bezieht ihren Wert und ihre Bedeutung aus einer ganz bestimmten Eigenschaft oder einer Gruppe von Eigenschaften, d. h. die Beziehung ist lohnend, aber nur in einer bestimmten und begrenzten Hinsicht.

Ein guter Kunde oder Kollege mag ein hervorragender Arbeitskollege sein, aber er ist vielleicht nicht der Mensch, den man wirklich zum Freund haben will. Ein guter Liebhaber mag nicht die Eigenschaften eines Ehepartners haben. Ein Freund, mit dem man gern zum Essen geht, ist vielleicht nicht derselbe, den man als Geliebten haben möchte, usw.

Kelly und Beth z. B. sind sowohl gute Freundinnen als auch gute Nachbarinnen geworden. Zunächst vertrauen sie einander und trinken abwechselnd beieinander Kaffee. Sie gehen zusammen einkaufen und haben den gleichen Geschmack. Aber als ihre Beziehung enger wird, wird Kelly eine verrücktmachende Komponente bewußt.

Es ist überhaupt nicht klar, wann es begonnen hat, aber manchmal fühlt sich Kelly von Beth verwirrt und verärgert, ja sogar verraten. Zunächst z. B. behandelt Beth Kellys sechsjährigen Richard wie ihr eigenes Kind. Und ganz plötzlich, als Richard eines Tages übermüdet ist und das Gespräch der beiden Frauen ständig mit weinerlichen Forderungen unterbricht, sagt Beth: »Weißt du, ich habe gehört, daß es eine neue Familienberatungs-Klinik in der Stadt gibt; sie sollen sich mit gestörten Kindern besonders gut auskennen. Ich meine, Richard ist doch ein so intelligenter Junge. Es wäre schade, wenn seine Verhaltensauffälligkeiten ihm den Weg verbauen würden.«

Kelly ist verletzt. Und sie ist verwirrt. Sie vertraut Beth als einer Freundin. Sie hat noch nicht gemerkt, daß Richard »Verhaltensauffälligkeiten« hat. Ist sie nicht objektiv? Wenn Beth sie feststellt, sehen andere sie dann auch und mögen nur nichts sagen? Kelly geht davon aus, daß Beth sich so freimütig äußert, weil sie eine so gute Freundin ist und daß sie die Wahrheit sagt, weil ihr Kellys Wohl am Herzen liegt.

Doch eine Woche später, als Kelly ein paar Kleidungsstücke im Sonderangebot gekauft hat und zu Beth eilt, um sie ihr zu zeigen, erlebt sie wieder eine schmerzliche Reaktion. »Ich kann mir schon vorstellen, warum du bei den Preisen zugreifen mußtest«, sagt Beth. »Und wenn du ein paar Pfund abnimmst, passen sie dir ganz genau.«

Und so geht es weiter. Nach einer Reihe solcher Stachel wundert sich Kelly allmählich. (Erinnern Sie sich daran, daß die Wiederholung ein Schlüsselzeichen für das wichtige Verrücktmachen ist). Sie sieht, daß ihre Erwartungen daran, daß Beth als Freundin reagiert, zerstört werden, wenn sie sich durch Beths Reaktionen so oft verletzt und verraten fühlt. Kelly erkennt eine Tendenz zu einer Taktik, die wir manchmal als *Unterminieren* bezeichnen.

Das Unterminieren ist mit anderen Verhaltensmustern verwandt, die wir kennengelernt haben und die jeden kleinen Triumph herabwürdigen, die jedes Kompliment mit einer kleinen Spitze versehen und so beim anderen das Gefühl für seine Leistung unterminieren. Gewöhnlich beobachten wir eine solche Taktik bei mächtigeren Menschen, die versuchen, die Kontrolle zu behalten. Doch Kelly sieht Beth als eine gleichrangige Partnerin.

Kelly ist besorgt, weil sie eine so gute neue Freundin nicht wieder verlieren will, aber zugleich muß sie für diese Freundschaft immer wieder leiden; sie versucht, die Probleme weiter zu analysieren, aber es gelingt ihr nicht. Deshalb beschließt sie, sich Informationen über die Art der Veränderung zu verschaffen, die Beth will, weil sie davon ausgeht, daß hinter dem verrücktmachenden Verhalten von Beth eine Forderung nach einer Veränderung verborgen sein muß.

Eines Morgens sind sie in Kellys Küche; Kelly erzählt Beth von einer Party am Abend vorher und zeigt ihr, welche Frisur sie hatte. »Hübsch«, sagt Beth, »aber es wäre vielleicht besser, wenn du deine Haare nicht so weit zur Seite kämmen würdest. Dein Gesicht würde schmaler aussehen.«

Kelly fühlt den Stachel und fragt Beth, warum sie das gesagt hat. Sie teilt ihr auch ihre Gefühle darüber mit. »Ich fühle mich, als hätte ich den ganzen Abend wie ein Trampel ausgesehen.«

Beth beruhigt sie und sagt, sie habe sich nur als Freundin so geäußert, und Kelly solle nicht so empfindlich sein. Kelly ist in ihrem Versuch, eine gesunde Kommunikation herzustellen, frustriert.

Dann fällt ihr etwas auf. So wie das Verrücktmachen bestimmten taktischen Verhaltensmustern folgt, kann es auch bestimmte Muster seines zeitlichen Erscheinens haben, und auch die zeitliche Abfolge kann ein Hinweis auf den inneren Wunsch nach einer Veränderung verbergen.

Kelly stellt fest, daß sie anscheinend immer dann den Stachel fühlt, wenn sie von Dingen spricht, die sie mit anderen Freunden oder sogar Verwandten verbindet oder die sie mit ihnen unternommen hat. Sie achtet eine Weile darauf und stellt fest, daß ihre Beobachtung in bezug auf das zeitliche Muster zutrifft. Es zeigt sich, als sie von einem Einkaufsbummel mit Nina spricht, von einer Geschäftsreise, auf der sie am Wochenende ihren Mann begleitet hat, von einem Essen, zu dem sie bei den Monahans eingeladen waren. Und Kelly stellt auch fest, daß Beth nur sehr wenige enge Freunde hat. Jetzt beschließt Kelly, ihre Vermutung zu überprüfen. Sie bittet Beth darum, ihre Gedanken lesen zu dürfen, erhält die Erlaubnis und sagt: »Ich ärgere mich immer wieder über die Dämpfer, die du mir gibst, und ich frage mich, ob dir klar ist, was los ist. Ich habe einfach das Gefühl, du verübelst mir meine anderen Freundschaften.«

Beth streitet es sofort ab. Sie sagt, sie bedauere Kellys unangenehmes Gefühl und sie wolle vorsichtiger sein, wenn Kelly so empfindlich sei. »Aber ich muß mich doch wundern – wenn du mir wirklich wie einer Freundin vertrauen würdest, dann würdest du es mir nicht so übelnehmen, wenn ich die Wahrheit sage. Du solltest wirklich nicht alles als Ablehnung auffassen.«

Irgendwie gibt diese Antwort für Kelly den Ausschlag. Es wird ihr bewußt, daß die Freundschaft mit Beth in Zukunft nur eine *segmentierte* Freundschaft sein kann. Mit anderen Worten, sie hat ein Gesprächsthema abgegrenzt, das mit ziemlicher Sicherheit eine verrücktmachende Reaktion auslöst. Völlige Toleranz wäre selbstzerstörerisch. Völlige Ablehnung würde zum Verlust der Freundschaft führen, die ihr in vieler Hinsicht Freude macht. Begrenzte Toleranz wäre töricht, da Kelly ja genau weiß, wodurch das Verrücktmachen in Gang gesetzt wird.

Kelly versucht, ihre Theorie in die Praxis umzusetzen und stellt fest, daß sie zutrifft. Sie vermeidet es, von gemeinsamen Unternehmungen mit anderen zu sprechen, und sie vermeidet es, Beth zu fragen, ob sie sich nicht einer Gruppe anschließen wolle. Und schon hören die schmerzlichen Stachel auf.

Die segmentierte oder teilweise Distanzierung ist unter ganz bestimmten Umständen eine sehr wirkungsvolle Methode, vor allem, wenn der Kontakt mit einem anderen unumgänglich ist und man den Bereich, in dem sich die Schwierigkeiten ergeben, genau abgrenzen kann, also z. B., wenn man es mit den verrücktmachenden Reaktionen seines Schwagers oder seiner Schwägerin zu tun hat.

Allerdings verhindert diese Methode eine sehr enge oder bedeutungsvolle Beziehung, weil ein defensives Gefühl bestehen bleibt, aus dem heraus man den anderen meidet. Dadurch kann jede Ehe oder jede andere Beziehung, in der der Kontakt nicht kontrolliert werden kann und in der er meist das ganze Leben bestimmt, zerstört werden. Die aus der Kommunikation ausgegrenzten Bereiche verhindern ein Wachstum der Beziehung, wenn man versucht, die teilweise Distanzierung da einzusetzen, wo eigentlich eine enge Beziehung bestehen sollte. Das ist schon allein deshalb so, weil ein solches Vorgehen zu einem verrücktmachenden Stil der Distanzierung führt, mit dem die Segmentierung aufrechterhalten werden soll.

5. *Konflikt*

Für viele Menschen, vielleicht sogar für die meisten, hat dieses Wort einen abstoßenden oder sogar furchterregenden Unterton. Es klingt nach Grobheit, Feindseligkeit und beiderseitigen verletzenden Angriffen.

Doch diese Konnotationen wurden – vielleicht aufgrund der allgemein verbreiteten Furcht vor Aggressionen – einem Begriff hinzugefügt, der eigentlich sehr einfach und direkt ist und nur das Aufeinandertreffen von verschiedenen Kräften bezeichnet. Warum ist dieses Wort mit seinen Implikationen für uns so wichtig? Die Antwort ergibt sich, wenn wir noch einmal zurückschauen.

Wir haben festgestellt, daß das Verrücktmachen eigentlich nichts anderes ist als eine verschleierte Methode, mit deren Hilfe man seine notwendigen Aggressionen, seine notwendige Selbstbehauptung und seine Bedürfnisse zum Ausdruck bringen kann.

Wir haben gesehen, daß diese Aggressionen nichts anders sind als der Wunsch nach einer Veränderung.
Wir haben festgestellt, daß Angst – gewöhnlich die Angst davor, daß eine offene Äußerung des Wunsches nach einer Veränderung zu irgendeiner Form der Ablehnung führt – unsere Aggressionen blockiert. Und wir haben gelernt, daß die einzige effektive Möglichkeit, mit der leidvollen und zerstörerischen verrücktmachenden Äußerung dieser Wünsche umzugehen, darin besteht, diese Wünsche nach außen zu holen.
Aber was ist dann? Jeder von uns hegt fast immer den Wunsch nach einer großen oder kleinen Veränderung. Und wenn nichts dazwischenkommt, reagieren wir einfach auf diesen Wunsch, indem wir das tun, was getan werden muß, um die Veränderung herbeizuführen – ob es nun um etwas so einfaches wie das Kratzen eines Stiches geht oder um etwas so komplexes wie die Suche nach jemand zum Liebhaben.
Nur kommt oft etwas dazwischen, und zwar sowohl in uns selbst als auch außerhalb von uns selbst. Und so liegen unserer ganzen Psychologie das ständige Bedürfnis nach Veränderung, die Versuche, diese Veränderungen zu vollbringen und die mit diesen Versuchen verbundenen Ängste und Frustrationen zugrunde.
Wenn ein Klient in Schwierigkeiten ist, achtet der Psychologe vor allem auf dessen Wünsche nach einer Veränderung. Er hilft ihm, diese Wünsche zu bestimmen, die inneren und äußeren Hindernisse zu erkennen, mit den Gefühlen umzugehen, die mit diesen Wünschen zusammenhängen und schließlich eine konstruktive Veränderung ins Auge zu fassen – und zwar offen, hoffnungsvoll und fruchtbar.
Diese Wünsche nach einer Veränderung, die dem innersten Wesen des menschlichen Verhaltens entsprechen, sind einfacher zu handhaben, wenn es nur um uns allein geht. Aber wie wir schon dargelegt haben, ist die Isolation ein ungesunder Zustand. Wir brauchen die anderen, um mit ihnen zusammenzuleben. Und die Schwierigkeit liegt darin, daß auch sie ihre Wünsche haben.
Es ist unvermeidlich und immer wieder so, daß sich die Wünsche zweier Partner widersprechen. Und ihr gegenseitiges Interesse

aneinander hilft ihnen, sie in einer gesunden Weise aufeinander abzustimmen. Sie können ihre Nahrung, ihr Geld und ihr Bett miteinander teilen. Aber sie können nicht alles miteinander teilen. Und so geraten ihre Wünsche in Widerspruch zueinander. Dann wird offensichtlich eine andere Art des Teilens notwendig – nämlich Verhandlungen, das Zugeständnis und das Erbitten eines Ausgleichs, Konzessionen und wechselseitiges Nachgeben. Das soll nicht heißen, daß eine gesunde Anpassung nicht Schwierigkeiten oder sogar Leid mit sich bringen kann.

Aber ob die Lösung nun leicht oder mühsam zu erreichen ist, man kann einfach nicht leugnen, daß ein Konflikt besteht. Und doch versucht jeder – aus Angst davor, daß ein Konflikt zu einer Ablehnung führen könnte – gelegentlich so zu tun, als gebe es ihn nicht. Und eine der Folgen dieses Verhaltens ist das Verrücktmachen.

Wir haben jedoch festgestellt, daß das Verrücktmachen längerfristig betrachtet zu einer weit stärkeren wirklichen Ablehnung, zu viel mehr Leid, zu einer größeren Wahrscheinlichkeit der Trennung führt. Die Anpassung der Partner ist nur erzwungen und nicht ausgehandelt oder frei gewährt. Und der Preis dafür ist jedesmal, daß einem die doch eigentlich unveräußerlichen Rechte auf geistige Gesundheit entrissen werden – eine zu tiefe, zu sehr behindernde Wunde, als daß man sie ignorieren könnte.

In Wahrheit können wir das Verrücktmachen einfach nur dann beenden, wenn wir die Wünsche nach einer Veränderung offenlegen. Und daraufhin zeigt sich immer der Konflikt.

Doch dieser Konflikt ist nicht erst in diesem Augenblick entstanden. Er ist schon vorher dagewesen, weil die Wünsche nach einer Veränderung schon vorher bestanden haben und nur hinter Ausflüchten verborgen waren. Jetzt allerdings ist der Konflikt sichtbar.

Für den Psychologen ist dieses Sichtbarwerden, dieses Auftauchen kein Hinweis darauf, daß der kalte und heimliche Krieg jetzt in eine offene und erbarmungslose Schlacht ausbricht. Es ist im Gegenteil ein Zeichen der Hoffnung.

Denn von jetzt an ist es möglich, den Konflikt kontrolliert und realistisch anzugehen. Ein verborgener Konflikt ist die Ursache für einen Kampf, in dem man den anderen besiegen will, in dem man ihn verletzen und Macht gewinnen will. In einem offenen Konflikt kann man in vernünftiger Weise am anderen Anteil nehmen und mit ihm teilen. Wenn jeder weiß, was der andere will, können beide Partner ihre jeweiligen Wünsche herausarbeiten, den anderen befriedigen und dabei selbst befriedigt werden, und beide können wachsen.

Das Ende des Verrücktmachens bedeutet in einer intimen oder engen Beziehung den Beginn des Konflikts. Doch es bedeutet zugleich den Beginn des wirklichen gegenseitigen Verstehens, des Teilens, ohne daß einer der beiden Partner unterdrückt wird, ohne daß einer von ihnen die Macht an sich reißt, während der andere sich unterordnet, eine echte und frei gewählte Entscheidung und Veränderung.

Wir können das Verrücktmachen nicht völlig aus unserem Leben – oder auch nur aus unserem Verhalten – verbannen. Wir haben gesehen, daß ein wenig Verrücktmachen hin und wieder toleriert werden muß, und daß wir diese Toleranz gelegentlich auch auf die uns nahestehenden Menschen oder sogar auf uns selbst ausdehnen müssen. Denken Sie immer daran, daß das Verrücktmachen ein Schachzug des Unbewußten ist, und das Unbewußte spielt uns Streiche, die uns nicht bewußt sind.

Insgesamt gesehen brauchen wir uns jedoch unsere Rechte auf geistige Gesundheit nicht mehr durch das Verrücktmachen nehmen lassen, wenn wir die verrücktmachenden Erfahrungen erkennen, ihre Wirkungsweise verstehen, uns bewußt werden, daß sie den Wunsch nach einer Veränderung in sich tragen, und wenn wir über das Werkzeug verfügen, mit dem dieser Wunsch hervorgeholt werden kann. Wir brauchen das Leid und die Einschränkung in wichtigen Aspekten unseres Lebens nicht länger zu ertragen.

Wir können uns nicht vom Verrücktmachen befreien, aber wir können lernen, uns unsere geistige Gesundheit zu erobern.

Anhang I

Das Verrücktmachen: einige theoretische und klinische Anmerkungen

Der Begriff »Verrücktmachen« (VM) bezeichnet eine Vielzahl pathogener Kommunikationsformen, die als passiv-aggressive Forderungen nach Veränderung charakterisiert werden können. Diese Forderungen werden (wenn auch häufig nur implizit) meist durch gleichzeitige, sich widersprechende Botschaften vermittelt. Ihre Pathogenität beruht offensichtlich nicht nur in der operationalen Doppelbindung, mit der sich der Empfänger konfrontiert sieht, sondern auch in den sich tatsächlich widersprechenden Motivationen des Senders.

Unsere klinischen Erfahrungen im Bach Institute (früher: Institut für Gruppenpsychotherapie) in Los Angeles haben gezeigt, daß das Verständnis der VM-Muster eine wertvolle theoretische und therapeutische Hilfe für uns ist; denn bestimmte Elemente des VM scheinen tatsächlich jeder engen persönlichen Beziehung inhärent und grundlegende Vorgehensweisen zur Vermeidung der in solchen Beziehungen unumgänglichen aggressiven Interaktion zu sein. Daher legen wir bei unserer Methode der kreativen Aggression im Kontext von Beziehungsproblemen besonderen Wert auf die therapeutische Beeinflussung dieses Vermeidungsverhaltens.

In der gesamten Weltliteratur finden wir viele klassische Beispiele von verrücktmachenden Kommunikationsvorgängen. Die systematische Untersuchung dieser Kommunikationsprozesse ist jedoch erst in jüngerer Zeit im Zusammenhang mit der Entwicklung der Kommunikations- und Feldtheorien in Angriff genommen worden.

Einige frühe wissenschaftliche Beobachtungen zu den VM-Prozessen verdanken wir den in den 20er Jahren unter der Anleitung von Kurt Lewin durchgeführten Untersuchungen an der Universität Berlin. In einem der ersten Experimente in diesem Bereich konstruierte Lewins Schülerin Tamara Dembo Problemsituationen, in denen ihre Versuchspersonen (VP) mit jeweils zwei Hindernissen konfrontiert wurden, und in denen ihnen eine Entscheidung zunächst zunehmend schwerer und schließlich unmöglich gemacht wurde.

Die VP vertrauten darauf, daß der Versuch fair angeordnet war, und sie neigten dazu, in der angespannten Mißerfolgssituation zu verharren, ganz ähnlich wie zwei Partner, die eine zerrüttete Ehe weiter aufrechterhalten. Die VP konnten weder gewinnen noch entkommen oder kämpfen, und sie zeigten irrationale, regressive und feindselige Verhaltensweisen.

In anderen Experimenten untersuchten Lewin und seine Kollegen (unter ihnen George Bach), wie sich VP in Konfliktsituationen »zwischen einander entgegengesetzten Kräften im kognitiven Feld« verhalten. Sie beobachteten, daß die vorhandenen Spannungen stärker wurden, je mehr der Einbau von Hindernissen die Anzahl der möglichen Entscheidungen für ein erfolgversprechendes Verhalten herabsetzten.

Pawlow provozierte bei seinen Tierversuchen experimentell bedingte Neurosen, indem er einander widersprechende bedingte Reize gleichzeitig anbot, und indem er die Unterscheidungsfähigkeit der Tiere trainierte und dann die Anforderungen so hoch heraufsetzte, daß sie nur schwer oder überhaupt nicht zu erreichen waren.

Weitere auf den Menschen bezogene Forschungen zeigten einige Reaktionsmöglichkeiten auf solche schwierigen oder nicht lösbaren Konfliktsituationen; darunter zählen die von Bach bei Kindern beobachteten feindselig-aggressiven Phantasien ebenso wie die Ergebnisse der späteren Lewinschen Untersuchungen. Die beobachtete Abwehr äußerte sich durch Abkapselung, durch Fixierung auf realitätsferne Vorstellungen, mit deren Hilfe unerfüllte Erwartungen und kognitive Dissonanzen überwunden wurden sowie durch glatte Leugnung.

Gregory Bateson stellte bei seinen Untersuchungen schizophrener Kommunikationsprozesse fest, daß die scheinbar ungeordneten Botschaften durchaus einer gewissen Ordnung unterlagen, und daß ihre Struktur mit der Schwierigkeit zusammenhing, vor die sich die Schizophrenen beim Erkennen des Kommunikationshintergrundes gestellt sahen. Sie unterstellten dem Kommunikationspartner, er sei böswillig, und da sie nicht in der Lage waren, dessen bösen von seinem guten Willen zu unterscheiden, neigten sie dazu, die Kommunikation abzubrechen und Versuche der Kontaktaufnahme als belanglos abzutun.

Nach Bateson sind die sich widersprechenden Anforderungen der Eltern an das Kind die Wurzel eines solchen Verhaltens. Doppelbindungs-Situationen dieser Art – ohne eindeutige Zeichen der Strafe, der Belohnung oder der Erwartung – gelten in der Interaktion mit persönlich wichtigen Menschen als Prototyp des VM-Prozesses.

Die VM-Kommunikation scheint zweierlei Überlebensfunktionen zu

erfüllen: Zum einen dient sie der Vermeidung oder dem Aufschub einer offenen Aggression und eines offenen Konflikts, zum anderen soll sie vor Ablehnung schützen. Bateson sah die bildhafte Ausdrucksweise als eine solche VM-Verhaltensweise: »Bei der Metapher ist es so bequem, daß es dem anderen überlassen bleibt, ... sie als Aggression aufzufassen ... oder sie zu ignorieren.«
Man kann mindestens sechs zusätzliche Funktionen der VM-Kommunikation beobachten:

1. Der durch das VM erreichte Aufschub schiebt gewöhnlich die Konfrontation hinaus und verschafft so Zeit, die gebraucht wird, um Konfliktlösungen zu planen, abzustimmen und zu finden.
2. Der paradoxe Charakter der doppelten Botschaften des VM ermöglicht das Zurückweichen vor Aggressionen oder ihre Leugnung.
3. Die mangelnde Klarheit der VM-Kommunikation ermöglicht ein gewisses Ausprobieren, durch das festgestellt werden kann, welcher Widerstand oder welche Gegen-Aggressionen entstehen könnten und wie hoch die Toleranzschwelle des anderen liegt.
4. In manchen Fällen können die versteckten und indirekten Aggressionen des VM eine gewisse Änderung oder zumindest eine gewisse Distanzierung herbeiführen, durch die dann die vorhandene Spannung herabgesetzt wird, ohne daß die Betroffenen damit das Risiko eingehen müßten, eine wirkungsvollere offene Forderung nach Veränderung zu äußern.
5. Wie im Text dargestellt, provoziert das VM häufig Reaktionen, die sich mehr auf das VM selbst als auf die eigentliche Forderung nach Veränderung beziehen. Diese wechselseitig vorangetriebene Spirale kann den Austausch von Aggressionen um Veränderung in einen sicheren Bereich führen.
6. Durch VM-Botschaften kann die Äußerung des Wunsches nach einer Veränderung relativ abgesichert geprobt werden; die Beziehung bleibt so eher statisch als labil. Auf diese Weise können Rituale eingeübt werden, die keine Bedrohung darstellen, aber dennoch eine zukünftige Veränderung ins Blickfeld rücken. So trägt das VM dazu bei, die allgemein verbreitete Angst davor zu bewältigen, daß eine sichere Veränderung nur eine Veränderung zum Schlechten hin sein könne.

Die Kategorisierung und Analyse des Materials zum VM hat uns in die Lage versetzt, die Prozesse zu verstehen, die dabei ablaufen. Doch das Wann und Warum des auslösenden Moments bleibt weiterhin im spekulativen Bereich. Auf der persönlichen Ebene scheint das VM-Verhalten zunächst durch die folgenden Faktoren ausgelöst zu werden:

Furcht vor Ablehnung. Dieser Furcht scheint zugrundezuliegen, daß die offene Forderung nach einer Veränderung sowie der Fordernde selbst zurückgewiesen werden können, wenn die Wünsche zu offen, zu früh oder zu selbstsicher geäußert werden.

Probleme oder Unsicherheiten in bezug auf die Veränderung. Unzufriedenheit, deren Ursache ebenso wenig klar ist wie die geforderte Veränderung, scheint das VM in Gang zu setzen; gleichzeitig besteht das Interesse, den Status quo des Partners festzuschreiben und seine Absichten im Hinblick auf eine Veränderung zu vereiteln.

Bewahrung der Hoffnung. VM-Kommunikationen können dann auftreten, wenn eine Ablehnung sicher zu sein scheint, wenn sie schon erfolgt ist, und selbst dann, wenn eine offene Forderung wieder zurückgenommen worden ist. Wenn das Bedürfnis nach einer Veränderung gleich dringlich bleibt, ermöglicht das VM eine ständige indirekte Äußerung dieses Bedürfnisses und bewahrt so eine gewisse Hoffnung darauf, daß der Forderung schließlich doch Genüge getan wird.

Strafe. In manchen Fällen, in denen ein Partner erkennt, daß die Veränderung abgelehnt wurde oder daß er nicht mehr darauf zu hoffen braucht, wird das VM zu einer Form der negativen Reaktion. In diesem Sinn schafft das VM ein unbehagliches Gefühl beim anderen, und der Verursacher kann die Verantwortung dafür umgehen oder ableugnen. Vielleicht trägt auch eine auf diese Weise geschaffene Instabilität dazu bei, dem Verrücktmacher angesichts seiner hilflosen und/oder enttäuschten Gefühle ein Gefühl der persönlichen Macht zu verleihen.

Kontrolle. Das Erhalten von Macht scheint ein Schlüsselfaktor in bezug auf das VM-Verhalten zu sein. Durch das VM ist es offensichtlich möglich, seine Vorherrschaft zu behaupten und gleichzeitig den Wunsch danach zu leugnen. In dieser Hinsicht kann das VM-Verhalten eine Reaktion auf das Bemühen darstellen, Unabhängigkeit oder Gleichheit zu erlangen oder dem anderen seine Freiheit und seine eigene Macht zu nehmen.

Widerstreitende Gefühle. Es liegen klinische Beobachtungen vor, die darauf hinweisen, daß das VM-Verhalten ambivalente Gefühle der jeweiligen Veränderung gegenüber spiegelt. Zum einen kann das Recht auf die angestrebte Veränderung oder aber ihre Wünschbarkeit in Frage gestellt sein. In diesem Zusammenhang spiegeln VM-Kommunikationen wohl eher intrapsychische als interpersonale Konflikte und sind verbunden mit der Angst vor einer Ablehnung des Selbst.

Es ist deutlich geworden, daß die verschiedenen Verhaltensweisen des VM kaum bewußte Strategien im Umgang mit den o. g. und den damit zusammenhängenden Faktoren darstellen, sondern daß sie vielmehr unbewußte Versuche der Anpassung an die in interpersonalen Systemen vorhandenen Spannungen sind. Selbst psychologisch noch so bewußte Personen werden auf VM-Taktiken zurückgreifen und sie erst im nachhinein als solche erkennen. Klinisch gesehen erweist sich daher ein geschärftes Bewußtsein für die VM-Kommunikationsprozesse als wertvoll.

VM-Verhaltensweisen scheinen auch durch systembedingte Faktoren hervorgebracht zu werden. In diesem Sinn treten sie eher in instabilen als in stabilen Beziehungssituationen auf und stellen dann eine Form des Umgangs mit vorhandenen Unsicherheiten dar.

Zugang finden. Beim Versuch, in ein neues System, sei es im Bereich Arbeit, in Liebes- und Freundschaftsbeziehungen oder in eine Gemeinde einzutreten, tendiert der Neuankömmling dazu, sich selbst nicht offen zu behaupten. In ähnlicher Weise sehen die etablierten und abgesicherten Mitglieder eines Systems den neu Hinzukommenden vielleicht als eine Quelle der potentiellen Instabilität in einem bis dahin stabilen System. In diesen Fällen ergeben sich VM-Kommunikationen, wenn der eine Zustimmung oder Anerkennung sucht oder wenn der andere versteckt zu verstehen gibt, daß ein Neuankömmling ein stabiles und eingefahrenes System nicht stören darf.

Abschied nehmen. Umgekehrt kann es geschehen, daß jemand mit den drohenden Veränderungen, die der Austritt eines Menschen aus einem stabilen System mit sich bringt, in der Weise umgeht, daß er darauf durch VM reagiert. In Extremfällen ist ein solches Verlassen schon zu einem Schlüsselfaktor bei Gattenmord geworden. Eine Ablehnung, sei es im Beruf oder in einer Liebesbeziehung, kann psychologisch gesehen zu bedrohlich erscheinen, als daß man wagen würde, sie offen auszusprechen oder anzunehmen. Deshalb werden VM-Verhaltensweisen gebraucht, um ein Weggehen zu verhindern oder zu erzwingen, und zwar, ohne daß die Verantwortung dafür übernommen würde.

Nach unserer Erfahrung ist es trotz des subtilen und unbewußten Charakters der VM-Verhaltensweisen nicht schwierig, sowohl dem Sender als auch dem Empfänger eine solche Erfahrung bewußt zu machen.

Die klinische Bedeutung solcher Übungen liegt darin begründet, daß sie den Wert der offenen und direkten Aggression im Gegensatz zur verwirrenden und versteckten Aggression des VM im Spiel zum Ausdruck bringen. Durch die Benutzung darstellender Rituale stellen wir fest, daß

die fast universalen Fähigkeiten des VM leicht an die Oberfläche geholt werden können – und daß dann ihr wahres Wesen herausgestellt werden kann. In ähnlicher Weise ist es ebenso einfach, die VM-Aspekte der interpersonalen Konventionen aufzuzeigen, angefangen beim unaufrichtigen »Wie geht's?« über das bedeutungslose »Wir essen dann mal zusammen – irgendwann« bis zu dem immer wiederkehrenden »Ich wollte schon, aber ich kann nicht.« In jeder Kultur gibt es viele solcher Beispiele, und sie legen Zeugnis ab von der tatsächlich vorhandenen universalen Angst davor, daß die Äußerung einer Forderung nach Veränderung die Furcht vor der Äußerung einer Ablehnung oder dem Abgelehntwerden hervorruft. Daher wird die Behandlung beider Aspekte der Ablehnung (wie in *Pairing* oder *Streiten verbindet* vorgeschlagen) zu einem wertvollen Instrument im Umgang mit dem Verrücktmachen, weil dadurch geklärt wird, daß die Ablehnung einer einzelnen Forderung nicht gleichbedeutend ist mit einer völligen Ablehnung der Person.
Auf einer höheren Ebene sollten Psychotherapeuten jedoch davor gewarnt werden, daß die Erforschung der verrücktmachenden Verhaltensweisen – ohne eine angemessene fachmännische Anleitung – das ganze emotionale Gift des VM selbst mit sich bringen kann. Nach den verrücktmachenden Übungen und Erfahrungen sind interpretierende Rückmeldungen notwendig. Wer nicht in der Lage ist, bei der Aufdekkung der VM-Rituale mitzumachen (etwa 5 % der Klienten), sollte wohlwollend toleriert werden. Und auch die Klienten sollten unterstützt werden, die sich übermäßig engagieren; in ihrem Fall sollten die VM-Spiele sorgfältig in ihrem Bezug zu den Situationen des täglichen Lebens interpretiert werden.
Das Bewußtwerden der VM-Verhaltensweisen und der Versuch, ihre verschlungenen Wege zu entwirren, sind nicht ohne Tücken. Beim Versuch, die Mechanismen des VM zu klären, haben Mitarbeiter des Bach Institut eigene ernsthafte persönliche Probleme aufgedeckt. Die Verfasser dieses Buches sind nicht ungeschoren davongekommen. Die Pathogenität des Verrücktmachens ist Wirklichkeit. Niemand von uns ist frei davon, und die unbewußte Natur des VM bringt für uns selbst und für den Laien psychologische Gefahren mit sich, die nicht einfach abgetan oder auf die leichte Schulter genommen werden können. Dennoch kann eine konstruktive Bewußtwerdung im Hinblick auf die VM-Kommunikationsprozesse den Anstoß zum Wachstum in sich bergen. Wie eigentlich alle psychischen Schwierigkeiten kann die Erfahrung des Verrücktmachens eine wertvolle Hilfe für unsere Entwicklung sein.
Richtig verstanden kann das Verrücktmachen sowohl für den Thera-

peuten als auch für beide Partner einer Beziehung eine wertvolle Hilfe darstellen. Es kann vor allem auf das Bedürfnis nach der angemessenen Veränderung hinweisen. Also geht es nicht darum, die VM-Verhaltensweisen auszumerzen, sondern vielmehr darum, den in diesem Augenblick empfundenen Schmerz zu lindern und zu versuchen, die zugrundeliegenden Bedeutungen und Aggressionen herauszufiltern, die offen und klar zum Ausdruck gebracht werden müssen. Wenn der Gegenstand des Verrücktmachens die Veränderung ist, dann besteht die therapeutische Notwendigkeit darin, die Forderungen nach Veränderung offenkundig werden zu lassen, so daß über sie verhandelt und bis zu einem gewissen Grad über sie hinausgegangen werden kann.

Das Verrücktmachen ist wohl vor allem ein Zeichen für das in allen Beziehungen ständig vorhandene Bedürfnis nach Veränderung. Die Bewußtwerdung des Verrücktmachens zeigt an, daß ein unbehagliches und unausgeglichenes Gefühl deutlich empfunden wird. Wie alle anderen Verhaltensweisen ist auch das Verrücktmachen ein wertvoller Richtungsweiser. Alles, was wir tun und sagen, wird zu einem wenn auch noch so verschleierten Indikator für das, was wir sind und was wir wollen.

Die gespaltenen Botschaften des Verrücktmachens sind für den Lehrer und Therapeuten eine doppelt wertvolle Hilfe; denn richtig verstanden können sie uns nicht nur die größten Wünsche, sondern auch die stärksten Ängste verraten. Und im wahren Verstehen dieser leidvollen Wirklichkeiten liegt ein Weg zu Wachstum und persönlicher Nähe – ein Weg, der nicht den in menschlichen Beziehungen völlig normalen Konflikt fürchtet, sondern ihn als Richtungsweiser zum Verständnis unseres eigenen Selbst und der Beziehungen begreift, die uns vor dem wahren Wahnsinn der Isolation und Einsamkeit bewahren.

Anhang II

Weitere Anmerkungen für Lehrer, Studenten und Therapeuten

Die Darstellung im Text hat uns gezeigt, daß das Phänomen des Verrücktmachens in der Tat unendlich viele Varianten hat und daß man nicht darauf hoffen kann, ein auch nur annähernd vollständiges Verzeichnis der VM-Muster aufstellen zu können. Aus diesem und anderen Gründen kann auch kein wirkliches Klassifikationssystem oder auch nur mehr als eine lose Typologie des Phänomens gegeben werden. Dies haben wir versucht, als wir die VM-Verhaltensmuster in bezug auf die Verletzung der Rechte auf geistige Gesundheit dargestellt haben.

In Wirklichkeit sind die VM-Muster noch weit vielfältiger als es unsere Darstellung vermuten läßt; denn man kann sie keinesfalls verstehen, ohne weitere, wieder anders geartete Zusammenhänge zu berücksichtigen. Diese Zusammenhänge unterscheiden sich unendlich je nach der jeweiligen Situation, Beziehung, Persönlichkeit und individuellen Art und Weise, sich auszudrücken. Ein und dieselben verrücktmachenden Worte haben jedoch nicht nur innerhalb der jeweiligen Zusammenhänge eines gegebenen Augenblicks eine jeweils völlig unterschiedliche psychologische Bedeutung, sondern man muß sich auch das vergegenwärtigen, was wir den historischen Kontext nennen wollen. Das heißt zunächst nichts anderes, als daß wir die Geschichte der betroffenen Personen und ihrer Beziehung vor dem Auftauchen des jeweiligen Verhaltens berücksichtigen müssen. Auf einer subtileren Ebene, deren Verständnis ein waches Bewußtsein des Theoretikers oder Therapeuten voraussetzt, geht es darum, daß das VM ein wesentliches Element aller wichtigen Beziehungen ist. Damit gehört es auch zur Geschichte aller dieser Beziehungen. Und damit ist das VM-Verhalten bis zu einem gewissen Grad auch eine Reaktion auf die alten »Stachel« dieser Beziehungen, auf eine unterschwellig (wenn auch oft langsam) sich entwickelnde Spirale des Verrücktmachens.

Wir sollten immer daran denken, daß das, was wir wirklich zu verstehen versuchen, das Wesen der indirekt zum Ausdruck gebrachten Aggression und der Angstbarriere ist, die eine direkte Äußerung der Wünsche nach Veränderung verhindert. Wenn wir immer daran denken, die verschiedenen Aspekte des Kontexts des VM-Verhaltens zu erhellen, bevor wir irgendwelche Schlüsse ziehen, dann bieten sich uns im Aufbau und in den Mechanismen des jeweiligen Kommunikationsprozesses wertvolle Hinweise für Verständnis und Therapie.

Die Autoren meinen z. B., daß es therapeutisch gesehen sehr sinnvoll ist, Fragen nach dem wichtigen anderen Menschen zu stellen, z. B. »Wie macht er/sie/es Sie verrückt?« oder »Wie würden Sie dieses Verhaltensmuster beschreiben/kategorisieren/benennen?« oder »Welches verrücktmachende Verhaltensmuster stört Sie am meisten?« sowie »Können Sie mir ein Beispiel für dieses Verhaltensmuster geben, das noch nicht sehr lange zurückliegt, und mir sagen, wer sich so verhält?« Die Antworten auf diese Fragen sind wichtige Interpretationshilfen.

Warum diese weiteren Anmerkungen?

In dem Bemühen, einen persönlichen und vereinfachten Einblick in die Mechanismen des VM zu bieten, haben die Autoren dem Leser absichtlich nur eine begrenzte Menge von Informationen zur VM-Erfahrung gegeben. Es sollte verhindert werden, daß das Buch durch *Über-Information* zum Verrücktmacher würde und daß eine paranoide Atmosphäre geschaffen würde, in der ein Partner den anderen verdächtigt.

Für den ernsthaften Studenten und den Psychotherapeuten besteht jedoch die Notwendigkeit einer weitergehenden Erklärung und eines zusätzlichen Hinweises auf die wichtigsten Kategorien der verrücktmachenden Erfahrungen und Verhaltensmuster, wie sie sich in der klinischen Praxis zeigen. Bei der Ausarbeitung des Texts hatten die Autoren z. B. den Eindruck, es müsse darauf hingewiesen werden, daß nicht jede Aggression (und vor allem nicht diejenige Aggression, die nur den Wunsch nach einem Impact oder einer Veränderung zum Ausdruck bringt) eine feindselige Aggression darstellt. Sie waren jedoch der Ansicht, daß die Miteinbeziehung weiterer durch Aggressionen verfolgter Absichten nur Verwirrung schaffen könne, und daß die auf diese Weise genährten Zweifel höchstens die Furcht vor dem eigenen aggressiven Verhalten oder vor dem der anderen erhöhen würde.

Einige dieser stärker problematischen und wichtigen Bereiche des VM-Verhaltens, die im Text nicht zur Sprache kamen, werden im folgenden besprochen. Die Autoren tun dies in der Annahme, daß sie dem Psychotherapeuten wichtige Hinweise für sein Verständnis und seine Praxis geben können.

I

Einige Varianten der Art und der Absicht von Aggressionen

Im Haupttext haben wir nur zwischen zwei Hauptarten von Aggressionen unterschieden – zwischen der *Impact-Aggression* und der *feindseligen Aggression*. Bei der Betrachtung der verschiedenen Aggressionstypen haben wir jedoch festgestellt, daß es sowohl in theoretischer als auch in therapeutischer Hinsicht sinnvoll ist, drei weitere Aggressionstypen zu berücksichtigen:

1. Die indirekte oder passive Aggression

Eine falsche Interpretation kann dazu führen, daß jede passive oder indirekte Aggression als ein Verrücktmachen ausgelegt wird. Während man – wenn die Definition so weit wie möglich gefaßt wird – davon ausgehen kann, daß jedes VM-Verhalten eine indirekte oder passive Aggression darstellt, trifft die Umkehrung nicht in jedem Fall zu.

Im weitesten Sinn ist das VM eine Art Grundmuster der indirekt zum Ausdruck gebrachten Aggressionen. In anderer Hinsicht trifft es jedoch nicht in jedem Fall zu, daß das Verrücktmachen von der Angst davor herrührt, aggressive Wünsche nach einer Veränderung oder andere aggressive Gefühle indirekt zum Ausdruck zu bringen. Man denke z. B. an die Bedeutung der spielerischen Aggression (q. v.) wie z. B. die des Neckens.

Unsere klinischen Beobachtungen haben ergeben, daß es weder theoretisch noch therapeutisch gesehen immer notwendig ist, genau die Art oder den Ursprung der Furcht zu bestimmen, die ein Hindernis vor der offenen und selbstsicheren Forderung bildet. Wichtig ist vielmehr, daß unter Berücksichtigung der Pathologie des Sadismus, die scheinbare Passivität und Indirektheit in eine offene Äußerungsform verwandelt wird.

2. Die instrumentelle Aggression

Diese Art der Aggression kann dadurch definiert werden, daß die aggressive Energie zur Erreichung eines Ziels eingesetzt wird. Freud z. B. betrachtete den aggressiven Wunsch des Mannes, die Frau zu beherrschen, als wesentlichen und als im Hinblick auf die Sexualität biologisch sinnvollen Wunsch. Wir möchten davor warnen, allzu leicht eine instrumentelle Aggression anzunehmen, da diese Annahme nur schwer zu beweisen ist. Man sollte sich davor hüten, solche Annahmen als einen Ausweg aus den Schwierigkeiten zu ergreifen, die sich bei der Beziehungsanalyse ergeben.

3. *Die spielerische Aggression*

Nur in der Vorstellung oder im Spiel geäußerte Aggressionen können ein harmloser Zeitvertreib sein, sie können verdrängte oder verdeckte Beziehungsprobleme zum Ausdruck bringen oder aber auch eine Mischung aus beidem darstellen. Henri Bergsons Aussage »Wer lacht, zeigt dem anderen die Zähne« sollte nicht als eine Konstante begriffen werden; sie trifft nicht immer zu. Auch hier wieder haben wir es mit einem Beispiel dafür zu tun, daß man bei der Betrachtung von VM-Kommunikationen den Gesamtzusammenhang, d. h. die Situation, die Beziehung usw. berücksichtigen muß.

Dieses (im Vergleich zu der im Haupttext vorgeschlagenen Einteilung in Impact-Aggression und feindselige Aggression; q. v.) stärker differenzierte Klassifikationssystem der verschiedenen Aggressionstypen hat sich als sehr hilfreich erwiesen. Besonders wertvoll kann es bei der Bestimmung des Wesens der *Aggressionsphobie* sein (die sich aus Verhaltensweisen zusammensetzt, die zu einem Rückzug vor der offenen und direkten Äußerung von Aggressionen führt). Wenn wir also das Wesen des aggressiven Verhaltens begreifen, das vermieden wird, dann verstehen wir auch leichter, welches die Ängste des Betroffenen sind und welcher Art die VM-Prozesse sind, die in einer Beziehung zum Tragen kommen.

Das *System der kreativen Aggression* ist eine begriffliche Zusammenfassung aggressiver Prozesse. Die Anwendung dieses Systems auf das menschliche Verhalten ist im wesentlichen von der Absicht geleitet, Verhaltensmuster der feindseligen Aggression in solche der Impact-Aggression zu verwandeln; d. h. also, durch dieses System soll der Betroffene dazu veranlaßt werden, seine Impulse in Richtung auf eine offene und verändernde Selbstbehauptung zu akzeptieren und zu äußern. Auf diese Weise soll die verrücktmachende Wirkung der indirekten Ausdrucksweise mit all ihren Feindseligkeiten und die Wahrscheinlichkeit einer feindseligen Reaktion darauf so weit wie möglich ausgeschaltet werden. Die Anwendung des *SKA-Systems* gehört deshalb zu den wichtigsten therapeutischen Gegenmaßnahmen gegen das VM.

II

Das Liebeswahn-Syndrom

Hierbei handelt es sich um eine wichtige Quelle von VM-Verhaltensweisen und ihren pathologischen Auswirkungen. Freud vertrat die Ansicht, daß die Empfindungen eines/einer Verliebten und die Auswirkungen des Verliebtseins gewöhnlich psychotischer Art sind, da der geliebte Mensch und die Beziehung häufig mit geheimnisvollen und unrealistischen Eigenschaften versehen werden, die dadurch bewahrt werden, daß man jeder konfliktträchtigen Realität beharrlich aus dem Weg geht.
Es ist vermutet worden, daß diese geheimnisvolle Realitätsferne sich von der Art und Weise herleitet, wie das Kind die Liebe seiner Eltern wahrnimmt, und von dem Wunsch, daß die Liebesbeziehungen des Erwachsenenlebens diese Vorstellungen von einem liebenden Menschen widerspiegeln sollen, der – wie eine Mutter – unerschöpflich und bedingungslos Liebe gibt und nimmt.
Natürlich provozieren Vorstellungen dieser Art im Verlauf der Therapie heftige (und leider auch sehr nachhaltige) Widerstände gegen die Arbeit des Therapeuten. Die Herausforderung, vor die sich der Klient gestellt sieht, wenn er sich die Liebe des Erwachsenenlebens, d. h. die Bedingtheit aller Beziehungen, die Notwendigkeit einer Überprüfung der Realität und das gegenseitige Geben und Nehmen in einer Beziehung vergegenwärtigen soll, kann unzählige Abwehrmechanismen des Ich auslösen oder sogar dazu führen, daß der Klient die Therapie aufgibt, um weiterhin die Realität leugnen und das innige Geheimnis der glücklichen Selbstzufriedenheit des Kindes bewahren zu können. Alle Zwänge der Hysterie und Schrecken der Trennungsangst verbünden sich gegen die Anerkennung der psychologischen Wahrheit.
In diesem Zusammenhang wird ganz deutlich, daß die »Liebe« der ideale Nährboden für das VM ist; denn die Motivation, die der Aufrechterhaltung des Liebeswahns zugrundeliegt, wird leicht zu einer Barriere gegen jeden aggressiven Impuls, sie zwingt zur Verdrängung und führt dazu, daß die Aggressionen sich später in einer symbolischen, widersprüchlichen und zweideutigen Weise äußern. Diese Verdrängung wird von zwei nachteiligen und gegeneinander wirkenden psychologischen Kräften genährt: (1) von der im Leben erforderlichen Anpassung, die eine ständige Veränderung verlangt und (2) von den Erfordernissen einer Liebe, die im Grunde nichts anderes verlangen als die Aufrechterhaltung eines rigiden Status quo.

So kann das Verrücktmachen zur subversiven Begleiterscheinung der Liebe werden – und in unserer Kultur, die die Liebe gern als eine Konstante, als einen Zustand des bedingungslosen Gefühls und der bedingungslosen Bindung darstellt, gehört die VM-Komponente eigentlich mit Sicherheit immer dazu.
In therapeutischer Hinsicht besteht die Notwendigkeit, zwischen dem Zustand des Liebeswahns in seiner unrealistischen, aggressions- und veränderungsphobischen Gesamtheit und des Verrücktseins aus Liebe zu unterscheiden, die in eigentlich allen Liebesbeziehungen auftritt. In der folgenden Analyse beschreiben wir die natürliche Entstehungsgeschichte des Phänomens in seiner Ganzheit, der andere Aspekt sollte jedoch auch berücksichtigt werden.
Es können drei verschiedene Phasen festgestellt werden:

1. Der Traum aus der Ferne
2. Der Funke ist übergesprungen
3. Die Illusionen und Desillusionen des Austritts

Jede dieser drei Phasen ist von VM-Verhaltensweisen getragen, die meist die natürliche Entwicklung fördern und beschleunigen; denn der VM-Faktor führt schließlich sowohl zu Konfrontationen innerhalb des einzelnen Selbst als auch innerhalb der Beziehung und ruft dadurch eine Haltung hervor, die durch die Abwehrmechanismen des Ich gekennzeichnet ist. Der Therapeut ist also dazu aufgefordert, bei beiden Partnern darauf hinzuarbeiten, daß sie durch ihr Verhalten die Realität überprüfen und sie konsequent beurteilen.
In Anbetracht des Wissens, das wir bis jetzt über das VM erworben haben, sollten die verrücktmachenden Verhaltensweisen und Kommunikationsprozesse dieser drei Phasen klar sein.

Phase I. Hier handelt es sich im wesentlichen um eine Phase, die sich in der Vorstellung abspielt. Der Betroffene träumt von einer potentiell möglichen, idealen Beziehung. Wir haben es hier mit der Selbsterschaffung einer mit großer Sicherheit falschen Erwartung zu tun. Nach dieser Vorstellung wird der Märchenprinz/die Märchenprinzessin oder ein Mensch, über den man kaum etwas weiß oder zu dem man nur eine sehr entfernte Beziehung hat, kommen und der/die ideale Geliebte sein. Ein typisches Beispiel für dieses Verhalten ist der Jugendliche, der für einen anderen Menschen (häufig für eine Berühmtheit) schwärmt.
Diese Vorstellung kann der Überprüfung durch die Realität nicht standhalten. In diesem Zusammenhang sollte jedoch angemerkt werden, daß schwärmerische Vorstellungen dieser Art in subtiler Weise durch den jewei-

ligen Partner verstärkt werden können, etwa indem er selbst eine entsprechende Wunschvorstellung hegt oder sogar den anderen reizt, um so dessen Verlangen und Bewunderung zu schüren. Ein Beispiel dafür wäre etwa die Nachbarin, die sich entschließt, ein Sonnenbad zu nehmen, wenn sie sieht, daß ihr Nachbar den Rasen mäht.
Illusionäre Vorstellungen dieser Art werden in der Regel nicht an der Realität überprüft, gleichgültig, ob sie ein- oder zweiseitig sind. Die Gefahr einer Ablehnung ist groß, da unterschwellig fast immer der Eindruck vorhanden ist, daß der Wunschtraum keine reale Basis hat. Phase II wird vielleicht niemals eintreten.

Phase II. In dieser Phase war das eingegangene Risiko so groß, daß die Wunschvorstellung tatsächlich als Wunsch anerkannt worden ist. Der Betroffene hat versucht, Einfluß zu nehmen, und es ist ihm auch gelungen. Der Funke ist »übergesprungen« (wie wir es bereits in *Pairing* beschrieben haben) und wird mit Sicherheit zu verrücktmachenden Erfahrungen führen. Bei Beachtung einer von vier Bedingungen können diese Erfahrungen möglichst verringert oder sogar größtenteils vermieden werden.

a) Gegenseitigkeit
Die Einseitigkeit ist eine der wesentlichsten Gefahrenquellen in bezug auf den Liebeswahn, da aus ihr der VM-Auslöser einer besonders ungleichen Machtverteilung entstehen kann. Wie wir bereits gesehen haben, ruft ein solches Ungleichgewicht leicht VM-Verhaltensweisen hervor.

b) Erkenntnis der Vorläufigkeit
Da Beziehungen dieser Art größtenteils auf einer Wunschvorstellung beruhen, können sie dem Druck der sich ständig aufdrängenden Realität auch nur eine gewisse Zeit lang standhalten. Die Erkenntnis, daß die emotionale Erregung zwar real, aber von Wunschvorstellungen geprägt ist und nicht von Dauer sein kann, trägt dazu bei, falsche Vorstellungen zu vermeiden.

c) Bereitschaft zum Abschied
Wenn das Paar versucht, den Mythos eines nicht endenden Wunschtraums aufrechtzuerhalten, dann stehen dem einen von ihnen oder beiden einige bittere VM-Erfahrungen bevor (siehe Phase III unten). Wenn das Verrücktmachen vermieden werden soll, dann müssen beide Partner

willens sein, den Wunsch, Abschied zu nehmen, zu äußern und/oder zu akzeptieren.

d) Bereitschaft, die Wunschvorstellung zugunsten der Realität aufzugeben

Wenn eine solche Beziehung aufrechterhalten werden soll, dann muß der größte Teil des Wunschtraums geopfert werden, so daß Veränderungen möglich und der ständige Wunsch nach Veränderungen akzeptiert werden kann; denn gerade die Verdrängung dieses Wunsches nach Veränderung bewirkt schließlich, daß die Partner sich darin erschöpfen, immer wieder zu leugnen und ausgefeilte psychologische Mechanismen zur Unterdrückung aller aggressiven Impulse zu entwickeln. Das unausweichliche Schicksal, das einem solchen Verdrängungs- und Unterdrückungsverhalten vorbestimmt ist, ist bereits deutlich genug dargelegt worden.

Phase III. Von allen drei Phasen enthält diese die stärkste VM-Komponente; in dem Augenblick, in dem einer oder beide Partner den Abschied wünschen, ist der Druck, durch den dieser Wunsch geleugnet (oder verdrängt) werden soll, am stärksten. Die Partner beginnen dann z. B. ein Spiel, das man »Ich will nicht aufhören, du willst es doch« nennen könnte. Zu diesem Spiel gehören das Ködern, der vorprogrammierte Ablauf und unzählige andere bittere Taktiken, damit die Verantwortung für den Wunsch nach dem Austritt geleugnet werden kann.

Am mörderischsten von allen diesen verrücktmachenden Taktiken ist vielleicht die doppelte Botschaft »Ich-will-bei-dir-bleiben; ich-will-dich-verlassen.« Wie sich in Interviews mit vierundsiebzig Gattenmördern gezeigt hat, kann der Widerstand gegen die Zerstörung des Wunschtraums oder der Schmerz des Stachels so intensiv sein, daß man dadurch zum Mörder werden kann. Umgekehrt kann der Druck, der dadurch entsteht, daß eine nur noch in der Vorstellung bestehende Beziehung, die durch die Realität Lügen gestraft wurde, so stark sein, daß einer der beiden Partner den anderen tötet, um ihm zu entkommen.

Einige VM-Aspekte der Phase II und III

a) Einseitigkeit

Auf diese Gefahrenquelle haben wir schon weiter oben im Zusammenhang mit dem Verrücktmachen zum Zweck des Machtgewinns hingewiesen, das entweder angewandt wird, um (1) die Schmeichelei und Untertänigkeit des anderen auszukosten, ohne sich voll in der Beziehung zu engagieren oder aber, um (2) den anderen in einem Abhängigkeitsverhältnis zu halten. Wie wir in unserer Darstellung gezeigt haben, lösen beide Verhaltensweisen das Gegen-Verrücktmachen aus.

b) Die emotionale Achterbahn

Die intensiven Erfahrungen bei dem Versuch, eine machtvolle Wunschvorstellung auszuleben, können ermüdend und beängstigend sein. Euphorie und sexuelle Erregung wechseln sich ab mit der Angst vor Trennung und Ablehnung und mit Depressionen. Kleine Ausschnitte der Realität werden zu schmerzlichen Stacheln in der Spirale des Verrücktmachens, in der sich die wechselnde Stimmung und die Leugnung all dessen spiegelt, was nicht so positiv ist.

Er *(nachdem sie miteinander geschlafen haben):* Mein Gott, war das schön!

Sie: Hat deine Frau das jemals für dich getan?

c) Der Eiertanz

Die Leugnung der Realität schafft eine ständig vorhandene unterschwellige Spannung, da Konflikte, Ablehnung und Aggressionen immer bedrohlicher und Leugnung und Verdrängung immer notwendiger erscheinen. Daher sind beide Partner schließlich vorsichtig, offene Kommunikationsprozesse werden zu einem Wagnis, und die ursprüngliche Spontaneität stirbt ab. Die beiden Partner fühlen sich eingeengt und reagieren durch VM-Verhaltensweisen.

d) Die Klette

Es besteht ein außerordentlich starkes Bedürfnis nach einer dauernden Bestätigung des Zustands des Liebeswahns. Diese Forderung nach Bestätigung geht nicht nur vom Partner, sondern auch von einem selbst aus. Tatsächlich kann es vorkommen, daß beide darin wetteifern, dem anderen zu zeigen, wie sehr sie ihn lieben, wie sehr sie zueinander passen und wie sehr sie einander vertrauen. Wenn es dem einen nicht gelingt, dem anderen alles recht zu machen oder wenn ihm der andere nicht alles recht macht, dann ist die Katastrophe da. Wenn sie sich gegenseitig ihre Zufriedenheit bestätigen, müssen sie einmal wieder ihre wahren Gefühle verdrängen und verfallen damit unweigerlich in VM-Verhaltensweisen.

e) Die Aufgabe der eigenen Urteilskraft

Die Forderung nach Übereinstimmung bei immer wieder geteilten

Wertvorstellungen und Wünschen leugnet jeden Wunsch nach Veränderung oder Polarisierung. In der Folge geben die Partner häufig ihre eigenen Wertvorstellungen und Perspektiven zugunsten der Vorstellung ihres Partners und zugunsten des Wunschtraums auf.

f) Stillstand

Die Notwendigkeit einer dynamischen Interaktion als Grundlage aller vollwertigen Beziehungen ist allgemein bekannt. Und wie bereits dargelegt wurde, läßt der Zustand des Liebeswahns kaum eine Veränderung und nur eine Bestätigung des Status quo zu. Dabei ist die (häufig selbstgeschaffene) emotionale Erregung der Beziehung, in der »der Funke übergesprungen« ist, reine Illusion. Tatsächlich schließt die Forderung nach einem Stillstand die wirkliche Interaktion aus und ersetzt sie durch sich wiederholende Rituale, zu denen selbst Pseudo-Konflikte gehören können, die jedoch in einer Rückkehr zum Status quo enden müssen. Der Mangel an einem wirklichen (und möglicherweise konfliktträchtigen) Input bewirkt, daß die sexuelle und die übrige Kommunikation stereotyp verläuft und verarmt.

g) Isolation

Eine sehr häufig auftauchende Komponente dieser Beziehungen ist ihre Tendenz, möglichst isoliert zu bleiben. Das bedeutet wohl nichts anderes, als daß die Partner ihre Traumvorstellungen vor dem Einbruch der Realität, wie sie sich oft in anderen Menschen darstellt, bewahren. Darüber hinaus erzeugt die Isolation häufig eine morbide Art der Abhängigkeit und damit ein Unbehagen, das zu dem verdrängten oder geleugneten Wunsch nach einer Veränderung führt, durch die man aus der erstickenden Zweisamkeit, aus der Falle entkommen könnte.

h) Ausschließlichkeit

Die Erfordernisse einer Beziehung, in der dauernd der Funke überspringen muß, einer Beziehung also mit einem engen Abhängigkeitsverhältnis, bestätigen und verstärken ständig die Rolle der Wunschvorstellung als einer Art einziger Quelle der emotionalen Befriedigung. Mit einer solchen Abhängigkeit geht das Bedürfnis nach mehr und mehr Information über den magisch überhöhten Partner einher. Die so entstehenden Forderungen können sehr lästig sein und werden es gewöhnlich auch. (»Ich habe gestern abend um zehn bei dir angerufen. Wo warst du?« »Du warst um drei immer noch nicht vom Essen zurück. Mit wem hast du gegessen?« usw.)

Die beschwerlichen Erfordernisse, die entstehen, wenn eine Beziehung dieser Art gegen das wirkliche Leben und gegen die wirklichen Wünsche nach Veränderung aufrechterhalten werden soll, führen zu einer emotionalen Auszehrung. Der Stillstand ist langweilig.
Wie wir weiter oben schon angedeutet haben, kann jede der VM-Taktiken des Liebeswahns auch angewandt werden, wenn einer der Partner versucht, sich aus der Beziehung zu lösen. (Und wie wir im Haupttext dargelegt haben, gibt es auch ein pathologisches Verhalten, das Situationen, die dazu geeignet sind, VM-Verhaltensweisen anzuwenden, für die Abreaktion sadistischer Impulse ausnützt. Solche Situationen sind dadurch gekennzeichnet, daß zunächst romantische Illusionen ausgemalt werden, die dann plötzlich von abrupten und unerwarteten Abschiedsmanövern unterbrochen werden, wie z. B. »Liebling, du bist großartig« (nach dem Orgasmus), aber wir müssen uns wohl trennen«. Zum Glück gibt es nur wenige solcher Sadisten.
Bei nicht-sadistischen Klienten muß der Therapeut darauf achten, wie der vermeintlich emotional Engagierte einer Liebeswahn-Beziehung ein (im wesentlichen auf einer unbewußten Motivation beruhendes) scheinbar sadistisches Verhalten übernimmt. Er entwickelt komplexe Verhaltenskonstrukte, um seine Abschiedsabsicht zu leugnen, um die Notwendigkeit des Abschieds auf äußere Umstände oder auf das Verhalten des anderen zurückführen zu können, um sich andere Zufluchtsmöglichkeiten zu verschaffen, die die Beziehung ersetzen sollen, aus der er das Verlassen anstrebt, und um seine Schuld zu begleichen – gewöhnlich äußert sich diese Absicht in guten Taten und oft in einem scheinbaren Interesse an dem Partner, den er verlassen will. Im letzteren Fall können großzügige Geschenke, ein besonders zärtliches Liebesverhalten und ganz besonders liebevolle Treueversprechen und Dankbarkeitsbezeugungen die Vorboten des VM-Verhaltens sein.
Es ist bestürzend, wie sehr die Zahl der Klienten ansteigt, die durch ein solches VM-Verhalten zu Therapieanwärtern werden.

III

Sexuelles Verrücktmachen

Die Einsicht in die Verhaltensmuster und -abläufe des Verrücktmachens hat sich als ein außerordentlicher Vorteil bei der Beschäftigung mit dem trügerischen Feld der Sexualität erwiesen. Unter Therapeuten ist schon

lange bekannt, daß die sexuelle Interaktion zu den wichtigsten Informationsquellen verschlüsselter Informationen über Einzelpersonen und Beziehungen gehört. Doch gerade weil sexuelle Interaktionen so bedeutungsgeladen und scheinbar so leicht auszulegen sind, entstehen einige Interpretationsschwierigkeiten, darunter insbesondere die folgenden:
a) Es kann passieren, daß der Therapeut oder der Theoretiker die ihm vorliegenden Daten überinterpretiert, vor allem, indem er sich voreilig zu Schlußfolgerungen bei so häufigen Erscheinungen wie der Anorgasmie bei Frauen oder der Ejaculatio praecox bei Männern verleiten läßt. Die Schlußfolgerung z. B., daß die anorgasmische Frau emotional unreif sei oder sich weigere, die weibliche Rolle zu übernehmen, ist nur eine Mutmaßung und kann sich bei einer eingehenden Beschäftigung mit dem Fall als falsch erweisen.
b) Ob die rasch angestellten Schlußfolgerungen des Therapeuten in bezug auf sexuelle Probleme nun richtig oder falsch sein mögen (ein Verhalten, das wir als eine Art Stereotypisieren betrachten können), der sexuelle Kontext ist jedenfalls so beladen mit starken Wünschen, Ängsten und Wut, daß er gewöhnlich zu einer abgeschirmten Festung wird, hinter der sich Widerstände, Verdrängungen und Abwehrmechanismen des Ich verbergen. Anders gesagt, wenn die sexuelle Problematik als ein integraler Bestandteil der Persönlichkeit betrachtet wird (auch wenn dem oft nicht so ist), dann, so meinen wir, werden eher Bedrohungen und Ängste hervorgerufen als die funktionale Kompetenz wiederhergestellt.

Die sexuelle Kommunikation

Unser Wissen über das Verrücktmachen erlaubt es uns, Alternativen zu Interpretationen sexueller Probleme zu finden. Wie schon in *Streiten verbindet, Keine Angst vor Aggressionen* und vor allem in *Pairing* herausgestellt, ist es theoretisch und therapeutisch sinnvoll, die sexuellen Äußerungsformen als einen weiteren Kommunikations- und Interaktionszusammenhang, als ein Bemühen um eine intime Kommunikation zu sehen.
Wir sehen die sexuelle Äußerungsform als einen der tiefgreifendsten Aggressionszusammenhänge, als einen intimen Anspruch des Selbst in der interpersonalen Beziehung. Im sexuellen Bereich spricht man über seine Wünsche nach Intimität (und entsprechend nach Distanz und nach seinem Recht auf Impact, Raum, klare Informationen und persönliche Gefühle) in der spannungsreichsten Art und Weise.

Wir haben den Eindruck gewonnen (und dieser Eindruck ist durch klinische Erfahrungen bestätigt worden), daß derjenige, der nicht offen und direkt sagen kann »Ich will entscheiden, wo wir heute zum Essen hingehen« auch nicht sagen kann »Ich will oben liegen.« Und wir sind der Meinung, daß dieses Beispiel auf unendlich viele Fälle übertragen werden kann.

Kurz gesagt, die von der einen oder anderen Art der Angst herrührende Unfähigkeit, seine Gefühle und Empfindungen zu äußern, bedingt im allgemeinen auch, daß der sexuelle Wunsch nach einer Veränderung nicht geäußert werden kann.

Mehr noch, der sexuelle Bereich wird zu einem außerordentlich spannungsgeladenen Bereich des Verrücktmachens, weil einfach die sexuelle Aggression so wirklich, so stark und so klar ist. Die jeweiligen Erwartungen sind hoch, ob sie nun realistisch sind oder nur eine Wunschvorstellung. Das Reaktionspotential auf den Stachel des VM ist gewaltig, wenn man sich nach dem Motto Auge um Auge, Zahn um Zahn verhalten will. Die (oft kulturell bedingte) sexuelle Unlust oder Verlegenheit wird zu einem weiten Feld der Aggressionsphobien. Die Konventionen der romantischen Liebe verlangen einen sexuellen Stillstand (»Ich will dich immer, und immer nur dich; du und nur du kannst mich befriedigen, und du wirst mir immer gefallen« usw.).

Das Bemühen, sexuelle Schwierigkeiten unter dem Aspekt des VM-Verhaltens zu begreifen, scheint uns nicht nur realistisch, sondern auch viel eher angebracht zu sein als viele andere therapeutische Interpretationen.

Die doppelte Botschaft sagt aus, daß man einerseits den sexuellen Erwartungen nachkommt, aber daß man andererseits nicht will, nicht handelt oder nicht befriedigt wird. Im Bereich der Sexualität kann das VM-Verhalten seinen extremsten Impact ausüben.

Die verrücktmachenden Widersprüchlichkeiten der Sexualität

Es ist völlig alltäglich, daß sich in unserer Sexualität – unter dem Aspekt der VM-Verhaltensmuster betrachtet – die verschiedensten nicht annehmbaren Widersprüchlichkeiten finden. Da ist einmal der Wunsch nach Nähe und andererseits dennoch der Wunsch, frei zu sein, der Wunsch, sich hinzugeben und der Wunsch, zu besitzen, der Wunsch, zärtlich zu sein und der Wunsch, aggressiv zu sein, der Wunsch, dem anderen zu gehören und das Gefühl für das Recht auf den Raum des eigenen Körpers.

Der verrücktmachende Sexualkode

Diese Probleme der frustrierten Aggression (»Wie soll ich ihr sagen, daß ich sie heute nacht nicht will?«) und der Konvention, die bestimmt, was erlaubt ist und was nicht (»Dein Freund Tom erregt mich« oder sogar »Ich frage mich, wie es wohl wäre, wenn Margaret mit uns schlafen würde«) entstehen, weil wir dazu neigen, die Sexualität als einen ganz besonders geeigneten Bereich für die Fortsetzung der VM-Spirale zu betrachten. Und alle diese Spiele werden unbemerkt möglich, weil die meisten von uns immer noch dazu neigen, ihre sexuellen Wünsche in einem gemeinsam entwickelten Kode zum Ausdruck zu bringen.

Genauso, wie wir dazu angeleitet werden, einem Mythos zu vertrauen, wenn wir raten »Er liebt mich, er liebt mich nicht« und dabei die Blütenblätter einer Blume auszupfen, haben wir es uns auch angewöhnt, aus einer Vielzahl kodierter Signale herauszulesen »Er will mich, er will mich nicht«. Was hat er/sie im Bett an? Was für ein (sexuelles oder nichtsexuelles) Spiel spielt er/sie heute abend? Aus Furcht vor Ablehnung versuchen wir uns zu versichern, daß unsere sexuelle Aggression akzeptiert, erwünscht, willkommen ist. Und wir versuchen, Sicherheit darüber zu gewinnen, daß der sexuelle Impuls, nachdem er angenommen wurde, als ein erfreulicher Vorstoß betrachtet wird und nicht als einer, der nur eben hingenommen wird, der auf uns zurückfällt oder sogar als einer, der uns zu Dank verpflichtet oder wegen dem wir Schuldgefühle haben sollten.

Das Problem bei diesen Kodes besteht u. a. darin, daß sie (1) in der Regel, genau wie alle anderen symbolischen Systeme, keine klare Ausdrucksform beinhalten können. Sie bieten viele Gelegenheiten für echte Mißverständnisse oder aber für den vorprogrammierten Ablauf des VM, daß sie (2) wie alle Systeme, über die menschliche Verhaltensweisen (vor allem Ablehnung und Billigung) vorausgesagt werden sollen, zu starr sind, um alle möglichen Varianten der Reaktion berücksichtigen zu können (das kurze, aber unauffällige Baumwollnachthemd kann eine schlaftrunkene und sanfte Billigung bedeuten, aber sexuelle Stimulierung könnte diese Billigung in eine hochaggressive Forderung verwandeln) und (3), daß die Rigidität und potentiell trügerische Aussage solcher Kodes keine Vorhersage von Nuancen ermöglicht (»Ja, ich wollte, daß du weitermachst, aber ich muß *dafür* in einer ganz bestimmten Stimmung sein«).

Kurz gesagt, die sexuellen Kodes und die Interpretation der möglichen Reaktionen sind eine Brutstätte des VM-Verhaltens – sie schaffen vor allem die Gefahren, die aus dem Raten, dem Gedankenlesen, dem Gedankenentreißen, dem Gedankenvergewaltigen, der Anpassung und dem Mitspielen, dem Ablenkungsmanöver, dem VM-Abschied usw. entstehen. Selbst die Annahme, daß der sexuelle Impuls nach Befriedigung verlangt, trifft nicht immer zu. Natürlich stimmt, was ein populärer Schriftsteller mit den Worten ausgedrückt hat »Jede Frau *kann*«. Es fragt sich nur, ob sie auch wirklich will, oder ob die Hilfsmittel der VM-Verhaltensmuster es nicht befriedigender erscheinen lassen, die Reaktion zurückzuhalten. Vor allem jedoch sagt uns unsere Vernunft, daß Sexualpartner einander klar und deutlich sagen können sollten, was sie voneinander wollen und so die Erlaubnis erhalten, mit einem Gefühl des entspannten Vertrauens in ihren gegenseitigen körperlichen Raum einzutreten. Daß die meisten sich nicht so verhalten, zeugt von der fast allgemein verbreiteten Angst vor sexueller Selbstbehauptung und von der Ausschließlichkeit, mit der sich im sexuellen Bereich das VM-Verhalten durchsetzt.

Die Autoren sind der Ansicht – und können diese Meinung auch durch klinische Nachweise belegen – daß die Analyse der sexuellen Dysfunktion in VM-Kategorien ein nützliches diagnostisches Instrument ist und daß sie zugleich eine leicht anwendbare und relativ ungefährliche Möglichkeit bietet, mit deren Hilfe der Patient oder Klient seine sexuelle Psychodynamik verstehen lernen kann.

In dem Maß, in dem die sexuelle Funktion in der Theorie psychodynamisch und in der Praxis psychotherapeutisch angegangen werden kann, können die VM-Prinzipien zu der Aufklärung beitragen, die sich aus ihrem Verständnis ergibt. Meist wird die Spirale des Verrücktmachens zur Spirale der dürftigen sexuellen Interaktion.

Es kann sehr sinnvoll sein (und es besteht wohl keine Notwendigkeit, die jeweilige Dynamik genauer auszuführen), VM-Verhaltensmuster wie »Ich werd's dir schon zeigen; ich werde nicht kommen« oder »Du erregst mich so sehr, daß ich einfach so schnell einen Orgasmus haben muß« zu verstehen. Solche Verhaltensmuster sind Öl auf das Feuer der zweigeteilten Kommunikation. Der Einsatz sexueller Verhaltensweisen im Zusammenhang mit VM-Mechanismen wird sowohl dem Therapeuten als auch dem Klienten klarer, wenn auch der *sexuelle Kontext* berücksichtigt wird.

Der Inhalt des Begriffs *sexueller Kontext* ist am besten zu verstehen, wenn wir einmal den heutigen Trend zu dem betrachten, was wir *Sex als Sport* nennen wollen. Wenn wir im Gedächtnis behalten, daß sexuelle Verhaltensweisen verschiedene Formen der Kommunikation darstellen, dann können wir das Gesagte wohl präziser interpretieren. Beim *Sex als Sport* erkennen wir also, daß es sich um eine inhärente doppelte Botschaft handelt; denn die Suche nach Intimität wird physisch ausgelebt, während zugleich das Verlangen nach wirklicher Intimität geleugnet wird. Wir haben es hier mit einem inhärenten VM-Paradoxon zu tun: »Ich will mit dir intim sein, aber nicht intim.«

Beim *Sex als Sport* wird vor allem eine *Segmentierung* vorgenommen, d. h., eine Person wird als eine Funktion ihrer selbst behandelt. Wie bereits weiter oben erwähnt, ist die Segmentierung ein alltägliches Phänomen, aber wenn sie keine VM-Verhaltensweise sein soll, muß sie im beiderseitigen Einverständnis erfolgen, wie z. B. im Fall des Tankwarts und des Kunden. Das VM-Potential dieses Verhaltens ist jedoch schon implizit enthalten, wenn einer der Partner die Perspektive einer engeren Beziehung daraus ableitet oder ihm diese Interpretation nahegelegt wird, wenn er also z. B. ein gesteigertes Interesse oder falsche Hoffnungen für die Zukunft daraus herausliest.

Vielleicht besteht im Hinblick auf die VM-Aspekte der Sexualität die wichtigste Botschaft, die der Therapeut vermitteln kann darin, explizit zu machen, was aufgrund der herrschenden Konventionen und der Angst vor Ablehnung im Sexualakt nur implizit zum Ausdruck kommt. Vor allem, wenn er in den Augen eines Partners oder beider Partner keine Intimität bedingen, sondern vielmehr ein segmentierendes Spiel oder eine segmentierende Befreiung darstellen soll, muß diese Tatsache beiden Partnern bewußt sein – und beide müssen damit einverstanden sein. Andernfalls enthält dieses Verhalten eine verrücktmachende doppelte Botschaft, die psychischen Schaden anrichten kann.

Im allgemeinen können wir davon ausgehen, daß die weitgespannten Implikationen des VM-Verhaltens im sexuellen Bereich am besten dadurch angegangen werden können, daß man die Bedeutung des Sexualakts und der Beziehung festlegt, indem man offen äußert, welche Bedeutung den körperlichen Gesten zukommt. Die Autoren haben den Eindruck gewonnen, daß wir es heute mit einer neuen Art sexueller Prüderie zu tun haben, die durch die Vermeidung von offenen Aggressionen noch verstärkt wird und bei der man alles *tun* kann, aber in der Regel nicht darüber sprechen darf, was man will, und die einem verbietet, die Absicht und den Kontext von Gefühlen und persönlicher Bedeutung direkt zum Ausdruck zu bringen. Solange diese letzteren Faktoren *vermeintlich* durch irgendeine kulturelle Konvention vorgegeben sind, führen sie mehr als wahrscheinlich zu verrücktmachenden Erfahrungen.

IV
Das Verrücktmachen durch sich selbst

Dem aufmerksamen Leser sind bei der Lektüre dieses Buches wahrscheinlich verschiedene VM-Verhaltensweisen aufgefallen, die als selbsterzeugt bezeichnet werden können. Das Thema des selbsterzeugten Verrücktmachens ist ein mindestens so weites Feld wie das in der Interaktion erzeugte und in diesem Buch behandelte Verrücktmachen. Unsere Anmerkungen diesbezüglich sollen die diesem Phänomen gewidmete Aufmerksamkeit erhöhen und darauf hinweisen, daß dieser Faktor in der Analyse und bei dem Versuch, VM-Verhaltensweisen und -erfahrungen zu beeinflussen, nicht übergangen werden darf.

Das *Gebundensein,* eines der grundlegendsten VM-Verhaltensmuster, ist vielleicht am ehesten frei vom selbsterzeugten Verrücktmachen. Hier entsteht der VM-Faktor daraus, daß die normalen Aggressionen verdrängt werden müssen, damit eine Beziehung aufrechterhalten werden kann, die als Zwangsbeziehung betrachtet wird. Ein Beispiel dafür wäre etwa die Mutter-Kind-Beziehung oder vielleicht der Ehemann, der sich an eine unbefriedigende und vielleicht sogar verletzende Ehe gebunden fühlt, der es aber nicht über sich bringen kann, seine liebgewonnene väterliche Rolle zu opfern, die er mit der Auflösung der Ehe aufgeben müßte.

Doch selbst beim *Gebundensein,* bei dem es sich implizit um eine VM-Situation handelt, können die selbsterzeugten Aspekte nicht übergangen werden.

Bei anderen VM-Verhaltensweisen ist der selbsterzeugte VM-Faktor fast mit Sicherheit vorhanden. Diese Tatsache kann nicht übersehen werden.

Das *Sich-Ärgern* ist ein exemplarisches Verhaltensmuster dieser Art. Es handelt sich dabei um das wiederholte Auftauchen von scheinbar unmotivierten VM-Verhaltensweisen, um eine häufig gewählte Zuflucht für Menschen, die entweder Abhängigkeit fordern oder ablehnen, weil sie versuchen, eine Art zentrale Bedeutung für sich zu beanspruchen, die der andere ihnen nicht zugestehen oder die er nicht bestätigen will. Das *Sich-Ärgern* ist häufig ein Testverhalten oder eine ständige Reaktion auf eine Situation, in der man sich gebunden fühlt.

Es ist leicht zu erkennen, daß das Verhaltensmuster des Ärgerns im Sinn einer chronischen Verärgerung in der einen oder anderen Hinsicht ein selbsterzeugtes Verrücktmachen darstellt.

Illusionen, die eine Leugnung der Realität und die Unterdrückung aggressiver Gefühle erfordern, implizieren eine Komponente der selbsterzeugten, verrücktmachenden Wunschvorstellung. Tatsächlich beinhalten wohl alle VM-Verhaltensmuster, die wir beschrieben haben, ein gewisses Maß an selbsterzeugtem VM.

Wir wollen uns jedoch mit einem vollständig *sui generis* erzeugten VM beschäftigen. Am Anfang dieses Konzepts stehen die unvermeidlichen Konflikte des inneren Selbst. Dann folgt die Internalisierung überanspruchsvoller Bilder (vielleicht eine eher zeitgemäße und funktionalere Möglichkeit, Freuds Konzept des Über-Ich zu interpretieren). Sowohl die Psychoanalyse als auch die moderne Psychotherapie (die sich eher mit der Charakterentwicklung als mit deren unbewußten Wurzeln beschäftigt) haben festgestellt, daß das Konzept des selbsterzeugten VM funktional sinnvoll ist.

Zwei der wichtigsten Verhaltensmuster des selbsterzeugten VM

Kurz zusammengefaßt müssen der Therapeut, der Theoretiker und der vom VM Betroffene zwei Haupttendenzen des selbsterzeugten VM erkennen:

1. *die Kollaboration des Opfers,* d. h. die Tendenz, VM-Kommunikationsprozesse, die von anderen angezettelt wurden, zu akzeptieren oder sogar dabei mitzumachen und

2. *das VM sui generis,* d. h. qualvolle Prozesse, die im und durch das Selbst in Gang gesetzt werden.

Die Kollaboration des Opfers kann in fast allen im Text dargestellten VM-Verhaltensmustern beobachtet werden. Vielleicht etwas vereinfacht, heißt es nichts anderes als »Du bist nicht ganz im Unrecht, wenn du meine Rechte auf Raum, Gefühle, Impact oder Informationen verletzt. Ich füge mich – vielleicht nicht ohne ein Gefühl für den Stachel des VM – aber ich akzeptiere dennoch dein Recht darauf, mir das zu nehmen, von dem ich glaube, ich kann oder sollte es nicht für mich behalten.«

Das VM sui generis ist anders. Es äußert sich in Fragen wie »Ich weiß es doch besser, warum habe ich es dann getan?« oder »Warum hast du es zugelassen, daß du verletzt wirst?« usw.

Das VM-Konzept bietet dem Therapeuten die Möglichkeit aufzuzeigen, wie die Furcht davor, zu äußern, was man äußern möchte, zu einer doppelten Botschaft an das Selbst führt. Indem er darauf hinweist, daß solche Verhaltensweisen wegen der unnötig gefürchteten Barrieren entstehen, die den Betroffenen daran hindern, sich wirklich auszudrücken, bedient er sich einer leicht zu handhabenden therapeutischen Methode, die den Klienten auf das Problem aufmerksam macht, ohne ihm zugleich ein Selbstbild aufzuerlegen, dessen Merkmale Ignoranz, Dummheit oder Perversität wären. Der innere Konflikt ist so real vorhanden wie der Beziehungskonflikt. Der innere Feind ist ein ebenso starker psychologischer Widersacher wie der geschickt manipulierende Partner.

Einige funktionale Aspekte des selbsterzeugten VM

Auch wenn in jedem VM-Verhaltensmuster eine selbsterzeugte VM-Komponente enthalten ist, wollen wir an dieser Stelle ein paar der deutlichsten Hinweise darauf festhalten.

1. Der vorprogrammierte Ablauf. Niemand kann einer solchen List anheimfallen, ohne hartnäckig an einen Widerspruch in der Wirklichkeit zu glauben – ob es sich dabei um die Selbstwertschätzung oder um eine wunderbare Lösung handelt.

2. Sich übernehmen. Häufig übernimmt sich der Betreffende; er übernimmt mehr, als er bewältigen kann und belastet sich, weil er befürchtet, daß die teilweise Ablehnung, die in einem »Nein« enthalten ist, die völlige Ablehnung einer Person bedeutet. Die unrealistischen Vorstellungen der nicht geäußerten Aggression veranlassen einen dann, das zu tun, was man nicht tun will.

3. Ablenkungsmanöver. Wer sich mit einer unerfreulichen Realität konfrontiert sieht, die er nur schwer bewältigen kann, tendiert häufig dazu, sie durch eine einfachere Realität zu ersetzen. Wenn man z. B. Übergewicht hat, kann es sein, daß man eine Nahrungsreduktion umgehen möchte, die eine Gewichtsabnahme erst möglich machen würde. Man kauft sich also die unvernünftigsten Bücher, Waren oder Gedanken, liest sie gewissenhaft und orientiert sein Verhalten eher an einem wirklichkeitsfremden Versprechen als an der innerlich bekannten Realität.

4. Selbsterzeugte Spiralen des Verrücktmachens. Die Beschäftigung mit anderen Dingen als mit denen, von denen wir wissen, daß sie wichtig sind, können uns von den Zielen ablenken, die wir nur mit Mühe erreichen. Der große Roman wird vielleicht nicht geschrieben, aber wie können wir das achtundsiebzigste von rund einhundertsechzig Baseball-Spielen auslassen, an deren Ende die Meisterschaft entschieden wird?

Es gibt eine Vielzahl solcher Ablenkungsmöglichkeiten und scheinbare Möglichkeiten des angenehmen Zeitvertreibs. Wenn wir uns selbst nicht darüber im klaren sind, was wir wollen und wohin wir gehen, schaffen wir uns selbst eine Doppelbindung. Wir spielen Selbstanalyse und vergeuden unsere Zeit und Energie mit Spekulationen, Rationalisierungen und Interpretationen anstatt zu handeln.

Wir kapseln uns ein, anstatt einer unbequemen Realität ins Auge zu sehen. Oder aber wir lenken uns in einer solchen Situation ab und halten uns selbst zum Narren. Wir werden mit der Realität nicht fertig, deshalb errichten wir intellektuelle und analytische Hindernisse in dem falschen Glauben, daß wir nur versuchen, uns selbst zu »finden«; so verlieren wir uns in einer sinnlosen und sogar selbstzerstörerischen Weise.

Eine weitere Gefahrenquelle bei der Suche nach einem Ausweg aus den VM-Verhaltensweisen ergibt sich aus dem übertriebenen (durch eine gedankenlose populäre Literatur geförderten) Glauben daran, daß wir alle völlig unabhängig sind oder zumindest sein sollten, daß wir nur aus uns selbst Antriebe erhalten, daß wir uns selbst am besten befriedigen und uns nur durch uns selbst verwirklichen können.

Diese psychologische Literatur meint im Gegensatz zu der gesamten ernstzunehmenden psychologischen Fachliteratur, daß die sogenannten VM-Erfahrungen so erklärt und behandelt werden müssen, als entstünden sie nur aus dem Selbst.

Nichts könnte naiver und weiter von der Wahrheit entfernt sein; denn tatsächlich ist nach unserer Meinung jeder Versuch, das selbsterzeugte VM ohne eine Berücksichtigung der Interaktion mit anderen zu erklären und zu beeinflussen, zum Scheitern verurteilt. Es ist ganz im Gegenteil so, daß wir dann am ehesten die Bereitschaft erwecken, die psychologische Realität zu akzeptieren, wenn wir uns mit den gefürchteten Aggressionen in der Interaktion befassen, sie verstehen und auf sie einwirken.

Denn wenn innerhalb des Selbst eine Barriere, eine Art Bremse vorhanden ist, die eine offene Äußerung des Selbst leugnet und frustriert, dann kann diese Barriere nicht deutlich erkannt oder offen angegangen werden, wenn sie nicht im Kontext der Interaktion behandelt wird. Im

Umgang mit seinen eigenen Verdrängungen ist man fast hilflos. Die Interaktionen mit anderen kann man beeinflussen, man kann über sie verhandeln, über sie sprechen und über sie nachdenken.
Wir sind (wie in der psychoanalytischen Literatur des »Durcharbeitens« zum Ausdruck gebracht) der Ansicht, daß die durch das Selbst auferlegten Barrieren am ehesten verändert oder beseitigt werden können, wenn sie unter dem Aspekt der Beziehungserfahrung behandelt werden. Die von den grundlegenden Eigenschaften der menschlichen Aggression angetriebenen, von den selbst- oder fremdgeleiteten internalisierten Verboten oder der Introjektion des VM-Verhaltens frustrierten Realitäten des Verrücktmachens werden am besten als Beziehungsveränderungen und nicht als Veränderungen des integralen Selbst betrachtet.

Bibliographie

ALBEE, E., *Who's Afraid of Virginia Woolf?* Atheneum. New York 1962

ALBERTI, R., ed., *Assertiveness.* CA Impact. San Luis Obisbo 1977

BACH, G. R., »Constructive Aggression in Growth Groups«. In A. Jacobs, ed., *The Group as an Agent of Change.* Behavioral Publications. New York 1974

- »Creative Exits – Fight Therapy for Divorcées.« In V. Franks and V. Burtle, *Women in Therapy.* Brunner-Mazel. New York 1974
- »Aggression im Dienste des Eros / Sexuelle Befreiung durch bewußte Aggression«. In G. R. Bach und H. Goldberg, *Keine Angst vor Aggression.* Diederichs. Düsseldorf 1977
- *Intensive Group Psychotherapy.* Ronald Press. New York 1954
- »Pathological Aspects of Therapeutic Groups.« In *Group Psychotherapy*. August 1956. S. 133-148.
- »Sex and Aggression – Fair Fight Therapy for Lovers.« Unpublished lectures and lab exercises. Taped by the Institut. Adv. Human Behavior. Stanford, October 1978
- »Spouse Murder.« In *Journal of Contemporary Psychotherapy* 1979
- *Young Children's Play Fantasies.* DC: Am. Psych. Assox., Monograph. Washington 1944
- and S. Harrison, *Guide to Paring Effectiveness.* Los Angeles: Bach Institute. In preparation
- and Y. Bernhard. *Aggression Lab – the Fair Fighting Training Manual.* Kendall Hunt. Dubuque, Iowa 1971
- and R. Deutsch, *Pairing.* Diederichs. Düsseldorf 1977
- and H. Goldberg, *Keine Angst vor Aggression.* Diederichs. Düsseldorf 1977
- and H. Molter, *Psychoboom.* Diederichs. Düsseldorf 1976
- and I. Nicholson, *The Cradle of Crazymaking. Voices.* Vol. 12. no. 4. issue 46, 1976/77
- and D. Tolbert, »Who Cares?« Book manuscript in preparation. To be published by Delacorte Press (New York) in 1980
- and P. Wyden, *Streiten verbindet.* Diederichs. Düsseldorf 1978

BATESON, G., *Steps Towards an Ecology of Mind.* Ballantine. New York 1972
– , et al., »Towards a Theory of Schizophrenia.« In *Behavioral Sciences,* Vol. 1. 1956
– and G. R. Bach, »Chatting About Crazymaking.« Privately tape recorded in 1976/77. Unpublished
– and J. Ruesch, *Communication.* Norton. New York 1951
BEIER, E. G., »Beneficial Aggression.« In *Journal of Communication.* Vol. 27;3, summer, 1977
– *People Redaing.* Warner Books. New York 1975
BERGER, M., ed., *Beyond the Double Bind.* Bruner-Mazel. New York 1978

FADIMAN, J., and D. Kewman. eds., *Exploring Madness.* CA: Brooks-Cole. Monterey 1974
FESHBACH, S., »Aggression and Sex-Research Results-Updated.« Personal Communication. 1978/1979
– , et al., »Sexual Arousal and Aggression.« In *Journal of Social Issues.* 1978
FREUD, S., »Die endliche und die unendliche Analyse«. In *Gesammelte Werke,* Vol. XVI. Werke aus den Jahren 1932–1939, 59–99. Imago. London 1950
FRY, W. F., *Sweet Madness.* Pacific Books. Palo Alto 1973

GOLDBERG, H., *Der verunsicherte Mann.* Diederichs. Düsseldorf 1977
– , The New Male: *From Self-Destruction to Self-Care.* Morrow. New York 1979
– and R. T. Lewis, *Money Madness.* Morrow. New York 1978
GRINDER, J., and R. Bandler, *The Structure of Magic.* Science and Behavior Books, Vol. I. 1975; Vol. II. 1976

HALEY, J., »Ideas Which Handicap Therapists«. In *Journal of Communication,* Vol. 27:3, summer, 1977

LEWIN, K., *Principles of Topological Psychologie.* McGraw Hill. New York 1936
– , *Resolval Social Conflicts.* Harper & Row. New York 1948
LAING, R. D., *The Politics of Experience.* Ballantine. New York 1967
LASCH, C., *The Culture of Narcissism.* Norton. New York 1979

NICHOLSON and L. L. Torbet, *How to Fight with Your Kids and Win!* Harcourt Brace Jovanovich. New York 1979

DE RIVERA, J., *Field Theory as Human Science. Contribution of Lewin's Berlin Group.* Gardener Press. New York 1976

STOLLER, R., *Sexual Excitement.* Pantheon Books. 1979

WANDERER, Z., and T. Cabot, *Trennung aktiv bewältigen.* Diederichs. Düsseldorf 1979

WATZLWICK, P., et al., *Pragmatics of Human Communication.* Norton. New York 1976

Register

Inhalt

ANHANG II